Siła ciszy

Dr Arnold Mindell

Siła ciszy

Metody całodobowego świadomego śnienia

KOS

Wydawnictwo KOS
KATOWICE

Tytuł oryginału:
THE QUANTUM MIND AND HEALING

Tłumaczenie z języka angielskiego:
Robert Palusiński

Redakcja merytoryczna:
Bogna Szymkiewicz

Projekt okładki:
Marek Ciesielczyk

Korekta:
Mariusz Grygierczyk

Typografia i łamanie:
Ryszard Liebich – Wydawnictwo KOS

ISBN 978-83-60528-33-4
Wydanie drugie, 2021

Wydawnictwo KOS s.c.
ul. Agnieszki 13
40-110 Katowice
tel./faks 32 258 40 45, 32 258 27 20
e-mail: kos@kos.com.pl, kos.wydawnictwo@gmail.com
https://www.kos.com.pl

Druk i oprawa: Drukarnia Technet, Kraków

Spis treści

Podziękowania

Dziękuję

Susan Kocen za przepisanie wykładów, które wygłaszałem podczas seminariów prowadzonych w Process Work Center w Portland w stanie Oregon.

Uczestnikom zajęć i seminariów, które prowadziliśmy wraz moją partnerką Amy Mindell w Portland, Londynie, Zurichu, Tokio i wielu innych miejscach. W trakcie tych seminariów sprawdzaliśmy w praktyce założenia dotyczące medycyny kwantowej. Wasze eksperymenty, uczestnictwo i zadawane pytania pomogły mi dokładniej wyrazić moje przemyślenia.

Ryszardowi Leviton z wydawnictwa Hampton Roads za zainteresowanie powstającą książką oraz za propozycję podtytułu „Kwantowe wymiary chorób". Jego zachęta oraz sugestie zaowocowały nowymi przemyśleniami.

Margaret Ryan za niezwykłą umiejętność wyławiania oraz dodawania zasadniczych idei przy pracy nad redakcją. Jak ci się udaje tak trafnie dotrzeć do autora?

Carlowi Mindellowi za to, że wyjaśnił mi, iż pierwotna wersja była w zbyt dużym stopniu wypełniona fizyką oraz za to, że pomógł mi w lepszy sposób odnieść się do lekarzy i pacjentów.

Randee Levine Tully, za wychwycenie błędów dotyczących muzyki.

Sharon Sessions z wydziału fizyki na University of Oregon, za sprawdzenie opisów związanych z fizyką, a zwłaszcza fragmentów mówiących o powiązaniach termodynamiki z wszechświatem.

Dawn Menken, Jan Dworkin, Maxowi Schupbachowi, Joe Goodbreadowi i innym przyjaciołom, za to, że skierowali mnie w kierunku prób powiązania wiedzy zajmującej się pracą z ciałem z doświadczaniem niezmierzonych głębi umysłu.

Moim przyjaciołom, odważnym interpretatorom oraz współtwórcom współczesnej fizyki; Fredowi Alanowi Wolf, Nickowi Herbertoowi oraz Amita Goswami za pionierski charakter ich pracy.

Tym, którzy pozwolili mi zrozumieć medycynę oraz nielokalną medycynę alternatywną: Jai Tomlin, Pierre Morin, Mitch Stargrove i Larry Dossey.

Duchom nauczycieli, którzy siedzieli obok mnie podczas pisania tej książki: Marie-Louise von Franz, która wprowadziła mnie w jungowską ideę synchroniczności w Zurichu w 1961 r.; Franzowi Ricklinowi, który pokazał mi czym jest szamanizm i jak nim żyć na co dzień; Carlowi Gustawowi Jungowi za podstawy będące wsparciem w rozważaniu wszelkich spraw nazywanych kwestią „psyche i materii".

Lekarzom medycyny allopatycznej, alternatywnej i komplementarnej, którzy byli moimi klientami, przyjaciółmi i pomocnikami za wszystko, czego się od was nauczyłem.

Chociaż nie ma ich już wśród żywych, muszę podziękować niezwykłym ojcom fizyki kwantowej: Louisowi Debroglie, Erwinowi Schroedingerowi, Johnowi von Neumanowi, Davidovi Bohmowi i Richardowi Feynmanowi. Składam także podziękowania dla żyjących fizyków zajmujących się hiperprzestrzenią: Michio Kaku i Stephenowi Hawkingowi, za ich opisy przestrzeni wirtualnych, czasów urojonych oraz innych rzeczywistości wpływających na życie.

Droga Amy, Twoje badania nad kreatywnością kazały mi poważnie potraktować lalki. Zarówno prezentowany przez ciebie duch nauki jak i twoje lalki były pomocne w sprawdzaniu, wyjaśnianiu i kształceniu się w obszarze kwantowych wymiarów symptomów cielesnych. Myślę, że żaden z fizyków (bez pomocy lalek) nie mógłby być równie pomocny. Pomagałaś mi w pracy nad prawie każdym rozdziałem tej książki. Dziękuję.

Wstęp

W jaki sposób myśli wpływają na ciało? Jak wykorzystujemy naszą świadomość, żeby przekształcać doświadczenia związane z objawami manifestującymi się w ciele?

W książce „Siła ciszy" zajmuję się związkami pomiędzy tradycyjną biomedycyną oraz alternatywnymi metodami leczenia, a także przedstawiam model inteligencji ciała, który opiera się na doświadczeniu oraz na podstawach mechaniki kwantowej. Pracując jako terapeuta z jednostkami oraz z grupami dotarłem do obszaru, który łączy naukę i wiedzę z zakresu psychologii, fizyki i medycyny. Podłożem tej książki jest odkrycie, że u podłoża naszych najsubtelniejszych doznań oraz fizyki molekularnej leżą te same, podstawowe wzorce. Odkrycie tych zasad przyczyniło się do rozwoju nowego sposobu myślenia o ludziach oraz o pracy z symptomami cielesnymi.

Badania nad nano-wydarzeniami oraz nad nano-medycyną (przedrostek nano oznacza procesy molekularne oraz subatomowe zachodzące na obszarze wielkości jednej miliardowej części centymetra) staną wkrótce ogromnie pomocne dla współczesnej medycyny. Medycyna oraz związane z nią dziedziny psychologii i fizyki będą sobie jeszcze bliższe, niż ma to miejsce obecnie. Dotychczas tylko kilka paradygmatów łączy badania w dziedzinie anatomii, psychologii, biofizyki, inżynierii genetycznej z licznymi odmianami psychoterapii (włączając w to pracę z ruchem i muzykoterapię). To samo dotyczy nauczania medycyny, praktyki lekarskiej i diagnozowania.

Jednym z celów napisania książki „Siła ciszy" jest skoncentrowanie się na symptomach występujących w ciele. Książka ma być przede wszystkim praktyczna. Jednocześnie istnieje drugi cel, który zawiera w sobie propozycję zjednoczenia wymienionych wcześniej obszarów. Proponowane w tej książce ćwiczenia są wynikiem odkryć naukowych oraz idei wywodzących się ze starożytnych tradycji. Więcej informacji o tych odkryciach oraz tradycjach znajduje się w ramkach zatytułowanych „Więcej o". Czytelnik poszukujący bardziej naukowego i rozszerzonego opisu odnajdzie go w dodatkach.

Pisanie obudziło we mnie liczne uczucia. W nocy poprzedzającej pracę nad ostatnim rozdziałem tej książki uświadomiłem sobie, że śnię. Zorientowałem się, że znajduję się wysoko w górach otoczony nocnym chłodem. Jakaś wielka siła zmuszała mnie do wspinania się, dopóki nie stanąłem samotnie na ścieżce przed skalną ścianą będącą częścią niedostępnego szczytu. Wyczuwałem w ciemnościach obecność wielkiej siły emanującej z górskiego zbocza. Potrafiłem ją odczuć, ale nie sposób jej opisać.

Kiedy rano otworzyłem oczy, wiedziałem, że tytuł mojej książki o symptomach powinien brzmieć: „Siła ciszy".* Na wpół obudzony zapisałem słowa, które mogą być informacją skierowaną do ludzi, a pochodzącą od siły płynącej ze zbocza góry. Dzisiaj mój umysł buntuje się przeciw bezczelnej pewności siebie przebijającej z tych zdań.

> W niektórych snach wyraźnie pojawia się kierunek życia. A jednak zazwyczaj zachowujesz się tak, jakbyś nie był pewien co masz robić. W ciągu dnia wyczuwasz pewną, niezwykle subtelną siłę ciszy emanującą z najgłębszych pokładów nocy. To ona kieruje cię ku życiu, a jednak najczęściej postanawiasz nie zwracać na nią uwagi.
>
> Kiedy przyglądasz się historii swojego życia, dostrzegasz, że ta siła zawsze była obecna. Ścieżka twego życia wydaje się być w rzeczy samej nieuniknioną drogą. To, co czasami wydawało się

* W oryginale – „wiedziałem, że tytuł książki powinien nawiązywać do inteligencji i siły natury, którą nazywam «Umysłem kwantowym»". Angielski tytuł książki brzmi „Umysł kwantowy i uzdrawianie". Autor często używa pojęcia „Siła ciszy" w odniesieniu do tych samych zjawisk, które określa mianem kwantowego umysłu. W wydaniu polskim zdecydowaliśmy się na tytuł „Siła ciszy" – (przyp. red. meryt.).

przypadkowe, po chwili refleksji, okazuje się nieuchronne. Czasami życie wydaje się chaotyczne i przypadkowe. Patrząc z perspektywy czasu dostrzegasz jednak siłę ciszy, która stoi za pozornie przypadkowym wydarzeniem. Określona droga, którą nazywasz „życiem", wydaje się być nie do uniknięcia, a jednak w przeszłości były takie chwile, gdy uważałeś, że mogłeś negocjować z tą siłą. Patrząc wstecz, ścieżka życia wydaje się być nieubłagana. Dopiero z upływem czasu zdajesz sobie sprawę z tego, że mogłeś albo być w zgodzie z tą siłą, albo przeciwstawić się jej i ulec zagładzie.

Udawanie, że ta siła nie istnieje nie jest korzystne, ponieważ ignorowanie jej obecności zamienia się w przerażające doświadczenie wyrażające się przez symptomach cielesnych. Jeśli będziesz funkcjonować tak, jakby ta siła nie istniała, to życie okaże się bolesne, a przestrzeń dookoła ciebie będzie pełna „duchów". Jeśli zaś będziesz na co dzień współdziałać z siłą ciszy, to życie okaże się niezmierzoną, niesamowitą przygodą.

Siła milczenia jest związana się nie tylko z tobą, ale również z początkami wszechświata. W kategoriach naukowych, jest obiektem niemożliwym do zmierzenia. A jednak jej moc można dostrzec w matematyce, przy czym czas nie ogranicza jej historycznie, a przestrzeń nie stawia granic zawężających jej obecność do naszej planety.

Ten sen uzmysłowił mi, że „Siła Ciszy" jest doskonałym tytułem, bo w taki właśnie sposób doświadczamy obecnych w naszych ciałach, tajemniczych wydarzeń, które dotychczas przypisywaliśmy naturze, Bogu, procesom kwantowym (superpozycji stanów, nielokalności, splątaniu itd.) lub ciemnej materii (teoretycznej, niewidzialnej materii, której obecność wyjaśnia sposób ewolucji wszechświata).

Od lat debatuje się nad relacją pomiędzy fizjologią, medycyną, fizyką i psychologią. Prezentowany w tej książce pogląd wyjaśnia, że matematyczne obliczenia opisujące cząsteczki elementarne, molekuły i ciało człowieka są projekcjami wynikającymi z doświadczeń śnienia.

„Siła Ciszy" skierowana jest do tej części ciebie, która jest zainteresowana zrozumieniem symptomów oraz doświadczalną pracą nad twoimi objawami fizycznymi, jak również nad problemami, których doświadczają inne osoby. Jeśli chodzi o tę część ciebie, która cierpi z powodu symptomów, to w tej książce znajdziesz liczne metody pracy z dolegliwościami cielesnymi. Dowiesz się także, w jaki sposób symptomy wzbogacają życie. Naukowiec zainteresowany integrowaniem różnych dziedzin dowie się, że mój pogląd na wiedzę naukową jest prosty: podstawową zasadą jest świadomość. Sposób postrzegania, czyli natura naszej percepcji oraz doświadczenia jest podstawą aktu obserwacji lub tworzonej teorii.

Pisanie tej książki skonfrontowało mnie z „najrealniejszą" z moich części. Jest to ta część, która czasem ignoruje doświadczenie subiektywne. Obecny w mym wnętrzu konserwatywny naukowiec uważa, że lepiej zajmować się w życiu jedną z dyscyplin. Zgadzam się z tym. A jednak z uwagi na moje, trwające całe życie, zainteresowanie pracą z symptomami, coś we mnie nie mogło zaakceptować surowego wymogu zajmowania się wyłącznie jedną dyscypliną. Mogę jedynie przyznać, że zrobiłem wszystko co w mojej mocy, żeby prezentowana praca była jak najbardziej racjonalna, sensowna i zrozumiała.

Moje starania przypominają mi słowa Erwina Schroedingera, jednego z ojców mechaniki kwantowej, który we wstępie do książki „What is Life?" stwierdził:

> Od naukowca wymaga się przede wszystkim, żeby posiadł pełną oraz głęboką wiedzę na jakiś temat i zazwyczaj oczekuje się, żeby nie pisał na żaden temat, na którym się nie zna. Jest to rodzaj naukowego *nobless oblige*. Jednak żeby zrealizować cel, błagam o zdjęcie ze mnie owej *nobless*, a także o uwolnienie od zobowiązania...
>
> Ogarnięcie nawet niewielkiej, wyspecjalizowanej porcji wiedzy dla pojedynczego człowieka stało się prawie niemożliwe... Nie widzę innej drogi ucieczki od tego dylematu niż podjęcie się przez niektórych z nas syntezy faktów i teorii (żeby nasze prawdziwe cele nie zostały na zawsze utracone) - choćby z pośrednią i niepełną znajomością niektórych z nich - oraz z ryzykiem zrobienia z siebie głupca.

Pracując z symptomami nie mamy innego wyboru, niż powiązanie ze sobą wiedzy z zakresu psychologii, medycyny, fizyki oraz tradycji duchowych – bez dogłębnego poznania każdej z tych dziedzin.

Z tych przyczyn oraz z potrzeby lepszego zrozumienia funkcjonowania ciała i psychologii, od czasu napisania „Śniącego ciała" przez ponad dwadzieścia lat pogłębiałem wiedzę o związkach i wpływie snów na ciało. W drugim rozdziale książki „Śniące ciało" opisałem jak wiele wspólnego ma śniące ciało z teorią fizyki kwantowej. W tamtych czasach nie rozwijałem tego zagadnienia i zamiast tego koncentrowałem się głównie na mitologii śniącego ciała. Przez kolejnych dwadzieścia lat uzyskałem zadowalające rezultaty psychologicznych oraz somatycznych interwencji w pracy ze śniącym ciałem. Eksplorowałem oraz poszerzałem podstawowe idee dostosowując je do pracy z jednostkami oraz z grupami znajdującymi się we wszystkich stanach świadomości. Obecnie, moje doświadczenia, eksperymenty oraz praktyka z liczbą ponad stu tysięcy osób na terenie całej kuli ziemskiej przywiodły mnie do miejsca, w którym na kartach tej książki opisuję wysiłki powiązania medycyny i psychologii z fizyką obszarów nielokalnych.

Nasze ciała są zlokalizowane w miejscu naszego istnienia. Jednak z drugiej strony, ciało jest nielokalne; mają na nie wpływ nasze związki, grupy, wydarzenia w najbliższym otoczeniu i we wszechświecie. Wpływa na nas nie tylko otoczenie ludzi oraz środowisko naturalne, również to, co dzieje się w nas, zmienia świat. Wraz z czytaniem kolejnych stron tej książki, czytelnicy będą mieli okazję zauważyć dlaczego zmiany przepowiedziane przez fizykę kwantową muszą stać się częścią nowej „medycyny kwantowej" albo medycyny nielokalnej. Nie możemy rozwiązać problemów związanych z ciałem skupiając się wyłącznie na ciele. Aby rozwiązać niektóre z naszych problemów, musimy pracować z całym światem w taki sam sposób, w jaki go doświadczamy.

Oby ta książka przyniosła pacjentowi, lekarzowi oraz osobie o podejściu teoretycznym większe zrozumienie i uwolnienie od cielesnego bólu.

Yachats, Oregon, 2002

Uwaga

Zawarte w tej książce propozycje pracy z symptomami wymagają w niektórych przypadkach chwilowych podróży w odmienne stany świadomości. Jeżeli czytelnik nie czuje się komfortowo w takich sytuacjach, proszę poszukać pomocy psychologicznej lub medycznej przed rozpoczęciem niektórych ćwiczeń umieszczonych na łamach tej książki.

Część I

SIŁA CISZY ZAWARTA W SYMPTOMACH

ROZDZIAŁ 1.

Siła nieskończoności

Jeśli nie ośmielimy się marzyć, to nic nie odkryjemy... Największe odkrycia w nauce wynikają z marzeń.[1]

– Dan Goldin, dyrektor NASA (z przemówienia w Fermi National Laboratory, w którym skarcił fizyków za zapominanie o marzeniach)

Symptomy cielesne są pełnym napięć i trudności polem walki. Jeśli zaprzeczasz ich istnieniu, odrzucasz walkę – symptomy będą Cię nawiedzać całą noc. Jednak z drugiej strony, jeżeli zajmiesz się tylko ich rzeczywistym istnieniem, Twój nastrój pogorszy się i zaczniesz się obawiać, zwłaszcza gdy objawy nie zostały natychmiast wyleczone. Książka „Siła ciszy" prezentuje zasady, które wyjaśniają, jak i dlaczego praca ze snami oraz odczuciami ciała na poziomie rzeczywistym i zbliżonym do śnienia zmienia Twoje doświadczanie ciała.

---

[1] W: http://www.latimes.com/HOME/NEWS/METRO/t000056856.html.

Drogi Czytelniku, droga Czytelniczko* zobowiązuję się uczynić powyższe zasady najbardziej możliwymi do przyjęcia zarówno przez Twój umysł, jak i ciało. Moim podstawowym założeniem jest twierdzenie, że świadomość oddziałuje na subatomowy obszar ciała. Jako jednostka stojąca u progu nowego tysiąclecia, poszukująca rozwiązań wewnętrznych problemów, musisz pojąć to, czego nie pojęła jeszcze współczesna nauka. Twoje poszukiwania nie mogą zmierzać jedynie w kierunku rozwijającej się dziedziny badań biomedycznych, ale także w stronę najgłębszych pokładów śnienia oraz kwantowych poziomów ciała. Na tych najgłębszych poziomach spotkasz się z tym, co nazywam „Siłą ciszy" – inteligencją Twojego ciała oraz połączeniem z wszechświatem.

Żeby ułatwić te poszukiwania, zaproponuję różne sposoby, które pomogą doświadczyć i zrozumieć ciało oraz umysł na najsubtelniejszym poziomie. Oprócz pomagania w tej podróży oferuję także sugestie lekarzy, terapeutów, fizyków, biologów oraz praktyków medycyny alternatywnej, które łączą istniejące paradygmaty. Zmierzam ku zintegrowaniu prostolinijności współczesnej nauki z dawnymi systemami wiedzy. Żeby oznaczyć nowe sposoby rozumienia symptomów i pracy z nimi, będziemy poruszać się szlakami szamanizmu, jak również drogami zjawisk kwantowych, psychologii i biochemii.

Dawne i obecne dokonania

We wcześniejszych moich książkach – „Śniącym ciele" oraz „O pracy ze śniącym ciałem" – pokazywałem, w jaki sposób sny

* W tłumaczeniu pojawił się problem związany z używaniem form męskoosobowych, częściej występujących w języku polskim niż w angielskim. Staramy się wprowadzać również rodzaj żeński, lecz dla zachowania płynności tekstu w niektórych miejscach stosujemy tylko formy męskoosobowe, ze świadomością, że wówczas odbiór jest trudniejszy dla Czytelniczek, za co przepraszam – (przyp. red. meryt.).

odzwierciedlają się w symptomach cielesnych. W „Śnieniu na jawie" proponowałem szamańskie podejście do życia oparte na przejrzystej świadomości obecnej przez całą dobę. W ostatniej pozycji „The Dreammaker Apprentice" skorzystałem z idei Epoki Snu australijskich Aborygenów, aby unowocześnić „pracę ze snami" nazywaną tak od czasów Freuda i Junga.

W tej książce szerzej omawiam osiągnięcia fizyki i psychologii, rozpatrując ponownie kwestie:

- Śnienia i kwantowych wymiarów symptomów
- Pochodzenia życia oraz wpływu świadomości na odwracanie procesu starzenia
- Zastosowania teorii kwantowej w muzykoterapii symptomów
- Sposobu, w jaki społeczności wpływają na ciało
- Nowych, nietoksycznych stylów życia, które promują dobrostan

Moje idee wynikają: 1) z 40 lat doświadczeń w pracy z osobami w różnych stanach świadomości i ze wszystkimi możliwymi problemami związanymi z ciałem oraz 2) z fizyki. Fizyka jest dla mnie teorią, namacalnym faktem oraz metaforą dla psychologii. Matematyka i fizyka są symbolicznymi formułami opisującymi głębokie, odmienne stany świadomości, a także procesy fizyczne. Idee w fizyce powstają nie tylko dzięki eksperymentom i teorii, ale także dlatego, że nasza świadomość jest gotowa odkryć nowe aspekty wszechświata w nas samych. W książce pt. „Quantum Mind" opisywałem, w jaki sposób każdy z nas może doświadczać fizyki. Obliczenia matematyczne będące podstawą fizyki są niczym sny kreujące rzeczywistość. Stąd każdy może doświadczać niedających się zmierzyć pól fali kwantowej, ponieważ te wirtualne pola są zarówno mapami dla subtelnych tendencji pojawiających się w ciele (co wkrótce wykażę), jak i faktycznymi wydarzeniami zachodzącymi w świecie.

Podczas gdy główny nurt nauki skupia się na mierzeniu wpływów energii punktu zero we wszechświecie i debatuje nad tym, czy subtelne fluktuacje energii dały początek wszechświatowi, ja zaproponuję medytację nad kwestią, jak minimalne „przeczucia" świadomości tworzą nasze życie w kategoriach tego, co nazywam „siłą ciszy". W „Quantum Mind" opisałem, jak te przeczucia przekładają się na „tendencje" w rozumieniu fizyki kwantowej, psychologii oraz medytacji. odnajdywane w obliczeniach fizycznych samoodzwierciedlające wzorce – będące podstawą teorii kwantowej – mogą być postrzegane jako metafory siły ciszy kreującej świadomość, rzeczywistość oraz wszelkie radości, problemy i symptomy.[2]

W tej książce przedstawiam, w jaki sposób możemy wyczuć w naszych ciałach subtelne i uniwersalne, niemożliwe do zmierzenia tendencje w postaci siły ciszy. Co więcej, owe tendencje są powiązane ze zdolnością wszechświata do autorefleksji oraz z taką samą zdolnością w nas samych. Z tych odkryć płynie następująca konkluzja dotycząca medycyny: najważniejszym zadaniem lekarzy jest ćwiczenie świadomości, a nie leczenie chorób. Symptomy cielesne nie są wyłącznie problemami do rozwiązania. Symptomy chroniczne są *koanami* – czyli pozornie nierozwiązywalnymi zadaniami, których celem jest podniesienie poziomu świadomości. Wiele z tych symptomów wymaga porzucenia codziennego sposobu myślenia i wykorzystania świadomości dla dostrzeżenia obecnej w ciele siły ciszy.

Dominujący dzisiaj biochemiczny sposób postrzegania ciała przypomina mi mapę miasta. Na niej odnajdziesz na przykład punkt odpowiadający Twojemu adresowi, lokalizacji Twojego ciała. Więk-

---

[2] Więcej o związkach umysłu kwantowego z fizyką i psychologią – zob.: Dodatek III w „Quantum Mind".

szość z nas uważa, że znajdujemy się w określonym miejscu na mapie. Prawda o tym miejscu i czasie jest oczywista. Nie jest to jednakże cała prawda.

W snach, podobnie jak w teorii kwantowej, niemożliwe do zmierzenia, choć możliwe do doświadczenia części Ciebie są zlokalizowane nie tylko na rogu ulicy, w mieście, państwie czy na którymś z kontynentów lub wyspie na Ziemi. Nie jesteś także umiejscowiony w Układzie Słonecznym ani nawet w Drodze Mlecznej. Znajdujesz się w danym miejscu mapy, a równocześnie *rozprzestrzeniony* jesteś po całym wszechświecie. Jeśli jesteś przekonany, że Twoje ciało znajduje się wyłącznie w określonym miejscu planety, może być to przyczyną zaburzeń w związkach z innymi osobami, a także spowodować powstawanie symptomów.

Nowa medycyna musi odkrywać i pamiętać o tym, że cokolwiek zdarza się we wszechświecie (lub we wszechświatach równoległych), wpływa na nasze ciało tak samo jak to, co czujemy i myślimy, oddziałuje na cały wszechświat. Żyjemy we wszechświecie, który składa się z realnych i wirtualnych rzeczywistości, takich jak śnienie. Z tego powodu nowa medycyna musi być „lokalna" i zajmować się ciałem umiejscowionym w czasie oraz przestrzeni, a także „nielokalna", zajmując się sposobem, w jaki otaczający nas świat wpływa na ciała ludzi.

Z początkiem XXI wieku umysł większości z nas wyraża sprzeciw, stwierdzając, że obiekty kwantowe i subiektywne doświadczenia są wymysłami naszej wyobraźni i nie należy im ufać. Chciałbym ulżyć Twojemu umysłowi przez zapewnienie, że prezentowana teoria włącza i docenia całość współczesnej wiedzy z zakresu medycyny, fizyki Newtonowskiej i chemii. Sądzę również, że w tej książce na sposób psychologiczny podkreślam znaczenie teorii kwantowej. Ponadto uważam, że ignorowanie subtelnych doświadczeń obecnych symbolicznie zarówno w snach, jak i w teorii kwantowej, może przyczyniać się do cielesnych „nie-domagań". Ujmując to innymi słowy; potrzebujesz zarówno eksperymentalnie weryfikowanej medycyny, jak i subtelnych doświadczeń.

Eksperyment z czasem urojonym

• Zacznijmy od świadomości ciała. Usiądź, stań lub połóż się w pozycji, która pozwala na swobodę ruchów. Jeśli siedzisz, to raczej zajmij miejsce na krawędzi. Jeśli leżysz, to unieś nieco tułów.

• Zrelaksuj się w tej pozycji. Zrób kilka oddechów. Nie spiesz się. Kiedy poczujesz, że jest Ci wygodniej i uzyskałeś nieco więcej spokoju, możesz kontynuować.

• Utrzymuj ciało nieruchomo, oddychając swobodnie i naturalnie; wykorzystaj świadomość do spostrzeżenia, jaki rodzaj ruchu i w jakim kierunku mogłoby wykonać Twoje ciało, gdyby na to pozwolić. Jednak chwilowo nie wykonuj tego ruchu, na razie wyłącznie badaj tendencję do ruchu i jego cechy. Nie spiesz się. W końcu tendencja pojawi się sama. Następnie ZAUWAŻ tę tendencję wraz z jej kierunkiem, nawet jeśli jest ona dla Ciebie czymś niezwykłym.

• Kiedy już ją zauważysz, niech ta tendencja powoli poruszy Twoim ciałem zgodnie z jej kierunkiem. Zapamiętaj także ewentualne obrazy, które mogą się pojawić. Wykonuj to bez pośpiechu. ... Jakie fantazje i obrazy pojawiają się w trakcie ruchu?

• Nadal powoli się poruszając, podążaj wyobraźnią za tym ruchem, dopóki wewnętrzne obrazy nie odkryją znaczenia ruchu. Co ewentualnie mogą znaczyć Twoje tendencje, fantazje i ruchy? Jaki sens mają dla Ciebie? Zaufaj intuicji. Skup się na odkrytym teraz znaczeniu i zanotuj jego treść.

• Po zanotowaniu znaczenia, powróć do wykonywanego przed chwilą ruchu i zapytaj ciało, jakie doświadczenia, symptomy lub obawy przed chorobami może wytwarzać, aby zwrócić większą uwagę na obecne w nim tendencje. Jaki symptom lub lęk przed symptomami mogłaby wyrazić ta tendencja jeszcze wyraźniej, aby zmusić Cię do wzięcia jej pod uwagę? A może już masz początki takich symptomów lub budzą się w Tobie obawy z nimi związane?

Jeden z moich klientów cierpiał na lęk przed śmiercią. Wykonał samodzielnie powyższy eksperyment w domu. Opowiedział mi, że jego świadomość zwróciła uwagę na fakt, że „ciało wykazywało tendencję do rozluźnienia, a szczęka chciała opaść”. Po tym, jak „opuścił” szczękę, pojawiła się nagła fantazja, w której odpadła mu głowa. Dzięki temu ciało uzyskało możliwość swobodnego oddychania i nawet wiatr mógł z łatwością wniknąć do środka! Powiedział mi, że „sens tego był oczywisty; porzucić głowę, wewnętrzne programy i otworzyć się”. Ku swemu zdziwieniu stwierdził także, że ustąpiły obawy związane ze śmiercią w chwili, gdy zdał sobie sprawę z faktu, że to jego „głowa” próbowała umrzeć!

Ten eksperyment mógł także dać poczucie pewnego rodzaju tendencji, które są w ciele obecne, zanim pojawi się ruch. Odczucie tych tendencji jest tym, co nazywam siłą ciszy – subtelną siłą poruszającą ciałem. Ta siła daje się poznać w chwili, gdy występuje w wyolbrzymionej formie pod postacią przerażających fantazji lub wrażeń cielesnych.

Siła ciszy jest zarówno delikatnym wrażeniem cielesnym, jak i mocą sprawczą wpływającą na nasze sny, starającą się w subtelny sposób skierować na ścieżkę, nadającą życiu wyjątkowe znaczenie. To znaczenie staje się oczywiste tylko wówczas, gdy spojrzysz na swe życie z perspektywy lat lub znajdujesz się w kontakcie z tą siłą w określonej chwili.

Z drugiej strony, niepodążanie za siłą ciszy jest przyczyną dyskomfortu lub „nie-dyspozycji”. Twoje ciało czuje się znacznie lepiej

„dysponowane”, kiedy poruszasz się wraz z tą siłą, w kierunku siły ciszy.

Aspekty siły ciszy

W kolejnych rozdziałach pokażę, w jaki sposób ta siła pojawia się nie tylko w subtelnych tendencjach do ruchu w ciele, ale także w:

- chronicznych symptomach
- długoletnich wzorcach zachowania, problemach i talentach
- nastrojach i ludziach, którzy sprawiają Ci najwięcej kłopotu
- trudnościach występujących w Twoich związkach lub problemach społeczności.

Manifestująca się w tendencjach siła ciszy jest nie tylko czymś ciągnącym czy popychającym, ale także atmosferą lub polem, w którym żyjesz. Tę atmosferę lub tendencję nazywam „polem intencjonalnym”, aczkolwiek nie jesteśmy zazwyczaj świadomi żadnej intencji ukrytej za delikatną i łatwą do zignorowania siłą ciszy.

Wykażę, że skupianie się na tych subtelnych tendencjach jest rodzajem lekarstwa, medycyny *nielokalnej*, ponieważ owe tendencje mogą mieć związek nie tylko z nami, ale z całym światem, a właściwie z wszechświatem.

Fizyka, zen i siła ciszy

Zacznijmy od teorii wyjaśniającej, w jaki sposób nasze doświadczenia mogą mieć związek z wszechświatem. Załóżmy przez chwilę, zgodnie z poglądami fizyki, że podstawowy wzór opisujący subaotomowy obszar wszelkiej materii – kwantowa funkcja falowa – jest jednym z podstawowych wzorów dotyczących całego wszechświata.

Kiedy w latach dwudziestych XX w. Erwin Schroedinger, jeden z ojców teorii kwantowej, odkrył po raz pierwszy równanie funkcji falowej, był pewny, że fala jest materialna. Nazwał matematyczne fale tego wzoru falami materii. Obecnie wiadomo nam, że te fale nie są materialne, przynajmniej w takim sensie, w jakim są nimi poddające się pomiarowi fale wody. Jednakże są solidniejsze od pozornej materialności dużych przedmiotów oraz ciał. Podstawowy wzór jest matematycznie ścisły i przewiduje prawdopodobieństwo zaistnienia zdarzeń w codziennej rzeczywistości.

Omawiana funkcja falowa jest typowa dla licznych idei fizyki kwantowej, które znacznie się różnią od klasycznego sposobu objaśniania zdarzeń wywodzącego się z odkryć Newtona. (Więcej informacji o funkcji falowej – zobacz ramka).

Więcej informacji o fizyce kwantowej i klasycznej

Fizykę klasyczną i medycynę blisko wiąże ze sobą myślenie przyczynowo-skutkowe cechujące dorobek Izaaka Newtona. Jego idee datują się na koniec XVII wieku. To, co wydaje się kulą, obiektem czy ciałem w fizyce klasycznej, w fizyce kwantowej jest brane za atomy i cząsteczki subatomowe. W gruncie rzeczy obliczenia matematyczne fizyki kwantowej opisują świat, w którym przyczyna i skutek, nie wspominając o dokładnym oznaczeniu punktu i cząsteczki, nie są już dłużej pewne. Fizykę zjawisk kwantowych opisują matematyczne wzory, które przybliżają to, co może zostać dostrzeżone przez obserwatora w codziennej rzeczywistości. Na przykład *położenie* i *pęd* cząsteczki nie mogą zostać precyzyjnie zmierzone w tym samym czasie w ramach codziennej rzeczywistości. Co więcej, istnieje wiele sposobów rozumienia matematycznych podstaw fizyki kwantowej.

W lutowym wydaniu magazynu „Scientific American" z roku 2001 w artykule pt. „100 lat kwantowych tajemnic" John Wheeler, fizyk zajmujący się badaniem czarnych dziur, oraz profesor fizyki z University of Pennsylvania Max Tegmark opisali to, co zostało przez nich nazwane „tajemniczą stroną fizyki kwantowej": „Pomimo początkowych sukcesów podejścia kwantowego, fizycy nie wiedzieli, co począć z jej dziwnymi i w pewnym stopniu tworzonymi *ad hoc* regułami. Wydawało się, że nie ma zasady przewodniej. Czym była «funkcja falowa»? ... To centralne zagadnienie mechaniki kwantowej pozostaje do dziś ważnym i kontrowersyjnym problemem".

Richard Feynman, laureat Nagrody Nobla, w dosadnym oświadczeniu, które uczyniło go powszechnie znanym, stwierdził, że jeśli rozumiesz fizykę kwantową, to sam siebie oszukujesz. Feynman, prawdopodobnie największy fizyk od czasów Einsteina, napisał w książce „The Character of Physical Law": *Mogę ze spokojem stwierdzić, że nikt nie rozumie mechaniki kwantowej.*

Tak czy owak, według fizyki kwantowej cząsteczka nie pasuje już do definicji cząsteczki. Co więcej, nie istnieje tylko jedna interpretacja odnosząca się do funkcji falowej cząstek. Wynika to z faktu, że nie istnieje pewny sposób pomiaru tego równania. Podobnie jak Werner Heisenberg, odkrywca zasady nieoznaczoności, większość fizyków jest przekonanych, że tak jak nie da się dokonać pomiaru w świecie kwantowym, tak samo nie powinno się dokonywać ostatecznych ustaleń na temat tego świata.

Obliczenia w fizyce kwantowej są akceptowane przez naukowców bynajmniej nie dlatego, że – będąca podstawowym równaniem – tzw. funkcja falowa Schroedingera może zostać zmierzona i udowodniona, ale dlatego, że przewiduje ona statystycznie mierzalne wyniki. To samo odnosi się do psychologii: snów, podobnie jak równań matematycznych, nie da się dokładnie zmierzyć. Nikt też nie wie tak naprawdę, czym one są. A jednak sny także przepowiadają prawdopodobny sposób zachowywania się śniącego. Choć można dyskutować nad określoną interpretacją, terapeuci i psychologowie kliniczni na całym świecie akceptują zasadność pracy ze snami.

Teoria kwantowa jest niczym wizja lub marzenie artysty, zanim namaluje on obraz. Artysta malarz może mieć precyzyjną wizję w umyśle, ale w chwili przystąpienia do pracy wydarzają się różne rzeczy. Efekt końcowy jest nieprzewidywalny. Podobnie teoria kwantowa jest swego rodzaju wizją funkcjonowania wszechświata. Podaje ona ogólne ramy, ale nie dostarcza wszystkich szczegółów. W tej książce pokażę, na ile teoria kwantowa jest nie tylko wizją zjawisk fizycznych, ale również doświadczeniem psychologicznym.

Myśląc o początkach wszechświata, kosmolog Stephen Hawking korzysta z wzorów funkcji falowej dla zrozumienia chwili stworzenia. Hawking uważa, że na początku czasu – kiedy czas miał wartość zero – istniał „czas urojony". Używa tego „snu" czy wizji, ponieważ fizyka bez zastosowania teorii kwantowej dobrze sobie radzi tylko do $1/10^{43}$ sekundy od początku wszechświata. Przed tą chwilą obliczenia fizyczne nie działają. Hawking wykorzystuje fale kwantowe jako „wizję" lub teorię opisującą chwilę początku.

Co się stało na początku wszechświata? Posługując się teorią kwantową Hawking stwierdza, że początkami wszechświata kierował (nazwany tak przez niego) „czas urojony", wcześniej nie istniała *realna* przestrzeń, materia lub czas. Jego pomysł może być nie tak bardzo dziwaczny, jak może się to wydawać. W końcu wszyscy właśnie doświadczyliście, w jaki sposób subtelne tendencje i wzorce istnieją w waszej wyobraźni, są przy tym obecne tuż przed wytworzeniem rzeczywistych i dostrzegalnych ruchów. Na początku „wszechświata", zanim zaistniała fizyczna rzeczywistość, tak jak ją poznajemy, mogły występować subtelne, niewielkie, podobne do snu doświadczenia lub tendencje w czasie urojonym.

Jak już wcześniej zauważyłem, wydaje się, że fizyka kwantowa nie tylko opisuje wszechświat materialny, ale także psychologiczny. Dzięki pracy z tysiącami ludzi odkryłem, że w przypadku wszystkich ruchów i symptomów można powrócić do minimalnych, najsubtelniejszych, „urojonych" doświadczeń, które poprzedzają ich „realne" pojawienie się w codziennej rzeczywistości. W pewnym sensie *symptomy* (i wszystko inne w życiu) *mają początek w czasie urojonym, który można odczuć jako subtelny sygnał ciała – czyli siłę ciszy.*

Werner Heisenberg, jeden z ojców fizyki kwantowej, jako pierwszy stwierdził, że kwantowa funkcja falowa ukryta za fizyczną rzeczywistością reprezentuje urojoną lub niemożliwą do zmierzenia „tendencję" do zaistnienia rzeczywistości. Zgodnie z teorią kwantową i niektórymi kosmologami można by powiedzieć to jeszcze inaczej: faktyczne zdarzenia są opisane i powstają z niemierzalnych tendencji. Mniej skomplikowanym sformułowaniem jest powtórzenie słów aborygenów, którzy twierdzą, że świat zaczął się w *Epoce Snu*. Te namacalne skutki *Epoki Snu* nazywam „siłą ciszy". Pochodząca z *Epoki Snu* siła ciszy znajduje się w tle wszystkiego; to jeden z kluczy do rozumienia świata. Siła ciszy jest ideą oraz doświadczeniem pierwotnych źródeł zdarzeń. Żeby skorzystać z tej siły – wraz z nią poruszać się oraz pracować z symptomami – musisz nauczyć się skupiać świadomość w chwilach uspokojenia. Świadomość jest zasadniczym elementem w odczuwaniu dobrego samopoczucia. Świadomość może być najważniejszym czynnikiem wiodącym do odpowiedzi na liczne pytania.

Zen i śnienie

Świadomość w stanach ograniczonej świadomości przypomina mi pewną historię, jak mój przyjaciel odpowiadał na najtrudniejsze pytanie w swoim życiu. Mowa o mieszkającym w Kyoto Keido Fukushimie, który opowiedział o tym, jak uczył się, by zostać mistrzem Zen (oraz głową szkoły Rindzai Buddyzmu Zen). Kiedy praktykował Zen, nauczyciel dał mu koan do rozwiązania. Gdy Keido usłyszał ten koan, zagłębił się w sobie. Podążając za nieznanym, jego ciało zaczęło tańczyć odpowiedź na koan!

Mistrz był zachwycony taką „odpowiedzią" i spytał, skąd wziął się ten taniec. Czekając na wyjaśnienie, powiedział mojemu przyjacielowi, by opuścił miasto i zamieszkał z etniczną grupą Japończyków, którzy tańczyli właśnie w taki sposób. Po latach życia z tymi ludźmi Keido został mistrzem Zen. Kiedy jego mistrz umarł, Keido wykonał ten szczególny taniec nad grobem swego nauczyciela.

W podobny sposób życie zadaje nierozwiązywalne zagadki. Twoje ciało także próbuje wytańczyć odpowiedzi. Dzięki nauce skupiania świadomości możesz skorzystać z nieprzewidywalnych, pochodzących z wnętrza ruchów i odsłonić wiele tajemnic włącznie z symptomami ciała.

W pewnym sensie symptomy są koanami, które proszą ciało o „zatańczenie", skorzystanie ze świadomości i ponowne doświadczenie najgłębszych aspektów siebie. Jeżeli Twoja fala kwantowa jest związana z wszechświatem, to subtelne ruchy ciała także tańczą w rytmie wszechświata.

O książce

Żeby pełniej wyjaśnić te idee oraz zasugerować propozycję eksperymentów z pracą wewnętrzną, podzieliłem tę książkę na części, skupiając się na pracy z symptomami jednostki oraz związkami symptomów z relacjami, starzeniem się i swobodą wyboru stylu życia.

W części I zatytułowanej *Siła ciszy w symptomach* wskazuję, że centralnym zagadnieniem medycznym jest wspieranie świadomości subtelnych sił życia. Po przestudiowaniu fizyki kwantowej i psychologii, jak również medycznych i duchowych poglądów na ciało, omawiam podejście „tęczowej medycyny", które jest mieszanką biomedycyny, tradycji alternatywnych oraz fizyki. Tęczowa medycyna pojawia się dzięki dostrzeżeniu, że życie powstaje spontanicznie, dając nam poczucie dobrostanu. Medycyna tęczowa ma wiele „kolorów". Wiele podejść allopatycznych i alternatywnych jest monochromatycznych, czyli występuje w nich mniej poziomów i są w większym stopniu „jednokolorowe" od tęczy. Medycyna „jednokolorowa" stosuje aspirynę i witaminy, techniki relaksacyjne i terapeutyczne rozwiązania problemów osobistych. Jest istotną częścią większego obrazu, który zawiera w sobie również śnienie.

Część II, *Medycyna nielokalna: Świat w symptomach* wykorzystuje fizykę kwantową oraz ćwiczenia z zakresu pracy wewnętrznej, aby pokazać, w jaki sposób ciało jest nielokalne – czyli że możesz być wszędzie, gdzie pomyślisz, lub gdzie ktoś inny sądzi, że możesz być. Symptomy nie zawsze mogą zostać wyleczone przy użyciu miejscowych lekarstw skierowanych w określone części ciała. Jest to spowodowane tym, że problemy ciała, które są źródłem cierpienia, nie należą wyłącznie do Ciebie – można je także odnaleźć wśród problemów występujących w związkach i w społeczności, w przeszłości, a nawet przyszłości.

Część III, *Starzenie się: Chemia, buddyzm i negentropia* pokazują, jak siła ciszy prowadzi do nowego poglądu na starzenie się, genetykę i związki z przodkami. Omawiam, w jaki sposób doświadczenia bliskości śmierci lub lęku przed nią mogą wnieść do życia kreatywność. Nowe poglądy na życie i śmierć jako symultaniczne stany pojawiają się obecnie zarówno w psychologii, jak i w fizyce.

Część IV, *Ciało wolne od czasu: Kwantowe style życia*, wprowadza nowe metody pracy z symptomami. Obecne są tutaj wielorakie role w związkach oraz postawy zbliżone do szamanizmu. Książka kończy się rozważaniami nad nielokalnością oraz propozycjami nietoksycznego stylu życia, które integrują różne poziomy świadomości. W tym miejscu znajdziecie idee podsumowujące „Siłę ciszy".

W dodatkach, które skierowane są do czytelnika o zainteresowaniach naukowych, zestawiam podstawowe koncepcje dotyczące fal, fizyki kwantowej, światów równoległych oraz umysłu kwantowego.

ROZDZIAŁ 2.

Medycyna tęczowa

„Zanim będzie można w pełni pojąć zjawiska biologiczne, trzeba będzie dodać coś do praw fizyki i chemii"

– Werner Heisenberg

„Moim zdaniem, nauka przyszłości nie będzie ani »parapsychiczna«, ani »fizyczna«, ale zarówno jedną i drugą, jak i żadną z nich".

– Wolfgang Pauli, laureat Nagrody Nobla[1]

W tym rozdziale proponuję integrujący paradygmat medyczny o nazwie „tęczowa medycyna" wykazując, że ta koncepcja mieści się nie tylko w obszarze medycyny klasycznej oraz alternatywnej, ale także w fizyce, doświadczeniu duchowym oraz w badaniach nad odmiennymi stanami świadomości. Tęczowa medycyna jest kolejną nazwą określającą wielowymiarowe podejście w lecznictwie.

---

[1] W: Pais, *Wolfgang Ernst Pauli. The Genius of Science*. 2000.

Dlaczego mamy złe samopoczucie, które odbija się na nas i na otoczeniu, gdy chorujemy? Istnieje wiele możliwych przyczyn. Jedna z najbardziej kłopotliwych to ta, że związana z uzgodnioną rzeczywistością część nas utożsamia chorobę z jedynym „rzeczywistym" bytem (czyli takim, który bardzo się różni od świata snów). Oczywiste, że choroba jest rzeczywista, i że zaburza bieg życia. Poważna choroba sprawia, że nie możecie pracować, co owocuje utratą pieniędzy, cierpieniem fizycznym, prawdopodobnie lękiem, niemożnością czerpania radości z towarzystwa innych ludzi i tak dalej. Krótko mówiąc, bez siły ciszy oraz śniącego poziomu istnienia, codzienna rzeczywistość może być bardzo jednostronna i przygnębiająca. Współczucie okazywane chorej osobie nieopacznie wzmaga jej jednostronne utożsamianie się wyłącznie z codzienną rzeczywistością. Ten rodzaj współczucia może być protekcjonalny, jeśli zanegujesz nieskończoną moc śnienia zawartego w symptomach i założysz, że dana osoba jest zasadniczo bezsilna oraz zdana wyłącznie na los i służbę zdrowia.

W obliczu poważnej choroby, która niesie prawdopodbieństwo śmierci, prawie każdy odczuwa niepokój. Jednakże w świecie snów symptomy mogą nieść ze sobą najniezwyklejsze wieści pochodzące z obszarów nieskończoności. Jeśli Ty i ja, jak również pracownicy służby zdrowia, dostrzeglibyśmy informacje niesione przez symptomy zarówno na poziomie rzeczywistości, jak i w świecie snów, to osoby obawiające się niekorzystnych diagnoz poczułyby się bardziej docenione i chętniej szukałyby pomocy. Standardowe postępowanie medyczne jest częściowo odpowiedzialne za to, że ludzie nie sięgają po potrzebną im kurację (nie wspominając o kosztach, jeśli nie stać ich na ubezpieczenie). Mówiąc innymi słowy, jeśli jesteś chory, to „chorujesz" tylko z biomedycznego punktu widzenia. Patrząc inaczej, Twoje ciało przeżywa ważne sny i (na swój sposób) masz szczęście uczestniczyć w otrzymywaniu ważnych wiadomości pochodzących z siły ciszy.

Medycyna tęczowa jest wielopoziomowa

Podobnie jak tęcza, która ma wiele kolorów, ciało – tak jak wszystkie obiekty materialne – posiada wiele „kolorów" rzeczywistości. Jeden „kolor" to „uzgodniona rzeczywistość", namacalne, fizyczne aspekty rzeczywistości biomedycznej, do których jesteśmy przyzwyczajeni. W tej rzeczywistości „normalne ciało" posiada głowę, dwie ręce, dwie nogi, serce i tak dalej, będąc przy tym postrzegane jako zlokalizowany w przestrzeni i czasie obiekt. Jednak podobnie jak wszystkie obiekty materialne, ciało posiada także inne „kolory", inne „częstotliwości". Ciało posiada wymiary podobne do snu, które niełatwo poddają się zmierzeniu oraz usytuowaniu w czasie i przestrzeni. Można zmierzyć wysokość, wagę i temperaturę ciała, ale nie możemy bezpośrednio obliczyć czy zlokalizować wzoru kwantowej funkcji falowej ciała lub subtelnych wrażeń przez nie odczuwanych. Tym niemniej większość ludzi potrafi odczuć subtelne tendencje nawet przed ich zamanifestowaniem się w formie rozpoznawalnych wzorców (co zapewne było Waszym udziałem w ćwiczeniu z poprzedniego rozdziału).

Medycyna tęczowa zawiera w sobie rzeczywisty czas i przestrzeń fizycznych realiów, a także podobne do snu poziomy cielesnej rzeczywistości psychologicznej. W obszarze tęczowej medycyny znajdują się komponenty medycyny klasycznej takie, jak: anatomia, diagnoza, lekarstwa, chirurgia, biofizyka, itd., a ponadto procedury medycyny alternatywnej wraz z doświadczeniami subiektywnymi, wzorcami snów i *wszystkich* poziomów świadomości.

Medycyna tęczowa zajmuje się co najmniej trzema poziomami rzeczywistości, z których każdy wiąże się z określoną formą świadomości:

1. *Rzeczywistość uzgodniona*: spostrzeżenia dotyczące czasu, przestrzeni, wagi oraz powtarzalne pomiary.
2. *Kraina snu*: doświadczenia związane z fantazjami, subiektywnymi odczuciami, snami oraz postaciami z obszaru snu.
3. *Esencja*: percepcja subtelnych tendencji oraz klarowne odczucie siły ciszy, z której wywodzą się sny.

Działania medyczne, które operują tylko na jednym z tych poziomów, nazywam „medycyną jednokolorową". Medycyna tęczowa zawiera w sobie pełny zakres świadomości.

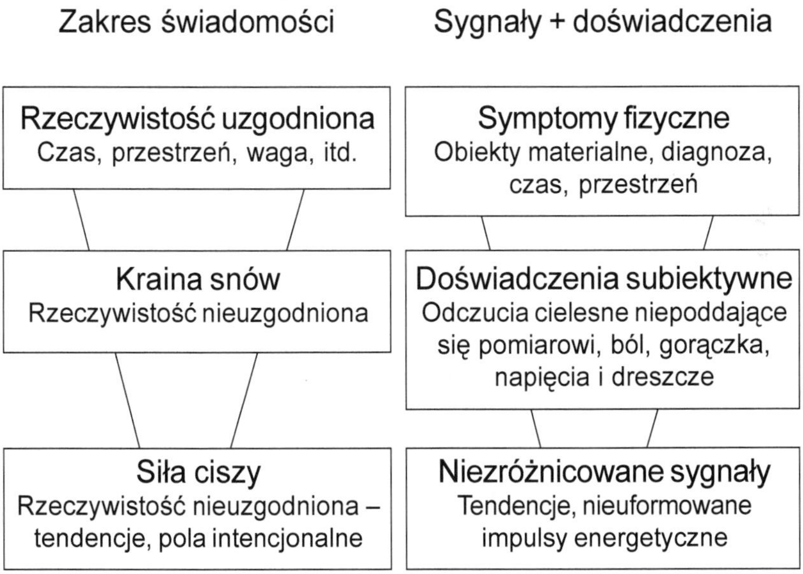

Rys. 2.1.
Medycyna tęczowa oraz związane z nią trzy rodzaje świadomości

Medycyna tęczowa a medycyna jednokolorowa

Medycyna jednokolorowa skupia się zasadniczo na dwóch wymiarach. Wszystkie poznawcze podejścia terapeutyczne, włączając w to medycynę allopatyczną (standardową) zajmują się głównie najwyższym obszarem powyższego diagramu, czyli rzeczywistością uzgodnioną. Potrzebne są wszystkie podejścia; medycyna alternatywna oraz medycyna standardowa są częścią medycyny tęczowej. Potrzebne są wszystkie obszary i żadne z podejść nie jest lepsze od innych; wszystkie należą do jeszcze bardziej złożonego systemu.

W medycynie tęczowej różne podejścia do ciała wiążą się z określonymi stylami życia (zajmiemy się tym w rozdziale 21) oraz sposobami postrzegania i doświadczania wszechświata. Jak już wcześniej mówiłem, medycyna tęczowa, tak jak tęcza, jest wielopoziomowa. Aby przybliżyć sposób myślenia cechujący medycynę tęczową, pozwolę sobie zadać kilka pytań. Jak wyjaśnić fakt zmian pór roku? Czy one po prostu wydarzają się? Czy wystarczy Ci taka odpowiedź, że w ciągu roku Ziemia przybliża się do Słońca, po czym się oddala? A może satysfakcjonuje Cię raczej bardziej poetycki opis przyczyny zmian pór roku? Przypomnij sobie na przykład słowa piosenki Simona i Garfunkela *April Come She Will* („Nadejdzie kwiecień"). Poniższe słowa pochodzą z piosenki *The Sounds of Silence* („Brzmienie ciszy"):

Sierpień musiał już skonać
Jesienne wiatry wieją chłodem
Zapamiętam wrzesień
I miłość już nie tak świeżą jak kiedyś

Zarówno fizyczna odległość od Słońca, jak i podobne do snu uczucie (np. „Miłość już nie tak świeża jak kiedyś") potrzebne są, aby w pełni opisać i wyjaśnić zmianę pór roku.

Podobnie zatem, aby zrozumieć życie, potrzebujemy wiedzy zarówno o bakteriach, jak i o snach. Geny oraz bakterie wyjaśniają bardzo dużo. Jednak sny pomagają zrozumieć bieg życia w kategoriach wyobrażeń i znaczenia. Współczesna medycyna bazuje zasadniczo na paradygmacie Newtonowskim, zajmując się głównie rzeczywistością uzgodnioną, i w dużym stopniu ignoruje doświadczenie subiektywne. Mechanika kwantowa bardzo się różni od tego podejścia, chociaż jej część związana z wartościami urojonymi nadal budzi podejrzenia wśród większości naukowców. Mechanika kwantowa zajmuje się niewidzialnymi wymiarami kryjącymi się poza ideą materii. Zarówno biologia Newtonowska, jak i niewidzialne wymiary fizyki kwantowej są częściami medycyny tęczowej.

W nierelatywistycznej fizyce Newtona – starym ujęciu fizyki – materię postrzega się jako oddzielny byt znajdujący się w przestrzeni, pewną grupę cząstek i cząsteczek. W mechanice kwantowej i w nowym pojmowaniu fizyki materia jest postrzegana mniej wyraźnie; jest ona porównywalna do wcześniejszej idei eteru – trudnej do ujęcia istoty, która miała wypełniać pustą przestrzeń kosmosu. Obecnie, dzięki teorii względności Einsteina, wiemy, że eter nie istnieje. Zamiast tego mamy do czynienia z takimi zjawiskami, jak pola pustki kwantowej. Materia nie jest już konkretnym obiektem; jest to eteryczna fala znajdująca się w niewidzialnej przestrzeni. W rozdziale 1 pokazałem, że te fale nie są jedynie abstrakcyjnymi teoriami (czy liczbami urojonymi w matematyce), ale także „tendencjami" (jak Heisenberg nazywał fale kwantowe) lub mówiąc ogólnie, możliwymi do odczucia „polami intencjonalnymi".

Opisywane przez matematyczne wyliczenia fizyki kwantowej tendencje są symbolami, które tworzą pomost pomiędzy rzeczywistością uzgodnioną a śnieniem[2]. Matematyczne obliczenia są metaforą

[2] Jest to moja interpretacja fizyki kwantowej. Więcej – zob. w: „Qantum Mind".

zarówno abstrakcyjnych cech, jak i sił śnienia, które potencjalnie określają kierunek linii życia.

Na wiele lat przed pojawieniem się współczesnej nauki, uzdrowiciele w społecznościach kultywujących tradycje szamańskie doświadczali tego kierunku jako przewodnictwa wielkiego ducha. W Afryce, Australii, obu Amerykach oraz Indiach osobiście spotykałem się z uzdrowicielami, którzy wykorzystywali świadomość we wszystkich trzech wymienionych wyżej wymiarach. Nasi przodkowie na swój sposób zawsze wyczuwali i wiedzieli o kwantowych wymiarach ciała, nie nazywając ich w taki sposób.

Zachodnia nauka aż do współczesnych nam czasów niewiele miała do powiedzenia na temat umysłu oraz świadomości. Zachodnia psychologia zaczęła badać umysł dopiero z chwilą stworzenia przez Freuda koncepcji „pod-świadomości". Dzisiejsza neurologia szuka odpowiedzi na pytania, czy i jak można redukować świadomość do obszaru mózgu. Dla mnie przyszłość wydaje się być jasna; kolejnym krokiem na drodze medycyny allopatycznej będzie stworzenie medycyny tęczowej, która zintegruje fizykę, psychologię i biologię z mądrością najdawniejszych religii ludzkości.

„Lekarz" tęczowej medycyny

Dzięki przedefiniowaniu medycyny lekarze staną się „specjalistami w dziedzinie świadomości". Wyobraźcie sobie przyszłego „tęczowego lekarza", który będzie w stanie pracować zarówno z ciałem rozumianym w kategoriach uzgodnionej rzeczywistości, jak i z ciałem śniącym. Będzie to osoba, do której zwrócisz się z pomocą w związku z problemami zdrowotnymi oraz śnieniem.

Wzmacniając Twoje poczucie pewności, stwierdzi: „Drogi przyjacielu, największy problem jest w istocie fascynujący. Powiadasz, że odczuwasz ból oraz napięcie w ciele i ciągle jesteś zmęczony.

Zajmiemy się tymi problemami i posłuchamy Twojego ciała. Być może te symptomy stawiają nam pytanie, jakiś koan. Podobnie jak czyni to mistrz zen, Twoje ciało postawiło nam pytanie dotyczące życia, co przybrało formę symptomu.

Jak znaleźć odpowiedź na ten koan? Obecnie natura tego symptomu nie jest jeszcze w pełni zrozumiana przez standardową medycynę. Zbadamy symptom sposobem allopatycznym, ale musimy skorzystać z naszych umysłów, żeby wyjść poza znany obszar wiedzy. To może być chwila, na którą potajemnie czekałeś; wyzwanie polegające na spotkaniu z naturą Twojego istnienia. Symptomy na swój sposób mogą poprowadzić Cię do pewnej formy oświecenia".

Jeśli jest to pierwsze spotkanie z „tęczowym lekarzem", to w takim momencie możesz być na tyle zaskoczony, że po prostu wyjdziesz z gabinetu. Jednak w miarę jak nadejdą zmiany kulturowe, a tęczowa medycyna stanie się powszechniejsza, taka wizyta sprawi Ci ulgę. Nie będziesz zmuszany do wybierania pomiędzy nauką a tradycjami mistycznymi, między medycyną allopatyczną i alternatywną, ponieważ w gabinecie lekarza-specjalisty-od-świadomości będą brane pod uwagę aspekty wszystkich wymienionych paradygmatów. Pojęcia zdrowia i patologii nadal będą obecne w gabinecie, ale staną się koncepcjami medycyny jednokolorowej odnoszącymi się do Twojego codziennego *ja* w obszarze i rzeczywistości uzgodnionej. To zwyczajne *ja* chce dożyć w zdrowiu pogodnej starości. W ujęciu medycyny tęczowej nie jesteś ani chory, ani zdrowy, młody czy stary; jesteś po prostu na ścieżce, której intencji jeszcze sobie nie uświadamiasz.

Być może lekarz powie, że „objawy zmęczenia, nawracających bólów w klatce piersiowej i napięcia są początkami tańca! Niech Twoje ciało zatańczy i wyrazi to, co stwarza nacisk w klatce piersiowej".

Stanowczo stwierdzisz, że nie jesteś dobrym tancerzem, a już szczególnie nie w czyimś towarzystwie. Jednak lekarz uspokoi Cię i pokaże, co przez to rozumie, poruszając swoimi rękami w taki sposób, jakby kukiełka odpychała coś od siebie. Następnie proponuje, żeby podążyć za delikatnym impulsem obecnym w ciele. Zanim się zorientowałeś, wstajesz i tańczysz! Czujesz się i stajesz wielkoludem walącym o zbyt ciasne ściany mieszkania. Chcesz wyjść. „WYPUŚĆCIE MNIE! WYPUŚĆCIE MNIE!". Lekarz pyta: „Dlaczego?", a Ty bez zastanowienia odpowiadasz: „WYPUŚĆCIE MNIE! Jestem zbyt duży, żeby się zmieścić w klatce piersiowej! Nie jestem zmęczony, wprost eksploduję energią i mam do wykonania ważną pracę!".

Cóż za niespodzianka. Zanim zatańczyłeś, byłeś zmęczony. Teraz jesteś pełen energii! Kilka minut potem odkrywasz, co jest Twoim zadaniem: chcesz zmienić coś w sobie lub w osobach z otoczenia... a może „olbrzym" chce zrobić coś, co uważałeś za obłęd, na przykład przeprowadzić zmiany w mieście.

W każdym razie wracasz do domu z lepszym samopoczuciem i podejmujesz wyzwanie. Nie potrzebujesz już lekarstwa, żeby pomóc olbrzymowi czy też powstrzymać go. Co więcej, czujesz się wzbogacony świadomością, którą wniosły Twoje symptomy i czujesz się lepiej z allopatycznym lekarstwem lub bez niego – nawet gdy symptom pojawi się ponownie.

Medycyna tęczowa zawiera w sobie allopatyczny pogląd na chorobę, zmęczenie i nacisk, zdrowie i materialne przyczyny na równi z szamańską ideą ducha obecnego w chorobie oraz koncepcjami „subtelnej energii" w rodzaju „siły życiowej", „chi", „prany" i wszystkich pozostałych nazw, jakimi przez stulecia uzdrowiciele opisywali doświadczenia związane z ciałem człowieka. Tęczowa medycyna docenia współczesną naukę oraz buduje związki pomiędzy homeopatią, medycyną antropozoficzną, osteopatią i kręgarstwem, gdyż wszystkie z nich przyczyniają się do wielowymiarowego oglądu jednostkowego doświadczenia. Zasada „jeśli to, to nie tamto" ustępuje regule „to oraz tamto".

Więcej wiadomości o medycynie klasycznej i tęczowej

Współczesna medycyna dzieli choroby na zakaźne i nie. Mikroorganimy w rodzaju bakterii oraz wirusów są postrzegane jako czynniki zaburzające funkcjonowanie ciała, powodując występowanie chorób zakaźnych. Pozostałe choroby mają w tym ujęciu jedną lub kilka przyczyn. Jeśli przyczyna jest nieznana, jak w przypadku niektórych postaci nowotworów lub nadwagi – panuje przekonanie, że w przyszłości zostanie ustalona. Uważa się, że w takich chorobach istotną rolę odgrywają czynniki dziedziczne, wiek, warunki ekonomiczne, geografia oraz klimat.

Jeszcze sto lat temu główną przyczyną śmierci były ospa, gruźlica i cholera. Obecnie w większości krajów wysoko uprzemysłowionych w statystykach przodują choroby układu krążenia i nowotworowe. Odkryto i wyeliminowano wiele przyczyn powodujących choroby, dzięki czemu zetknęliśmy się z nowymi problemami związanymi ze starzeniem się oraz duchowymi aspektami związanymi z chorobą.

Alternatywne sposoby leczenia w rodzaju medycyny chińskiej, homeopatii, kręgarstwa itd. od stuleci zajmowały się czynnikami nieprzyczynowymi oraz psychologicznymi lub duchowymi. Teorie mówiące o „energiach" walczą z teoriami mówiącymi o „informacji", starając się wyjaśnić, w jaki sposób części ciała mogą się ze sobą komunikować, tworząc rodzaj kontinuum, które sprawia, że fizyczne ciało zaczyna być postrzegane bardziej jak obiekt o rozmytych granicach niż jako konkretny przedmiot.

Medycyna klasyczna wiele zyskała dzięki Newtonowskiemu rozumieniu fizyki, które skupia się na rozumieniu linearnych oraz lokalnych przyczyn (czyli takich, które możemy poznać przy użyciu zmysłów) wywołujących określone zdarzenia. Istnieją przyczyny, które wywołują skutki w naszym codziennym świecie. Jeśli pchniesz piłkę po płaskiej powierzchni, to piłka potoczy się. Podobnie Twoje ciało zmieni się, jeśli ktoś je popchnie lub wpłynie na nie jakiś związek chemiczny. Paradygmat przyczyny i skutku, któremu podporządkowana jest w większości klasyczna medycyna oraz klasyczna fizyka, pozwolił podwoić długość życia na przestrzeni ostatnich 120 lat.

W ujęciu medycyny tęczowej przyczyna choroby może znajdować się nie tylko w prostych lub złożonych zjawiskach na poziomie uzgodnionej rzeczywistości (takich jak na przykład bakteria), ale w sile ciszy. Dzięki temu podejście medycyny tęczowej wyjaśnia to, czego nie może wytłumaczyć paradygmat przyczynowo-skutkowy: czemu niektóre choroby znikają, a inne nadal zbierają śmiertelne żniwo; dlaczego nasze ciała czasami spontanicznie zdrowieją, a kiedy indziej tak się nie dzieje; dlaczego w pewnych okolicznościach leki działają, a w innych nie.

Medycyna tęczowa a doświadczenie duchowe

Kiedy zacząłem się interesować uzdrawiającym potencjałem tendencji kwantowych, pomyślałem sobie: „Jeśli te tendencje są tak istotne dla dobrego samopoczucia, to muszą być obecne nie tylko w podstawowych założeniach współczesnej nauki, ale także w tradycjach religijnych i duchowych".

Na przykład w taoizmie odnajdziecie wielopoziomowe koncepcje charakteryzujące obecny w medycynie tęczowej pogląd na życie.

Siła ciszy jest bardzo podobna do koncepcji tao przedstawionej w starożytnym traktacie *Tao Te Ching* napisanym przez Lao-Tsy. Jest to tajemnicze „tao, które można wyrazić słowami". Według sinologa Harolda Rotha, najwcześniejsze chińskie idee dotyczące tao (poprzedzające *Tao Te Ching*) mówią o „drodze", „znaczeniu", a także o „esencji witalnej"[3]. Według Rotha, tao „jest podstawą zdrowia, żywotności i psychologicznego dobrostanu", jest jedną, niepodzieloną, prostą, kierującą siłą naszego życia, która rozkwita światem 10 000 rzeczy.

Mamy tu zatem do czynienia z koncepcjami tęczowej medycyny – „esencją witalną", „podstawą zdrowia" i „siłą nadającą życiu kierunek". Roth cytuje wczesny opis tao, który brzmi bardzo podobnie do wyjaśnienia sposobu, w jaki fale kwantowe nie tylko opisują, ale także ożywiają cząstki elementarne i cały wszechświat:

Energia witalna ożywia wszystko.
Na dole tworzy pięć elementów,
Na górze stając się gwiazdami.
Kiedy przepływa przez niebo i ziemię,
Nazywana jest świętością.
Kiedy znajduje się w piersi człowieka,
Nazywana jest mądrością.[4]

[3] W książce „Original Tao" z roku 1999 Harold D. Roth pisze, że jego ustalenia dotyczące tekstu nazywanego „wewnętrzną nauką" stwierdzają, iż wywodzi się on z pism znacznie wcześniejszych od słynnego *Tao Te Ching* Lao-Tsy. Badając poglądy starożytnych Chińczyków stwierdził, że Tao lub „moc Drogi" stworzyła wszystko. Obecny świat jest materialnym przejawem „Dróg mocy" (s. 42). To odkrycie dokonuje rewolucyjnego przewrotu w dotychczasowym rozumieniu filozofii i nauki starożytnych Chin.

[4] Ibidem.

Mądrość, czyli tao w piersi, jest tym, co nazywam siłą ciszy. W ostatnim przykładzie tao było tańcem oczekującym na spełnienie. Powyższy cytat mówi o tym, że wewnętrzna mądrość naszych ciał jest tą samą mądrością, która istnieje w gwiazdach.

Odmienne stany świadomości a medycyna tęczowa

Nieco później starożytny mędrzec Czuang-tsy interpretował „tao, którego nie można nazwać", jako „siłę prymarną". Tą siłą jest namacalne doświadczenie tendencji do ruchu, które stwarza poczucie płynnego oraz łatwego ruchu lub dobrego samopoczucia. Uzyskanie dostępu do tych tendencji wytwarza odmienny stan codziennej świadomości. W rozluźnionym, cechującym się otwartością stanie umysłu, któremu towarzyszy pełna, klarowna ważność, przybliżasz się do zasadniczego doświadczenia odnajdywanego w licznych tradycjach duchowych; do doświadczenia jedności, w którym sprawy dzieją się bez wysiłku z Twojej strony.

W buddyzmie zen owa pusta otwartość nazywana jest *Mu-shin,* natomiast w buddyzmie tybetańskim *Rigpa*. Tybetański buddysta, lama Sogyal Rinpoche mówi o *Rigpie* – stanie poprzedzającym śnienie, że jest to stan „esencjonalnej podstawy umysłu, rodzaj inteligencji poprzedzającej wszelkie zdarzenia, której można doświadczyć, relaksując umysł i przywracając mu naturalny stan". *Rigpa* jest „najgłębszą esencją umysłu, która jest absolutna i nie podlega zmianom ani śmierci ... można powiedzieć, iż jest to mądrość wiedzy". *Rigpa* jest żywym doświadczeniem esencji, z której powstają wszystkie zjawiska. W stanie *Rigpy* pojawia się zasadnicza esencja zdarzeń – „inteligencja wszechświata". Odczuwa się nielokalny, wszechobecny aspekt każdego codziennego wydarzenia. W takim stanie kwiat nie jest wyłącznie kwiatem; zamiast tego odkrywasz jego bezczasową siłę, „śnienie kwiatu", jakby to określili australijscy aborygeni.

Podobnie jak cząsteczka, która zgodnie z odkryciami fizyki kwantowej może przed dokonaniem pomiaru znajdować się w dowolnym miejscu i czasie, tak samo w stanie *Mu-shin* lub *Rigpy* możesz wyczuć subtelne, nielokalne „przed-istnienie" każdego rzeczywistego zjawiska. W swoim śnieniu lub w głębi serca nawiązujesz z tymi zdarzeniami kontakt jeszcze zanim zamanifestują się w codziennej rzeczywistości.

Medycyna tęczowa i twórczość w zen

Keido Fukushima pokazał kiedyś ten stan świadomości na prowadzonych przeze mnie zajęciach. Przed malowaniem, a właściwie przed wykonaniem kaligrafii przez chwilę medytował. Usiadł na środku pomieszczenia, kładąc przed sobą papier i pędzel. Następnie, kiedy znalazł się we „właściwym" stanie, wziął pędzel i w ciągu jednej minuty powstała kaligrafia. W takim stanie osoba malująca pozwala, aby tendencje prowadziły pędzel.

Ten stan cechujący medycynę tęczową nosi wiele nazw mających tylko niewielkie różnice w swym znaczeniu. Spośród wielu można wymienić stan jedności doświadczany w formie Brahmana w hinduizmie, Wielkiego Ducha w wierzeniach rdzennych mieszkańców Ameryki, Boga w tradycjach judeo-chrześcijańskich i muzułmańskich.

Fukushima Roshi określa stan *Mu-shin* mianem „umysłu twórczego", choć angielskie przekłady stosują zazwyczaj terminy „nieumysł", „pustka" lub „nicość". „Twórczy umysł" ma dla mnie ogromne znaczenie psychologiczne, ponieważ będąc dostrojonym do siły ciszy, odczuwając tendencje, przebywa się w pustce, znajdując się jednocześnie w wysoce uważnym i twórczym stanie.

W tym stanie myśli, wrażenia i uczucia codziennego *ja* nie przysłaniają świadomości, dzięki czemu stajesz się otwartym na subtelne i nieprzewidywalne fluktuacje (zarówno w ciele, jak i w otaczającym świecie). Odmienne, „duchowe" stany umożliwiają zaistnienie wrodzonej kreatywności pozwalającej na pojawienie się nieprzewidywalnych fantazji i ruchów.

Medycyna tęczowa w fizyce

Fizyk David Bohm, laureat nagrody Nobla, dodał do mechaniki kwantowej wymiar duchowy lub psychologiczny. Bohm wyobraził sobie fale kwantowe w formie – jak to określił – „fal pilotujących", które informowały obiekty materialne bądź je prowadziły. Stwierdził, że funkcja falowa (lub to, co nazwałem siłą ciszy) jest swego rodzaju siłą kierującą, która informuje cząsteczki, dokąd mają się udać – podobnie jak radar kieruje statkami na morzu. Chociaż inni fizycy (zwłaszcza Werner Heisenberg) nalegali, aby powstrzymać się od tworzenia konceptualizacji dotyczących funkcji falowej z uwagi na niemożność dokonania pomiaru[5], Bohm (i wielu innych) ośmieliło się wyjść poza te ograniczenia.

Medycynę tęczową można odnaleźć nie tylko w doświadczeniach duchowych czy ideach związanych z medycyną alternatywną, ale również, jak już wcześniej wspomniałem, w teoriach fizycznych. Medycyna tęczowa jest wielowymiarowa; mieszczą się w niej subtelne fale kierujące, świadomość tao, *Mu-shin*, *Rigpa* oraz podobne im, niemożliwe do zmierzenia stany, a także precyzyjna fizyka Newtonowska i chemia ciała.

[5] Heisenberg (1958): „Physics and Philosophy", rozdział 2: „Należy wszelako podkreślić, że funkcja (falowa lub) prawdopodobieństwa nie przedstawia sobą przebiegu zdarzeń w czasie. Ta funkcja przedstawia tendencję dla zdarzeń i naszej wiedzy o nich".

Eksperyment: medycyna tęczowa pod postacią flirtów

Siła ciszy jest kierującą, kreatywną inteligencją, którą można spotkać w szczególnych stanach świadomości i wykorzystać do odkrywania naszych ograniczeń związanych z twórczością. W stanie ciszy tendencje pojawiają się najpierw podprogowo, następnie w formie przed-sygnałów, a w końcu jako drobniutkie, przyciągające uwagę „flirty". W zwyczajnym, codziennym stanie świadomości mamy tendencję do ignorowania tych migotliwych przed-odczuć oraz malutkich wrażeń cielesnych z powodu ich subtelności, irracjonalności lub krótkotrwałości. Jednak kiedy znajdujemy się w otwartych stanach przejrzystej świadomości, to te impulsy stają się łatwo dostrzegalne.

Flirty jako medycyna tęczowa

Spróbuj wykonać następujący eksperyment. Przygotuj kartkę i coś do pisania.

- *Pozwól sobie na wejście w stan otwartej postawy umysłu.* Na kilka minut zamknij oczy, zrelaksuj się i skup na oddychaniu. Nie spiesz się, poczekaj do momentu, w którym osiągniesz „zerowy" stan uspokojenia.
- *Doświadczanie flirtu.* Następnie, nie zmieniając postawy otwartego umysłu, otwórz powoli oczy – lub raczej pozwól, żeby oczy same się otworzyły. Rozejrzyj się dokoła. Niech Twój nieświadomy umysł wybierze obiekt albo doświadczenie, które przyciąga spojrzenie i zatrzymaj się na tym, co skupiło uwagę. Może to być coś subtelnego, a jeśli oczy nie koncentrują się na niczym, to coś niezbyt wyraźnego. Może się tak zdarzyć, że początkowo zignorujesz to spostrzeżenie. Skorzystaj ze świadomości i skup uwagę na tym, co przyciągnęło wzrok.

- *Skup się na tym, co przyciągnęło Twoją uwagę.* Niech przez jakiś czas dany obiekt lub wydarzenie odbija się w Twoim umyśle. Co to jest? Co Ci to przypomina? Jak to wygląda?
- *Niech zacznie się rozwijać siła śnienia.* Nie przestawaj skupiać się na tym obiekcie lub zdarzeniu i obserwuj, co się z nim (lub w nim) dzieje aż do chwili, gdy będziesz już prawie wiedzieć, dlaczego „śnisz" akurat o tym flircie.
- *Weź długopis i pozwól, żeby ręka zrobiła szybki szkic czegoś na kartce.* Żeby lepiej zrozumieć swoje śnienie, wykonuj spontaniczne, wyrażające energię śnienia ruchy ręką lub długopisem.
- *Odgadnij ewentualne znaczenie swojego śnienia.* Co kryje się za tymi obrazami i doświadczeniami? Co w danej chwili jest dla Ciebie istotne w tym śnieniu? Zrób notatkę na ten temat.
- *Poczuj siłę ciszy.* Kiedy będziesz gotowy, zapytaj samego siebie, w jakim miejscu ten sam wzorzec, przejawiający się w dostrzeżonym flircie, pojawił się w wewnętrznych lub zewnętrznych wydarzeniach związanych z Twoim życiem w ostatnim czasie. Poczuj tendencję, falę pilotującą, siłę ciszy, która objawiła się we flircie i wyobraź sobie cielesny symptom, z którym może się wiązać ten akt kreacji lub dla którego może stanowić rozwiązanie. Niech w jakiś sposób ta siła Tobą poruszy.

W szczególnych stanach świadomości siła ciszy pojawia się jako kreatywny impuls, który w pewien sposób może wiązać się z symptomem. Związek z siłą ciszy jest rodzajem lekarstwa. Przy braku uwagi można z łatwością zmarginalizować owe subtelne impulsy, ponieważ wydają się początkowo bardzo nietrwałe, ulotne lub pozbawione znaczenia. A jednak umiejętność skupiania się na tych stanach i polach wraz z innymi metodami dbania o siebie jest właśnie tęczową medycyną.

ROZDZIAŁ 3.

Nanoflirty i mądrość ciała

W znanym wystąpieniu będącym wprowadzeniem w erę mikrofizyki Richard Feynman stwierdził:

Zasady fizyki... nie sprzeciwiają się możliwości przekształcania rzeczy atom po atomie... Nie wykonujemy takich operacji z uwagi na to, że mamy zbyt duże rozmiary... Nie obawiam się wzięcia pod uwagę takiej okoliczności, że kiedyś – w odległej przyszłości – będziemy mogli układać pojedyncze atomy zgodnie z naszymi życzeniami.[1]

W poprzednim rozdziale okazało się, że niewyraźne, drobniutkie wrażenia, doświadczenia lub flirty niosą wielką dawkę mądrości. Te niewielkie, podobne do flirtów spostrzeżenia są rodzajem „nano-świadomości" – czyli świadomości najmniejszych, najsubtelniejszych doświadczeń.

[1] Przemówienie z dn. 29.12.1959 roku z okazji dorocznego zjazdu American Physical Society w California Institute of Technology (Caltech), opublikowane w lutowym wydaniu „Engineering and Science" (Caltech 1960).

Flirty mojego kuzyna

Przypomina mi się następująca, związana z flirtami, historia. Pewnego dnia, kiedy podczas rodzinnego spotkania byłem już znużony rozmową ze swoim krewnym, powiedziałem mu, czym się zajmuję, i poprosiłem o wykonanie ćwiczenia opisanego w jednej z moich książek. Kiedy usiedliśmy na kanapie, zaproponowałem, żeby się zrelaksował i po prostu skupił na oddychaniu. Po minucie zasugerowałem, żeby zbadał ciało i powiedział o dowolnym, nawet najdrobniejszym doznaniu, które zwraca jego uwagę. Po krótkiej przerwie powiedział, że – nie pojmując dlaczego – zauważa jakby „suchość" w gardle. „To jest zbyt małe, żeby przeszkadzać, ale jest to rzecz, o którą pytałeś" – zapewnił mnie.

Zaproponowałem, żeby skupił się na tej suchości, gdyż to wrażenie „flirtowało" z jego uwagą. Dodałem także, że jest dla mnie zrozumiałe, iż z pewnością nie jest typem osoby, która zwracałaby zbyt wiele uwagi na tego rodzaju niepoważne fantazje, jednak warto by teraz spróbować. Powiedziałem mniej więcej coś takiego: „Skup się na tym niewielkim wrażeniu, które pojawiło się z chwilą zwrócenia uwagi na ciało. Odczuj je, a nawet wzmocnij, aż będzie Ci łatwo to sobie wyobrazić".

Zamknął oczy, zmarszczył czoło, jakby się nad czymś głęboko zastanawiał, a następnie uśmiechnął się i otwarł oczy. Z wielkim przejęciem mówił, że kiedy skupił się na tej suchości, zobaczył samego siebie pośród wielkiej, suchej przestrzeni: „To była pustynia... nie – to był rdzenny Amerykanin siedzący pośrodku rozległej pustyni. Co za dziwna fantazja!".

Z trudem ukrywając własne poruszenie, spytałem, co takiego robiła ta postać? Mój krewny odparł: „On jakby... no cóż, nasłuchiwał tego, co wydawało się być głosem przodków... Mówili, że nie powinien przejmować się trudnościami w kontaktach z ludźmi, a także że nie powinien czuć się odpowiedziałny za wszystkich!". W tamtej chwili mój krewny nie był już taki jak przedtem. Doświadczenie wstrząsnęło nim i ze śmiechem na ustach opowiadał, że zawsze czuł się nadmiernie odpowiedzialny za innych. Dodał także: „Głos przodków rdzennego mieszkańca Ameryki przemawiał do mnie!".

„Co jest niewłaściwego w poczuciu odpowiedzialności? – spytałem. – Coś musi być z tym nie tak, jak należy. Zawsze gdy się kimś przejmuję, mam napady kaszlu – czy może mieć to związek z odczuciem suchości?". Głośno zauważyłem, że zna odpowiedź na to pytanie. Po chwili odpowiedział: „Aha! Nie powinienem *czuć* się odpowiedzialnym, ale za to *być* bardziej odpowiedzialnym w stosunku do moich »przodków«".

Oprócz faktu, że rodzinne spotkanie przestało być nudne, warto zwrócić uwagę na kilka punktów, które ilustruje ta historia:

- Niewielkie wrażenia lub flirty stanowią impuls do rozwinięcia twórczych fantazji, opowieści i marzeń (Suchość w gardle doprowadziła do obrazu „rdzennego Amerykanina siedzącego pośrodku rozległej pustyni).
- Flirty leżą u podstaw symptomów. (Suchość była związana z napadami kaszlu).
- Flirty są rdzeniem albo esencją symptomów, a zarazem lekarstwem na nie. (Odczucie suchego gardła przekształciło się w zalecenie niosące ulgę w problemach z kaszlem: zamiast pełnić rolę opiekuna, bądź w większym stopniu w zgodzie z „przodkami".
- Symptomy są jednocześnie lekarstwami.

Nanoświadomość i medycyna

Dotychczas ani fizyka, ani psychologia nie wykorzystywały dostatecznie tych mikro-wydarzeń. W pewnym sensie owe minimalne flirty są w obszarze psychologii tym samym, co ruchy elektronów i atomów w fizyce. Można powiedzieć, że flirty są tym dla psychologii, czym mikro-zdarzenia dla fizyki.

Nanonauka

Termin *nano* to przedrostek stosowany w systemie metrycznym, który oznacza wielkość 10^{-9} lub 0,000000001. Jest to wielkość odpowiadająca w przybliżeniu rozmiarom atomu. Nanosekunda to 10^{-9} sekundy. Nanonauka oraz nanotechnologia są w stanie obliczać ruch kilku elektronów lub przemieszczać pojedyncze atomy po różnych powierzchniach.

Ta dziedzina wiedzy zmienia formułę nauk chemicznych i medycznych, które zaczynają zajmować się poszczególnymi atomami w obrębie danej struktury (np. kości)[2]. Nanotechnologie powstały dzięki fizyce kwantowej. Obecnie wykorzystuje się mikroskopy oraz skanery, aby badać obszary tkanek o rozmiarach kilku atomów.

Medycyna zajmuje się głównie cząsteczkami i komórkami. Jednak nanomedycyna zmieni ten obraz. W miarę jej rozwoju przestaną być potrzebne liczne lekarstwa, które oddziaływały przede wszystkim na cząsteczki oraz komórki. Podzielam zdanie Roberta Freitasa, który stwierdza we wstępie do pierwszego tomu swojej pozycji o nanomedycynie: „Możliwość oddziaływania na poziomie molekularnym da niespotykane wcześniej możliwości leczenia

[2] W książce „Nano Medicine" Robert Freitas opisuje pasjonujące dokonania na polu integracji nanotechnologii i medycyny.

chorób. Możemy oczekiwać, że w ciągu kilku dekad będziemy mieć do czynienia z rewolucją w lecznictwie."[3]

Ojciec nano-nauki Richard Feynman uważał, że nie próbowaliśmy poruszać atomami i molekułami tylko dlatego, że jesteśmy tacy „duzi". Tak samo psychologia, skupiając się głównie na doświadczeniach werbalnych oraz historiach osób, zajęła się przede wszystkim wydarzeniami ze snów oraz z uzgodnionej rzeczywistości, pomijając jednostkowe i pozornie nieważne subtelne sygnały, aż do chwili, kiedy staną się na tyle wyraźne, że będzie można o nich rozmawiać.

Pozwolę sobie zasugerować w tym miejscu (a także później, kiedy zajmiemy się ideą kwantowego crossoveru w rozdziale 9), że „psychologia flirtów" jest subiektywnym doświadczeniem zdarzeń w ciele na poziomie nanoskopowym. Jak dotąd nauka i psychologia ignorują ten obszar, ponieważ zajmujemy się przede wszystkim uzgodnioną rzeczywistością. Owa uzgodniona rzeczywistość jest tak naprawdę niczym słoń w składzie nano-wydarzeń. Skupiając się wyłącznie na powtarzalnych zjawiskach z obszaru uzgodnionej rzeczywistaości, nie dostrzegamy i pomijamy maluteńkie, subtelne, podobne do flirtów doświadczenia, które poprzedzają pojawienie się krainy snów i codziennej rzeczywistości.

Ćwiczenie: Nanoświadomość i mądrość ciała

Szanując minimalne spostrzeżenia, możemy doświadczyć ogromnych zmian. Jak nam wiadomo z ćwiczenia z „czasem urojonym" (rozdział 1), siła ciszy przejawia się w najdrobniejszych tendencjach do ruchu. W doświadczeniu z fragmentu „Flirty jako medycyna

[3] Ibidem.

tęczowa" zrelaksowanym spojrzeniem badaliśmy, w jaki sposób siła ciszy kieruje flirtami wzrokowymi. W kolejnym ćwiczeniu zbadamy, jak trudno zauważalne, minimalne proprioceptywne wrażenia dobiegające z ciała pojawiają się w zwyczajnym (lub mniej więcej zwyczajnym) stanie świadomości.

Skup się przez chwilę na swoim ciele i oddychaniu. Następnie zauważ, które z najdrobniejszych wrażeń dobiegających z ciała „pragnie" być dostrzeżone. Co takiego *„drży"* na krawędzi uwagi, czy coś z Tobą *flirtuje* lub czy pojawia się nagłe doznanie cielesne.

Skup się na tej drobnostce i śledź związane z nią wrażenia, dając im możliwość rozwoju. Poczuj je, zobacz lub usłysz. Kiedy będą się rozwijać, nie powstrzymuj ich wątpliwościami bądź wyjaśnieniami. Eksperymentuj ze swoją nanoświadomością i pozwól rozwijać się doświadczeniom na ich własny, swoisty sposób aż do chwili, gdy nabiorą dla Ciebie znaczenia.

Czy to, czego doświadczałeś, było w jakiś sposób związane z symptomami fizycznymi (lub symptomami z przeszłości)? Czy i w jaki sposób dostrzeżony flirt może być rdzeniem doświadczenia tego symptomu? W jaki sposób sedno tego doświadczenia mogłoby wzbogacić Twoje życie?

Nanodoświadczenia ciała mogą stanowić bramy wiodące do nowych obszarów oraz stanów świadomości. Symptomy wiążą się z Twoją psychiką oraz szczególnymi „mocami". Flirty płynące z symptomu mogą być lekarstwem w szerokim znaczeniu tego słowa, mogą stać się życiowym remedium.

Fale kwantowe i świadomość

Lata praktyki pozwalają mi stwierdzić, że dostrzeganie oraz odpowiadanie na minimalne sygnały ogromnie poszerza świadomość. W symptomach oraz wrażeniach cielesnych mieści się olbrzymia wiedza. A jednak ani fizyka, ani medycyna nie określiły dokładnie, czym jest świadomość (zobacz ramkę poniżej).

Myślę, że uświadamianie sobie (*awareness*) jest prawie automatycznym i w większości niezależnym od woli procesem postrzegania elementarnych doświadczeń. Ucząc się stopniowo przytomnego uświadamiania sobie własnych doświadczeń, możemy stać się świadomi w świecie śnienia. W takich momentach osiągamy „przejrzystość" – jak w przejrzystym śnieniu. Rezerwuję termin „świadomość" dla bardziej zależnych od woli codziennych działań, takich jak zdolność komunikowania na temat doświadczenia. Podstawą świadomości jest uświadamianie sobie doświadczeń. (W oryginale *Consciousness is based upon awareness*. W języku angielskim występują dwa pojęcia tłumaczone często na polski jako „świadomość". Pierwsze z nich to *„awareness"*, które w książkach Mindella odnosi się do podstawowego procesu zdawania sobie sprawy ze swych doświadczeń, uświadamiania ich sobie. Drugie pojęcie – *„consciousness"* jest rozumiane jako „świadomość świadomości". W tłumaczeniu używamy pojęcia „świadomość" lub określeń opisowych, tak by jak najlepiej oddać sens użytego przez autora pojęcia w danym kontekście – przyp. red. meryt.).

Świadomość w fizyce

Johna von Neumana prawdopodobnie najlepiej znamy z prac nad komputerem Edvac, czyli prototypem współczesnych komputerów. Jednak był on przede wszystkim matematykiem, który najwięcej wniósł do obszaru fizyki kwantowej. Jeszcze w latach trzydziestych dwudziestego wieku stwierdził wyraźnie, że świadomość zaistniała w równaniach fizyki, aczkolwiek nie potrafił jej zlokalizować. Inni naukowcy, jak na przykład laureat nagrody Nobla Eugene Wigner przeczuwali, że to świadomość w pewien sposób stwarza rzeczywistość. Współcześni fizycy podzielają tę opinię. Konferencje o nazwie „Science of Counsciousness" organizowane przez University of Arizona reprezentują ten trend w nauce, podobnie jak Journal of Counsciousness Studies (wydawany przez Imprint Academic w Wielkiej Bytanii), Journal of Frontier Sciencee (Temple University w Filadelfii) i wiele innych.

W książce „Cienie umysłu" kosmolog Roger Penrose stwierdza: „Naukowy światopogląd, który nie uwzględnia problemu istnienia świadomych umysłów, nie może rościć sobie pretensji do zupełności. Świadomość jest częścią wszechświata, a zatem każda teoria fizyczna, która nie przewiduje dla niej miejsca, z fundamentalnych powodów nie może być uznana za prawdziwy opis świata. Twierdzę, że żadna znana teoria fizyczna, biologiczna lub obliczeniowa nie dostarcza nawet przybliżonego wyjaśnienia świadomości".[4]

Jeśli chcecie prześledzić, w jaki sposób fizyka zajmuje się badaniem świadomości, warto przeczytać następujące pozycje: „Atomic Physics and Human Knowledge" Nielsa Bohra (1958), The Physicist's Conception of Nature" Wernera Heisenberga (1958), „Orchestrated Reduction of Quantum Coherence in Brain Microtubules: A Model for Counsciousness" Stuarta Hameroffa i Rogera Penrose'a (1996) oraz „Nowy umysł cesarza" i „Cienie umysłu" Rogera Penrose'a.

Praktyka uważności może pomóc w docieraniu do źródeł świadomości. Początkowo mamy do czynienia z czymś w rodzaju tendencji, po czym nasza świadomość zostaje zaabsorbowana przez flirt. Jeśli uda nam się pochwycić owe przedsygnały, to rozwiną się one w obrazy śnienia, a następnie staną się rzeczywistością i świa-

[4] W przekładzie Piotra Amsterdamskiego. Wyd. Zysk i S-ka, Poznań 2000.

domością. Kiedy jednak jesteśmy już świadomi, to skłaniamy się do marginalizowania bądź zapominania o esencji naszych doświadczeń i skupiamy się wyłącznie na uzgodnionych sygnałach lub symptomach, tak jakby były one jedyną rzeczywistością.

Chociaż fizyka nie potrafi jeszcze wyjaśnić, dlaczego te fale muszą się matematycznie odzwierciedlać, aby wytworzyć prawdopodobieństwo lokalizacji, to sądzę, że można podać powód tego zjawiska. Refleksja fal kwantowych w matematyce obrazuje sposób, w jaki ludzie odzwierciedlają minimalne flirty trafiające do naszej świadomości. Dopiero wówczas, gdy flirt zostaje odzwierciedlony w umyśle, czyli dostrzeżony przez świadomość, rozważamy możliwość podjęcia obserwacji obiektu „wytwarzającego" flirt. Drzewo „flirtuje" z naszą świadomością, zaś my, odzwierciedlając flirt, bezwiednie zwracamy na nie uwagę. Efektem tego odzwierciedlenia jest akt obserwacji w rozumieniu codziennej rzeczywistości. Kiedy jednak już coś zaobserwujemy, to zapominamy o subtelnych, kreujących to zdarzenie flirtach. Umiejętność koncentrowania się na podobnych do flirtów doświadczeniach, refleksja i szacunek dla nich pozwalają ujawnić się ukrytej w nich wiedzy. Tak wygląda istota teorii mówiącej o wzajemnych związkach nano-świadomości, mądrości ciała i świadomości.

Mówiąc krótko, fizyka kwantowa oparta jest na funkcjonującej we wszechświecie tendencji auto-refleksyjnej. Wszechświat odzwierciedla sam siebie, fale kwantowe, tendencje czy siła ciszy poddają się autorefleksji i – w pewnym sensie – kreują zwyczajny świat. Możesz to dostrzec w swojej psychice. Normalnie uważasz, że to Ty decydujesz o postrzeganiu obiektów. Kiedy jednak dokonasz introspekcji lub pomedytujesz nad tym, możesz odkryć, że obiekty „klepią Cię po ramieniu". „Flirtują" z Tobą, jeszcze zanim się odwrócisz i spojrzysz na nie. Społeczności aborygeńskie nazywają tę występującą w przyrodzie auto-refleksję „mocami". Obiekty

Uczestnicy świadomości

Wyobraź sobie system, który spogląda na siebie, albo siebie patrzącego na siebie, a najlepiej dwa obiekty, na przykład Ciebie i filiżankę, jak „przyglądacie się" sobie. Gruba strzałka na poniższym rysunku reprezentuje obserwację. Strzałki z linii przerywanych poniżej Ciebie i filiżanki reprezentują klepnięcie lub flirt, który zachodzi pomiędzy obiektami takimi, jak Ty i filiżanka, zanim zorientują się, że nawzajem się obserwują.

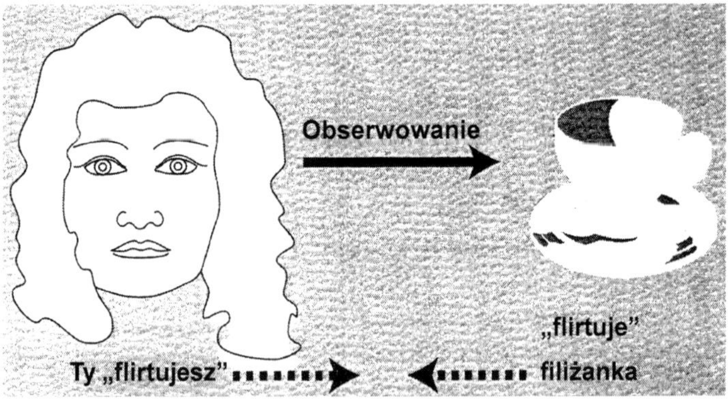

Rys. 3.1. Obserwacja

O ile można prześledzić proces reprezentowany przez grubą strzałkę, na przykład przy użyciu kamery wideo (jako np. wymianę sygnałów), o tyle flirty nie dają się zarejestrować. Możesz je wyłącznie odczuć jako rodzaj „klepania po ramieniu", co sprawia, że rzucasz okiem na filiżankę. Przerywane linie reprezentujące flirtowanie – subtelne, nieuzgodnione interakcje – pomiędzy obiektami, które ulega redukcji w codziennym życiu z chwilą podjęcia świadomego aktu obserwacji, gdy możesz na przykład stwierdzić: „patrzę na fliliżankę".

Zjawisko *flirtowania* zostało ujęte w obliczeniach współczesnej fizyki. Pracujący dla NASA fizyk z Seatle John Cramer uważa, że przerywane linie odpowiadają falom w rzeczywistości urojonej. Wyjaśnia, że to, co się dzieje podczas procesu obserwacji, można określić „odzwierciedlającymi falami oferującymi i falami echa", które przechodzą pomiędzy obserwatorem i przedmiotem obserwacji lub między obserwującym a nim samym[5]. Przypominam, że nie istnieje możliwość pomiaru tych fal. Są one matematycznymi pojęciami, do których odnosimy się jak do fal, ponieważ mają cechy podobne falom w świecie liczb urojonych. Te fale mają ponadto właściwości poruszania się w przód i wstecz w czasie.

Czyż nie brzmi to jak science-fiction? Jak najbardziej. Ale w psychologii nie istnieje idea fikcji. Podobnie jak w fizyce, wszystko, co ma *prawdopodobieństwo* realności – czyli wszystko, co można sobie wyobrazić – *jest* w swoim wymiarze realne. Flirty funkcjonują w rzeczywistości nieuzgodnionej, która nie jest bynajmniej podobna do rzeczywistości, w której egzystują mieszkańcy miast na początku XXI wieku. Flirtów nie da się zarejestrować kamerą video.

Zgodnie z wyjaśnieniami Cramera, możemy je zobrazować (w rzeczywistości nieuzgodnionej) jako dwie fale kwantowe.

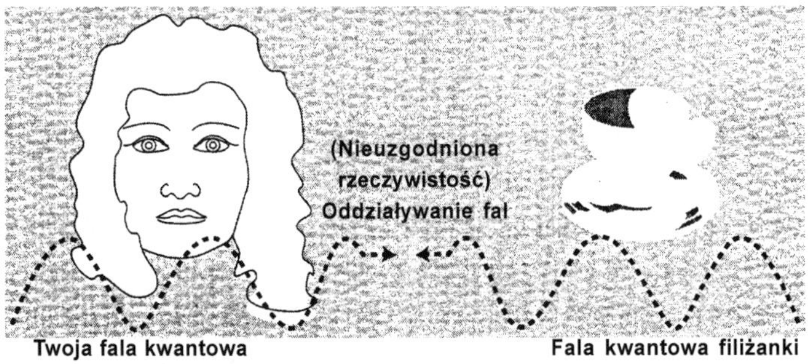

Rys. 3.2. Oddziaływanie fal

[5] Zob.: „Quantum Mind", gdzie opisuję odkrycia Cramera oraz „The Quantum Leap" Freda Alana Wolfa, zwłaszcza strony 219–223 „Parallel Universes", gdzie szczegółowo zostają wyjaśnione terminy odzwierciedlających fal oferujących i fal echa.

Obliczenia matematyczne wykazują, że powyższe fale mają taką samą siłę oraz częstotliwość, ale płyną w przeciwnych kierunkach. Według Cramera interakcja pomiędzy falami przypomina interakcję pomiędzy urządzeniami elektronicznymi, rodzaj „podania sobie dłoni", które musi nastąpić, zanim zajdzie wymiana informacji. Następnie fale odchodzą w zapomnienie, podobnie jak brzęczenie faksów, które zanika, kiedy zostaje nawiązane połączenie.

Obliczenia matematyczne opisujące fizyczny proces obserwacji wykazują, że dwie fale multiplikują się, stwarzając prawdopodobieństwo zaistnienia czegoś w zakładanej przez nas lokalizacji, podobnie jak pojawia się dana cząsteczka w określonym miejscu i czasie. Przed aktem obserwacji owe niemierzalne fale kwantowe są nielokalne, co znaczy, że są rozprzestrzenione po całym wszechświecie, zaś po akcie obserwacji stają się opisami prawdopodobieństwa realnych obiektów zlokalizowanych w czasie i przestrzeni.

posiadają moc, która sprawia, że na nie patrzymy. Zamieszczona na wcześniejszej stronie ilustracja pokazuje, w jaki sposób rzeczy „klepią" nas po ramieniu na chwilę przed lub w tym samym czasie, gdy odwracamy się, aby na nie spojrzeć.[6]

Wielu fizyków podejrzewało, że gdzieś we Wszechświecie istnieje inteligencja, wyobraźnia i wielka moc. Einstein mawiał: *„Chcę poznać myśli Boga... reszta to szczegóły"*. Swoje przekonania o istnieniu wielkiej mocy David Bohm opisywał następująco:

„Wewnętrzna struktura materii zawiera najprawdopodobniej energie, które są o tyle silniejsze od energii nuklearnych, o ile energie nuklearne są silniejsze od energii chemicznych... [Punkt zero] energii jest podłożem, które znajduje się poza naszym zasięgiem na reprezen-

[6] O flirtach i tendencjach więcej w: „Śnieniu na jawie".

towanym dziś przez ludzi poziomie. Kiedy jednak zmienią się uwarunkowania wszechświata, część owej energii może być nam dostępna".[7]

Przemyślenia na temat mocy energii punktu zero oraz związanych z nim fluktuacji kwantowych brzmią podobnie do tego, co od zawsze było wiadome naszym aborygeńskim braciom:

„Posłuchaj, biały człowieku. Tam coś jest; nie wiemy, co; coś jak silnik, siła, wielka moc – ciężko pracuje, popycha".[8]

Fale, węże, medycyna

Moc wszechświata odnajdujemy nie tylko w falach kwantowych, ale także w falistych motywach znanych z mitologii. Fundamentalna moc dwóch przeplatających się fal od stuleci była znana jako symbol uzdrawiania.

Na ilustracji poniżej widzimy dwa węże owinięte w przeciwnych kierunkach wokół laski. Jest to symbol znany jako kaduceusz; zwieńczona dwoma skrzydłami różdżka lub laska, z dwoma owiniętymi na niej wężami. Ta laska symbolizuje zawód lekarza, a także oddziały medyczne armii amerykańskiej.

Rys. 3.3. Kaduceusz symbolizujący uzdrawianie

[7] David Bohm: „Causality and Chance in Modern Physics", 1957.

[8] Aborygen wyjaśniający antropologowi pojęcie „miejsca śnienia"; oryginalne źródło niepodane, cytat za: „Ions Noetic Sciences Review", wrzesień–listopad 2000, Sausalito CA 94965.

W greckiej mitologii Hermes, posłaniec bogów, również dzierżył laskę i z jej pomocą przeprowadzał dusze zmarłych do świata podziemnego, a także posiadał magiczną władzę nad snem i snami ludzi. Innymi słowy, kaduceusz był symbolem władzy nad ruchem do przodu i do tyłu, pomiędzy życiem a śmiercią, jawą i snem, rzeczywistością uzgodnioną a krainą snu! Obecnie kaduceusz jest także symbolem wykorzystywanym w handlu, usługach pocztowych i dyplomacji.

Więcej o uzdrawiającej lasce

Tabers Medical Cyclopedic Dictionary podaje, że symbol splecionych węży pojawił się w Babilonie ok. 4000 p.n.e. i reprezentował płodność, wiedzę oraz uzdrawianie. Marie Louise von Franz w książce „Time: Rhythm and Repose" pisze, że z uwagi na to, że węże żyją pod ziemią, lecz posiadają także moce odnawiania dzięki zdolności zmieniania skóry, kojarzone były w Grecji z istotą duszy człowieka i reprezentowały obraz duszy ludzkiej po śmierci.

Wąż jako źródło życia pojawia się w mitologii egipskiej, gdzie bywa często przedstawiany w formie gada owiniętego dookoła drzewa życia, uosabiając życiową esencję. Greccy heraldowie oraz ambasadorowie nosili laskę z wężami, ponieważ miał to być symbol nienaruszalności i chronił przed atakiem. W starożytnym Rzymie kaduceusz stał się symbolem rozejmu i neutralności.

Medyczna (oraz komunikacyjna i pocztowa) symbolika kaduceusza przypomina funkcje falowe w fizyce, które są podstawą komunikacji oraz percepcji, a także flirtów – zasadniczej „substancji" uzdrawiającej w tęczowej medycynie. Na poziomie kwantowym istnieje symetria czasowa, zdarzenia mogą zachodzić zgodnie z upływającym czasem oraz w kierunku przeciwnym. Odpowiada to subtelnej naturze sygnałów w związkach; często nie jesteśmy w stanie określić, kto i co zrobił pierwszy!

Podwójna natura węża lub symetrycznej jakości czasu zobrazowana została w Nowym Świecie przez symbol dwugłowego węża, gdzie jedna głowa reprezentuje życie, a druga śmierć. Poniższy rysunek to komputerowy szkic dwugłowego węża. (Meksyk XIII–XIV w.; zobacz M. L. von Franz: „Time: Rhythm and Repose", fig. 9).

Rys. 3.4. Dwukierunkowa natura czasu

Kundalini

Zjawisko „flirtów" – energii, które fizycy przypisują falom kwantowym, zwanym początkowo „falami materii" – najwyraźniej było dostrzegane już dawno temu przez naszych przodków. Fale tego typu Chińczycy wiązali ze smoczymi liniami tao oraz z subtelną energią *chi*. W Japonii energię zwano *ki*.

W Indiach tą energią jest *sat* (a dokładniej *sat-czi-ananda*) albo „kundalini". Poniższa ilustracja pokazuje, jak u praktykującego rozbudza się ta energia, wznosi się przez różne ośrodki w ciele zwane czakrami, osiągając szczyt głowy, gdzie jednostka łączy się z nieskończonym bytem *atmanem*.

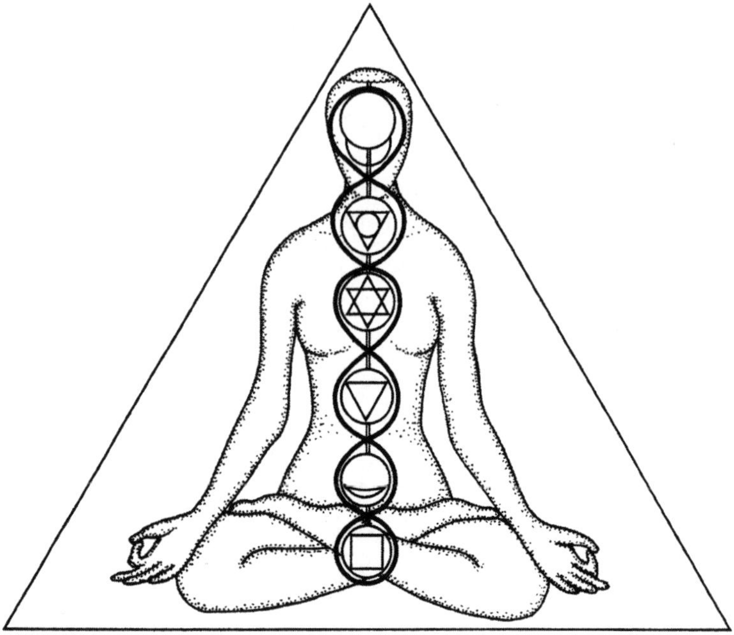

Rys. 3.5. Wężowa energia kundalini

W praktyce jogi tantrycznej korzysta się z medytacji, aby nawiązać kontakt z wężową energią lub też żeby ją obudzić. Następnie nawiązuje się styczność z nielokalnym wymiarem osobowości; doświadczeniem bycia wszystkim i wszędzie.

Wydaje mi się, że doświadczenie przepływu energii kundalini przez kręgosłup jest osobistą (nieuzgodnioną) wersją obrazu funkcji falowej, jej fluktuacji, energii zbliżonej do flirtów oraz tendencji.W latach sześćdziesiątych uczestniczyłem w prywatnym spotkaniu mojej nauczycielki psychologii jungowskiej Marie Louise von Franz ze znanym fizykiem Carlem F. von Weizsackerem i ze zdziwieniem obserwowałem fascynację słynnego fizyka związkami pomiędzy fizyką a psychologią. Jednak później wcale nie byłem zaskoczony, kiedy niedawno trafiłem na tekst Weizsackera, w którym nazywa *pranę*[9] subtelnym „potencjałem ruchu" i porównuje ją do funkcji falowej[10]. Jestem przekonany, że ta analogia musiała się nasunąć nie tylko Weizsackerowi, ale także innym fizykom. Erwin Schroedinger w książce „What is Life" opisuje, jak ważna była dla niego filozofia Indii oraz tradycja Vedanty.

Od najdawniejszych czasów nasi przodkowie na całym świecie wyczuwali pewną formę falowej czy też wężowej energii będącej podstawą subtelnej fizjologii. Z odrobiną zachęty również i dzisiaj możemy się skupić na niemierzalnych doświadczeniach, wyczuwając subtelne doznania, impulsy, pulsy albo pulsujące wibracje - „coś jak silnik; siła; jak moc", używając aborygeńskich określeń - które istnieją w ciele tuż pod powierzchnią świadomości (podobnie jak wąż, który żyje pod powierzchnią i na powierzchni ziemi).

Te wibracje mogą się objawiać jako ledwie dostrzegalne ruchy bądź spazmy, palpitacje albo elektryczne „podrygiwanie". Te subtelne wrażenia mogą mieć jednak dla niektórych osób znaczenie mistyczne. Na przykład jogini praktykujący Siddha jogę doświadczają tych oczuć jako subtelnych mocy bogini Śakti.

Więcej informacji o Siddha jodze

Jogin Swami Muktananda, którego uznaję za jednego z moich nauczycieli, odnosił się do kundalini jak do Śakti. Dla niego energia kundalini była równoznaczna z twórczą zasadą mitologii hinduskiej. Muktananda opisuje Śakti następująco:

[9] W filozofii Indii *prana* oznacza życiowe energie cielesne. Jest to podstawowe pojęcie w filozofii Indii, szczególnie podkreślane w *Upaniszadach*, gdzie prana jest zasadą witalności, która trwa wiecznie po śmierci człowieka (lub wciela się w kolejną inkarnację). Zobacz w: Gopi Krishna: „The Biological Basis of Religion and Genius" ze wstępem Carla Friedricha von Weizsackera, New York & London, Wyd. Harper and Row 1971.

[10] Ibidem. Weizsacker wiązał kundalini z „amplitudą prawdopodobieństwa" funkcji falowej.

„Śakti... to dźwięki, wibracje Absolutu, manifestacja wszechświata. Pozwala zaistnieć słowom... posiada moc tworzenia wszechświata... Jest wolą Boga... Ona to kundalini... wiecznie w ruchu... oświeca samą siebie i daje się poznać" (w: „Play of Consciousness").

Kundalini-Śakti to obraz flirtów pod postacią bogini. Jest ona samo-oświecającą energią – dźwiękiem, mocą, silnikiem – tworzącą rzeczywisty świat. Jest obrazem „wężowej mocy", mitycznym odpowiednikiem aktu tworzenia w czasie urojonym, o którym Stephen Hawking mówi, że jest to wymiar czasu urojonego dla funkcji falowej obecnej na początku wszechświata.

Muktananda pisze w „Play of Consciousness": „Tak jak nasienie zawiera w sobie całe drzewo w jego potencjalnej formie, tak kundalini mieści wszystkie formy jogi i kiedy dzięki łasce guru zostaje ona rozbudzona, sprawia, że wszystkie jogi spontanicznie pojawiają się w Twym wnętrzu. To jest oświecenie".

Muktananda doświadczał siły ciszy pod postacią Śakti będącej źródłem spontanicznych ruchów i świadomości. W pierwszym rozdziale opisywałem tę energię jako tendencje oraz pola intencjonalne, które wyczuwamy w ciele, zanim pojawi się ruch. Kiedy podążamy za tymi subtelnymi, podskórnymi impulsami oraz pulsami, to najdrobniejsze ruchy rozwijają się, kreując nowe światy.

Analogie pomiędzy mitologią a fizyką są fascynujące. Trzeba podkreślić, że kundalini-Śakti jest przedstawiana pod postacią dwóch równych i zmierzających w przeciwnych kierunkach fal, które uzdrawiają i kreują świadomość. Funkcja falowa o dwóch równych i przeciwnie skierowanych falach tak samo tworzy rzeczywistość. Ponadto Śakti jest nasieniem lub esencją świata, podobnie jak kosmologowie zakładają, że funkcja falowa była początkiem wszechświata.

Paralele pomiędzy minimalnymi, subtelnymi wrażeniami ciała (flirtami), źródłem rzeczywistości w krainie snu, falami kwantowymi i energią kundalini-Śakti wskazują na znaczenie owych, niemalże podprogowych wrażeń jako podstawy dla samoodzwierciedlającej umiejętności odkrywania subatomowej mądrości ciała.

Kundalini, *chi, ki*, symbolika kaduceusza, moc wężowa, tendencje, pola intencjonalne, fale kwantowe – są pojęciami i obrazami wskazującymi na niemal niewyobrażalną spontaniczność i kreatywność.

W chwilach, w których nawiążesz kontakt z subtelną siłą ciszy, poczujesz, że to, co wcześniej było obawą o zdrowie, okazuje się nano-sygnałami, drogą do nowego rodzaju wiedzy.

ROZDZIAŁ 4.

Hiperprzestrzenie symptomów

...musimy zacząć naszą analizę od założenia, że istnieje nieskończona liczba wszechświatów, które współistnieją ze sobą.

Michio Kaku: „Hiperprzestrzeń"

Dwieście lat temu wielu ludzi mogło kojarzyć tęczową medycynę z czarownictwem lub ze świętokradczą naturą „nowożytnej nauki". Obecnie jest ona po prostu medycyną wielowymiarową. O ile medycyna jednokolorowa skupia się głównie na jednym bądź dwóch wymiarach świadomości, to tęczowa zawiera w sobie wszystkie poziomy świadomości.

Choć następują szybkie zmiany, współczesna medycyna wciąż skupia się głównie na fizycznych, przestrzennych oraz czasowych aspektach tego, co jest nazywane „chorobą". Z kolei psychologia raczej unika kontaktu z ciałem i zajmuje się funkcjonowaniem człowieka oraz doświadczeniami podobnymi do snów (transpersonalnymi i duchowymi). Medycyna jednokolorowa oraz jednokolorowa psychologia skupiają się na jednym lub najwyżej na dwóch wymiarach świadomości.

W tym rozdziale omawiam sposób, w jaki wielowymiarowa świadomość jest związana z doświadczeniem „hiperprzestrzeni". Pokazuję również, jak te przestrzenie splatają się z różnymi dziedzinami wiedzy, tworząc paradygmat tęczowej medycyny.

Czas „wewnątrz" i „na zewnątrz"

Większość ludzi zakłada, że uzgodniona rzeczywistość – czyli świat ludzkich kontaktów, linearnego czasu, przestrzeni i materii – jest ważniejszy od snów i doświadczania tendencji. Być może przypominasz sobie, że opowiadałeś o śnie niczym o urojeniu, choć te „urojone" przestrzenie i czasy mogły być przerażające lub ekstatycznie „realne". Przejście pomiędzy różnymi światami i wymiarami bywa czasem kłopotliwe. Kiedy na przykład ktoś wychodzi ze śpiączki, mówi jak przez sen. Lekarze uznają to raczej za patologię, a nie za rodzaj komunikacji na poziomie snu.

Subiektywne doświadczenia ciała, podobnie jak większość doświadczeń wewnętrznych, przebiega w innym tempie niż uzgodniona rzeczywistość – tempo mierzone zegarami. Możesz odczuć tę różnicę. Kiedy codzienny umysł popycha Twe ciało w sposób, który nie podoba się śniącemu ciału, wytwarza ono napięcie, wewnętrzny sprzeciw wobec czasu mierzonego zegarem.

Jeśli podporządkowanie czasowi uzgodnionej rzeczywistości zawiedzie Cię zbyt daleko od czasu proprioceptywnego, to bunt ciała może nazywać się przeziębieniem lub grypą. W przeciwieństwie do normalnego, w taoistycznym stanie umysłu zdarzenia w rzeczywistości oraz doświadczenia śniącego ciała zbiegają się, tworząc podobną jakość. Tao przypomina mi starożytne, greckie pojęcie *kairos*. W Grecji (a także w innych miejscach na świecie) kobiety i mężczyźni trudniący się rybołówstwem, gromadzili się rano, popijając kawę i zastanawiając się, czy nadszedł *kairos* – właściwy moment wyruszenia na połów. Dostrzeganie *kairos* oznaczało percepcję pogody oraz irracjonalnych doświadczeń jako źródła określającego obecność lub brak sprzyjających okoliczności. Jeśli obecne było *kairos*, rybacy zabierali się do pracy. W tamtych czasach w Grecji *kairos* – czyli wielowymiarowa percepcja – stanowił część uzgodnionej rzeczywistości. Dzisiaj uzgodniona rzeczywistość każe podążać za bóstwem linearnego czasu, *kronosem*: „Zrób plan dnia i realizuj go bez względu na to, czy zgadza się na to Twoje ciało!".

Te dwa rodzaje czasu, które przypisujemy odpowiednio rzeczywistości oraz rzeczywistości nieuzgodnionej: *kronos* i *kairos* współistnieją obok siebie. Czas *kairos* jest doświadczeniem ze sfery uczucia lub czasem ciała; jest to po prostu „hiperprzestrzeń" będąca kolejną przestrzenią poza znanymi nam trzema czy czterema wymiarami codziennego życia.

Sposób życia zgodny z tęczową medycyną wspiera świadomość różnych rzeczywistości, przestrzeni i czasów. Ćwiczenie się w świadomości wkraczania w stany podobne do snu, stawanie się bardziej „przejrzystym" – pozwala zauważać doświadczenie oraz podążać za najsubtelniejszymi stanami ciała przy jednoczesnym docenianiu zwykłego świata. Wraz ze wzrostem pewności tego, czego doświadczasz, życie staje się pełne równoległych rzeczywistości. Przejrzystość oraz zwyczajna świadomość pozwalają zrozumieć wymiary symptomu w kategoriach UR (uzgodnionej rzeczywistości) – na przykład ciśnienie, zmiany temperatury ciała, diagnozę przeziębienia – przy jednoczesnym doświadczaniu innych wymiarów – być może potworów i duchów pochodzących z krainy snów albo wybitnych mocy czy subtelnych uczuć. Możesz zatem odczuwać pulsujący ból głowy i jednocześnie wizualizować tańczącego bębniarza, który jest sprawcą „pulsowania" i nakłania Cię do relaksu oraz do wejścia w trans. Stan transu jest hiperprzestrzenią, która może być lekiem na ból głowy. W ten sposób symptom jest sam dla siebie lekarstwem. Ujmując to inaczej: hiperprzestrzeń stanowi rozwiązanie dla problemów z obszaru zwykłej przestrzeni i czasu.

Więcej informacji o tym, jak hiperprzestrzenie rozwiązują problemy

Współczesny pogląd uzgodnionej rzeczywistości – w skrócie UR – posiada trzy lub cztery wymiary (długość, wysokość, szerokość i czas). Trudno jest zobrazować cztery wymiary na dwuwymiarowym podłożu, jakim jest kartka papieru. Uprośćmy zatem trzy wymiary UR tylko do dwóch: szerokości i długości. UR jest zatem jak kartka papieru. W tej „krainie płaszczaków" nie istnieje wysokość (ponieważ UR jest w tym przykładzie dwuwymiarowa).

Rys. 4.1.

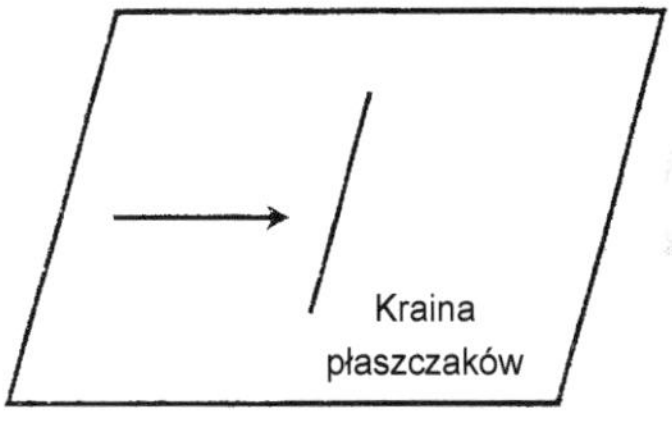

Dwuwymiarowa rzeczywistość nie ma góry ani dołu. Wyobraź sobie, że mieszkasz w tej krainie i jedziesz samochodem (musiałby to być bardzo płaski samochód!) z lewej strony do prawej i napotykasz barierę, odcinek prosty. Jeśli bariera nie jest zbyt długa, możesz ją objechać i dostać się na drugą stronę.

Rys. 4.2.

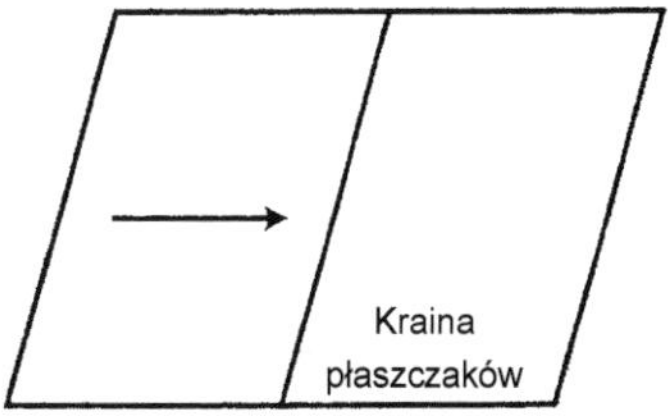

Jeśli jednak bariera jest bardzo długa, to po dotarciu do niej nie będziesz w stanie jej ominąć.

Utkniesz. Innymi słowy, życie w krainie płaszczaków jest ograniczone. Jeśli utkniesz, to droga się kończy!

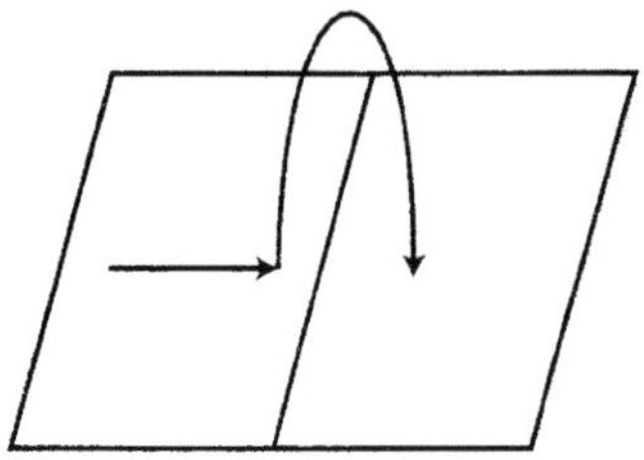

Rys. 4.3.

Ale wyobraź sobie, że masz szczęście i jakaś istota z innego wszechświata przybywa do krainy płaszczaków, wprowadzając nowy wymiar przestrzeni nazywany wysokością! Dodatkowy wymiar wnosi nowe możliwości. Możesz teraz poruszać się w górę i w dół. Wkrótce odkrywasz, że możesz przekroczyć dwuwymiarową barierę, przejeżdżając nad nią. Dla rozwiązania problemu potrzebny był tylko nowy wymiar.

Gdybyś był osobnikiem z krainy płaszczaków, *wysokość* byłaby dla ciebie hiperprzestrzenią. Nasze normalne życie biegnie tak, jakbyśmy byli płaszczakami. Oczywiście życie na ziemi posiada więcej wymiarów; trzy lub cztery (jeśli wliczyć w to czas). Kraina płaszczaków była tylko analogią wspomagającą wyobraźnię. Dzięki niej łatwiej będzie zrozumieć następującą koncepcję: dodanie kolejnego wymiaru do Twojego normalnego świata, normalnej przestrzeni (trójwymiarowej) i czasu (który jest czwartym wymiarem) jest wkroczeniem w hiperprzestrzeń. *Hiperprzestrzenie rozwiązują problemy, które wydawały się nierozwiązywalne w „rzeczywistości" składającej się z mniejszej liczby wymiarów.* Tak na przykład pozwolenie na to, aby pulsujący ból głowy rozwinął się w doświadczenie pulsującego rytmu bębna uzdrowiciela jest wejściem w hiperprzestrzeń, która przekracza cztery wymiary. Pulsujący ból głowy jest symptomem lub wydarzeniem z codziennej rzeczywistości, podczas gdy bęben uzdrowiciela pojawił się w hiperprzestrzeni.

Matematycy i fizycy nazywają hiperprzestrzenią każdą przestrzeń, która wykracza poza trzy lub cztery wymiary. Dodanie przestrzeni do UR tworzy rozwiązania, o których nie pomyślelibyśmy wcześniej. Dodawanie kolejnych wymiarów pomaga naukowcom tworzyć wszechświat o wyższych wymiarach[1]. W podobny sposób tęczowa medycyna pomaga wnosić wymiary śnienia do „rzeczywistych" (UR) symptomów.

Wyższe wymiary – hiperprzestrzenie – mają duże znaczenie dla psychologi i medycyny. Myślimy o sobie zazwyczaj w kategoriach istot trójwymiarowych. Nie posiadamy nawet czterowymiarowego obrazu siebie. Gdyby tak było, postrzegalibyśmy siebie jako ruchomy proces rozciągający się w czasie i przestrzeni. Patrząc w lustro, żeby zobaczyć jak wyglądamy, moglibyśmy stwierdzić, że lustro jest zabawne. Pokazuje jedynie dwa, a może trzy wymiary naszej osoby. A przecież jestem czterowymiarowy! Nie jestem obrazem, który widać w jednym miejscu w danej chwili. Gdyby udało się znaleźć czterowymiarowe lustro, to być może zobaczylibyśmy długi rozmyty obraz, w którym dostrzeglibyśmy nasze istnienie pod postacią gwiezdnego pyłu, wcześniejszych wcieleń i tak dalej. W lustrze 2D widzimy tylko zbiór krostek i zmarszczek, ignorując jednocześnie aspekty kształtowane przez czas i krainę snów.

W codziennym życiu dwu- lub trzywymiarowa perspektywa jest zazwyczaj wystarczająca. Ale rozwiązanie wielu problemów wymaga większej ilości wymiarów. W poglądzie hiperprzestprzennym nie jesteś ani martwy, ani żywy, zdrowy czy chory. Jesteś ciągłym pro-

---

[1] Zob. w: Nima Arkani-Hamed, Savas Dimopulos i Georgi Dvali: „The Universe's Unseen Dimensions", Scientific American 8/2000, s. 62–68 (www.sciam.com). Jest to interesujący przykład myślenia w kategoriach wyższych wymiarów w powiązaniu ze współczesną fizyką i technologią. Zdaniem autorów, *Nasz wszechświat może spoczywać na membranie pływającej w przestrzeni o wyższym wymiarze.*

cesem poruszającym się pomiędzy i poprzez te oraz inne stany. W dowolnym, określonym miejscu możemy być zarówno żywi, jak i martwi!

Psychologia głębi zawsze stosowała hiperprzestrzenie, choć nie używała tego określenia. Dlatego pytamy o sny w sytuacji, gdy klienci utykają. Sny są rodzajem hiperprzestrzeni, która po dodaniu do UR otwiera nowy wymiar fantazji oferujący sposób na rozwiązanie problemów, które wydawały się nierozwiązywalne w płaskiej czy też uzgodnionej rzeczywistości. (Jednak pomijając problemy poznawcze lub funkcjonowanie w obszarze UR, nawet psychologowie głębi stają się jednowymiarowi!).

Medycyna jednokolorowa oferuje rozwiązania z krainy płaszczaków dla problemów wielowymiarowych. Boli Cię głowa, weź aspirynę. Jeśli poczujesz się lepiej, to nie myśl więcej o tym. Jeśli jednak powróci ból głowy, dodaj poziomy z krainy snów oraz esencji.

Jacques Lusseryran i hiperprzestrzenie

Jednym z powodów, dla których nie dostrzegamy hiperprzestrzeni, jest to, że mogą być zbyt małe, aby je zobaczyć. Nie widzimy małych obiektów. Na pierwszy rzut oka leżąca na podłodze wstążka makaronu wygląda jak prosta linia. Wyobraź sobie jednak malutką pchłę, która widzi tę samą wstążkę. Dla niej może to być cały okrągły świat! Podobnie mikroskopijne flirty wydają się być niewielkie, ponieważ nasza percepcja nie jest wykształcona w dostrzeganiu przejawów rzeczywistości na mikropoziomie. Jednak w snach takie flirty mogą stać się całymi światami!

Innymi słowy, hiperprzestrzenie są właśnie tutaj, tuż obok zwyczajnych przestrzeni albo też są do nich równoległe. Idea wszechobecności hiperprzestrzeni takich, jak kraina snów, jest wyraźnie uwidoczniona w książce Jacquesa Lusseryrana „And There Was Light". Autor, niewidomy bojownik o wolność, opisuje, jak po utracie wzroku w wieku ośmiu lat rozwinął w sobie świadomość wszechświatów z krainy snów, w których możliwe było postrzeganie obrazów i flirtów[2]. Po wypadku, w którym stracił wzrok, rozwinął w sobie nowy rodzaj widzenia:

Teraz moje uszy słyszały dźwięki niemal tuż przed ich zaistnieniem... Często wydawało mi się, że słyszę mówiących do mnie ludzi, jeszcze zanim zaczęli mówić. (s. 23).

Wyjaśnia dalej, że w podobny sposób, zanim czegoś dotkniemy, jesteśmy jeszcze przed tym dotykani: „Kiedy masz zamiar czegoś dotknąć, zauważasz, że tak naprawdę to coś dotyka ciebie". Ty oraz obiekt, ku któremu się zwracasz, jesteście w intymny sposób powiązani w niedualnym świecie. Jakkolwiek możesz zazwyczaj myśleć: „Podniosę tę wazę", to w poczuciowym świecie psychologii kwantowej nie Ty wykonujesz ruch, ale zetknięcie „się wydarza". Co więcej, w stanie przejrzystej świadomości odczuwasz, że jesteś zarazem sobą i obiektem, do którego zmierzasz.

W taozimie „tao, którego nie można wyrazić (słowami)" poprzedza egzystencję, a nawet Boga. W rozdziale 25 *Tao Te Ching* można przeczytać:

Coś niedającego się nazwać zrodziło się przed
powstaniem nieba i ziemi;
nieruchome i milczące, trwające samotnie i niezmienne,
przechodzące przez nieskończone cykle,
zdolne stać się matką świata.[3]

---

[2] Dziękuję Carlowi Mindellowi za informację o autobiografii Jacquesa Lusseryrana.

[3] Cyt. za: „Istota Tao", s. 30, przekład S. Musielak, R. Bąk i K. Fordoński; DW Rebis, Poznań 2000.

Istotą tao jest hiperprzestrzeń, świat, który można odczuć, ale którego nie da się zmierzyć czy wyrazić słowami.

Ćwiczenie: zmiana kształtu

Zróbmy eksperyment, który pokaże, jak zaangażowanie hiperprzestrzeni ciała może pomóc w rozwiązywaniu problemów związanych z tak zwanymi symptomami. Wykonamy ćwiczenie, w którym dzięki świadmości „zmienisz kształt", przybierając różne formy i wkraczając w inne wymiary, jak w przeszłości czynili to szamani. Prawdopodobnie dzieci wiedzą najwięcej o zmienianiu kształtu. One nie tylko bawią się w odgrywanie różnych ról, ale zakładają maskę i faktycznie stają się daną rolą i żyją w jej świecie przez jakiś czas.

Znajdź sobie wygodne miejsce i usiądź albo połóż się. Jeśli to możliwe, niech Twój umysł zrelaksuje się. Weź kilka oddechów i poczuj ciało.

Kiedy będziesz gotowy, pozwól swojej uwadze łagodnie badać różne partie ciała. Zacznij od głowy, poprzez ramiona, klatkę piersiową, brzuch, miednicę, nogi, aż do stóp.

Zobacz, poczuj lub posłuchaj ciała i zwróć uwagę na subtelne wrażenia. Chodzi o takie doznania, których wcześniej nie dostrzegałeś.

Zauważ drobne napięcia, ciężar, drżenie, ból, pieczenie – najdrobniejsze sygnały w rodzaju leciutkiego nacisku, wrażeń czy dźwięków dochodzących z wnętrza ciała.

Niech cała Twoja uwaga powędruje do tego doznania. Czy istnieje taka możliwość, że to wrażenie jest związane z symptomem, którego się obawiasz?

Zastosuj teraz przejrzystą uwagę i uchwyć to doznanie, złap je na hak swojej uwagi, nawet jeśli wydaje się podobne do śliskiej, wymykającej się ryby.

Skup się na tym lub na wspomnieniu tego doznania. Jak to wygląda, brzmi lub jak daje się odczuć. Spróbuj nawet trochę wzmocnić to doświadczenie, odczucie czy dźwięk. Czasami przydatne jest oddychać w taki sposób, że oddech „skupia się” na doznawanym wrażeniu. Postaraj się naprawdę dobrze je poznać.

Następnie wykonaj ręką ruch, który w jakiś sposób będzie wyrażał to, czego doświadczasz. Kiedy będziesz już w stanie wyrazić doświadczenie, zadaj sobie pytanie: co wyrażają ręce? W tym miejscu musisz zaufać swoim wewnętrznym przeżyciom, nawet jeśli wydają się nieracjonalne.

Po pewnym czasie, nadal wykonując ruchy ręką, znajdź pierwotny impuls stanowiący przyczynek do tych ruchów. Żeby znaleźć źródło (nasienie) tych ruchów, pomocne może być powtórzenie ruchów i delikatne zwalnianie tempa, jednak bez utraty stojącej za nimi energii lub intensywności. Chodzi o odkrycie esencji stanowiącej istotę tych ruchów.

Kiedy dotrzesz do początkowej tendencji kreującej doświadczane teraz ruchy rąk, obrazy, odczucia czy dźwięki, możesz odkryć, że jest to bardzo irracjonalne. Czymkolwiek by to było, zaufaj doświadczeniu. Skup się na esencji, na odkrytej pierwotnej tendencji, na źródle, z którego powstało cielesne doświadczenie. Zauważ bądź wyobraź sobie podstawową tendencję, intencję, motywację albo energię, która stoi za wrażeniem, na którym się właśnie skupiłeś.

Niech Twój umysł wyrazi odkrytą tendencję jako dźwięk lub obraz. Jeśli pojawi się zarówno obraz, jak i dźwięk, to spróbuj wydać z siebie głos oraz widzieć obraz równocześnie – dźwięk i obraz esencji – źródła odczuwanej przez ciebie energii.

Na ile świat tego dźwięku, obrazu, esencji jest Ci znany, a jednocześnie w jaki sposób różni się od codziennej rzeczywistości?

Jaki jest czas i przestrzeń w świecie obrazu i dźwięku? Zostań szamanem i wejdź w ten świat, żyj w nim. Pozwól sobie przez jakiś czas zaistnieć w tej hiperprzestrzeni.

Jeśli w zwyczajnym życiu ignorujesz ten świat, zadaj sobie pytanie: dlaczego? Czy jest zbyt subtelny, nowy, nieznany? Jak mógłbyś skorzystać z niego lub włączyć go do tego, który jest Ci lepiej znany? Wyobraź sobie, że włączasz w życie nowo odkryte hiperprzestrzenie – jak można by to zrobić?

Zrób krótką notatkę o właśnie doświadczonej esencji. Spróbuj teraz wyobrazić sobie życie w tej przestrzeni! Żyj w jej świecie, w czasie i przestrzeni tej esencji.

Poczuj, w jaki sposób życie w tym świecie zmienia Twoje doświadczenie ciała. Jeśli ta nowa hiperprzestrzeń była związana z doświadczaniem ciała, to czy wrażenia miały związek z ewentualnymi symptomami? Życie w świecie esencji, w hiperprzestrzeni ukrytej za doznanymi wrażeniami może być bardzo pomocne w pracy z tymi symptomami. Co potrzebujesz poczuć lub co trzeba zrobić, żeby włączyć tę hiperprzestrzeń do codziennego świata?

Na przykład pewna kobieta, której dokuczały problemy z sercem, kiedy po raz pierwszy badała w ten sposób swoje ciało, odczuwała wrażenie pieczenia i pulsowania w klatce piersiowej. Jej zdaniem esencją pieczenia była „iskra", minimalny i delikatny „impuls życia". Powiedziała, że życie w tego rodzaju przestrzeni oznacza dla niej „stawanie się bardziej świadomą subtelnych wrażeń, do których rzadko przyznaje się jej mocna i pełna silnej woli natura".

Przestrzenie Twoich symptomów

W powyższym ćwiczeniu mogłeś dostrzec kilka wymiarów ciała, światów czy hiperprzestrzeni. Kiedy powstaje esencja doświadczenia, to flirtuje ona z Twoją uwagą. Pojawia się jako delikatne doświadczenie, ulotna myśl, lub pulsująca forma w obszarze esencji. Możesz sobie wyobrazić, w jaki sposób to esencjonalne doświadczenie siły ciszy może stać się spostrzeżeniem, uczuciem lub wyobrażeniem z krainy snów. Jeśli zostaje ono zignorowane, pojawia się w postaci wyraźnego sygnału lub zauważalnego symptomu.

Hiperprzestrzenie ciała są źródłem kreatywności oraz symptomów. Jeśli dysponujesz przejrzystą świadomością, to nie będziesz marginalizować subtelnych doświadczeń oraz stojących za nimi światów. Z kolei symptomy nie będą zmuszone zwracać Twojej uwagi i przypominać o tym, co zignorowałeś. Dostrzegając owe przestrzenie, można złagodzić symptomy, zaś życie stanie się bardziej twórcze, a nawet zabawne.

ROZDZIAŁ 5.

Szamanizm i esencja symptomów

Mogę stwierdzić, że nikt nie rozumie mechaniki kwantowej. A zatem proszę nie przejmować się za bardzo tym wykładem w poczuciu konieczności zrozumienia przedstawianego materiału... wystarczy się rozluźnić i czerpać z niego przyjemność. Chcę powiedzieć o tym, jak zachowuje się natura. Jeśli przyznacie, że jej zachowanie może właśnie tak wyglądać, to stwierdzicie, że natura jest czymś zachwycającym.

Richard Feynman, „Nature of Physical Law"

W powyższym cytacie, zamieniając użyty przez Feynmana termin „mechanika kwantowa" na „siłę ciszy", przechodzimy od fizyki do medycyny tęczowej. Można zatem zmienić nieco ten cytat w taki sposób:

Możemy stwierdzić, że nikt nie rozumie siły ciszy, więc nie musicie się poczuwać do jej zrozumienia. Proszę się rozluźnić i czerpać przyjemność. Sami odkryjecie, jak działa natura. Jeśli przyznacie, że jest ona sposobem, w jaki jej doświadczacie, to stwierdzicie, że natura jest zachwycającą hiperprzestrzenią.

Jak wynika z poprzednich rozdziałów, najwcześniejsze fazy postrzegania – tendencje kwantowego świata – są w swej istocie siłą ciszy. Początkowo zauważasz jedynie drobniutkie wrażenie. Na tym poziomie nie występuje różnica pomiędzy fantazjami, twórczością, materią, sferą psychiki, tym co wewnątrz i na zewnątrz. Po prostu zauważasz powstawanie sygnałów i symptomów oraz resztę życia. Marginalizowanie tego rodzaju świadomości sprawia, że myślisz o sobie w kategoriach ciała funkcjonującego w trzech wymiarach, które choruje i wytwarza symptomy. Kiedy korzystasz z przejrzystej świadomości, życie staje się bardziej twórcze i – używając sformułowania Feynmana – zachwycające.

Doskonalenie świadomości jest podobne do doskonalenia się w dowolnej umiejętności: żeby nabyć nowe umiejętności potrzebne są instrukcje i trochę praktyki. Jednak w przeciwieństwie do innych rodzajów szkolenia, nauka polega na wykorzystywaniu przytomności i uwagi w taki sposób, żeby otworzyć się na postrzeganie wielu światów w tym samym czasie. W książce „Psychologia i szamanizm" szeroko opisuję sposoby pracy nad świadomością. Jest to pozycja będąca moją interpretacją postaci Don Juana Matusa, szamana opisywanego w pełnych podziwu słowach przez antropologa Carlosa Castanedę. W pierwszym rozdziale „Psychologii i szamanizmu" piszę o odwadze, jakiej potrzeba, by facylitować proces śnienia. Jest to w pewnym sensie niekończące się zadanie. Miarą osiągniętego sukcesu są wyłącznie Twoje doświaczenia ciała oraz sny. Być może właśnie dlatego szamani na całym świecie sprawdzali swoich uczniów, badając ich sny, przebyte choroby i ekstatyczne doświadczenia[1]. Te doświadczenia nadawały wartość ścieżce, którą podążali, oraz mówiły co trzeba robić dalej.

Symptomy są moim zdaniem niczym wielkie sny, które mówią o tym, że zostaliśmy powołani do podjęcia nowej formy szkolenia. Niezbędnych umiejętności nie można pozyskać samym wysiłkiem, zaś każda napotkana sytuacja wydaje się być inna oraz trudniejsza od poprzednich. Filozofia wieczysta powiada, że ci, co zgłębiają wiedzę, powinni cechować się w takich przypadkach skromnością. Bez względu na stopień rozwoju, jesteś zawsze początkującym.

W szamanizmie i medycynie tęczowej można przyswoić sobie umiejętności, jednak potrzeba wielu lat, żeby stały się one częścią ciebie. Pracując nad sobą, prawdopodobnie nie raz zwątpisz w swoje zdolności. Jednym z powodów takiego zwątpienia są akty losu, który lubi być zmienny. Pomimo ciężkiej pracy symptomy utrzymują się bądź zmieniają swą naturę. Dzieło wydaje się być złożone i pełne niewytłumaczalnych sił. Pomysł, że można mieć życie pod kontrolą, wymaga przeformułowania i zastąpienia poczuciem, że za drogowskaz i towarzysza drogi można mieć naturę. Jeśli wiesz o tym, to wiadomo Ci także, że chwile zachwiania poczucia bezpieczeństwa wynikają z braku kontaktu z siłą ciszy.

Dla szamanów to, co wydaje się być przeciwko nam w kategoriach UR – jak na przykład symptomy – nie jest bynajmniej przeciwnikiem, ale potencjalnym sprzymierzeńcem. Niewytłumaczalne siły, które wydają się potworami lub bóstwami, problemami ciała, zaburzeniami w świecie albo w związkach, stawiają wyzwanie rozszerzenia tożsamości oraz nauki poruszania się w hiperprzestrzeniach. Jeden aspekt tych mocy kusi nas, byśmy je nazwali, zaś drugi aspekt unika opisu w kategoriach zwykłego języka.

---

[1] Zob. więcej: „Psychologia i szamanizm", rozdział 6.

Nauka o hiperprzestrzeniach symptomu

Zarówno fizyka, jak i szamanizm pomogły mi rozumieć oraz traktować symptomy w sposób wielowymiarowy. Zanim zaczniemy pracować nad symptomem, chciałbym wyrazić zrozumienie dla Twojego *ja*, które cierpi przez nie i być może wstydzi się lub boi pracować nad nimi. Jednak zbyt wiele empatii skierowanej ku symptomom może wpłynąć na zbagatelizowanie zawartej w nich mocy i niedocenianie potencjalnych możliwości.

Jeśli masz za sobą badanie wewnętrznych doświadczeń, medytację lub pracę nad sobą, to możesz odczuwać niechęć do skupiania się na symptomie, zwłaszcza jeśli jest on chroniczny, bolesny lub gdy budzi strach. Być może czujesz, że i tak zanadto się nim zajmujesz i jesteś tym znudzona albo sfrustrowana. Jednak poniższa praca wewnętrzna wykracza poza kłopotliwe doświadczenia, wchodząc w obszar potencjalnie nieznanych hiperprzestrzeni. Przyjmij postawę szamańskiego ucznia; postaraj się uczyć korzystania ze świadomości na różnych poziomach doświadczenia, badając nieznane obszary, odmienne światy. Niech nie zabraknie Ci odwagi, a co ważniejsze, potraktuj to jako trening świadomości.

Nie spiesz się i skup całą uwagę na doświadczaniu. Poniższe ćwiczenie możesz wykonać sam (sama) lub z osobą towarzyszącą. W nawiasach umieszczono opisy doświadczeń innych ludzi. Jeśli Ci to pomoże, przeczytaj je. Jeśli wolisz nie sugerować się niczym, zignoruj to.

Podstawowa praca z symptomem

1. *Spróbuj wziąć pod uwagę poważny symptom, być może taki, nad którym już myślałeś, ale najlepiej ten, który możesz teraz odczuć lub*

który odczuwałeś w przeszłości, lecz nigdy go nie zrozumiałeś. Przez słowo „poważny" rozumiem taki symptom, który Cię martwi albo napawa strachem.

(Jeden z czytelników postanowił pracować nad ciągłym parciem w pęcherzu).

2. *Przy pomocy swojego partnera (lub bez niego) skup się na odczuwaniu symptomu. Postaraj się odczuć jego wrażenia tak dokładnie, że mógłbyś odtworzyć je w (lub na) czyimś ciele lub na ciele zrobionym z gliny (wybierz to, co jest dla Ciebie wygodniejsze). Niech opis symptomu będzie tak realistyczny, że każdy mógłby odczuwać to samo.*

(Czytelnik powiedział, że odczuwał ciśnienie w pęcherzu tak jakby coś parło na i poprzez jego ścianki).

Nie skupiaj się na samym efekcie, jaki wywiera symptom. Skup się także na doświadczeniu, na wyobrażeniu energii tworzącej ten symptom. Ten aspekt ćwiczenia może się wydać bardzo irracjonalny. Jednak skorzystaj z uwagi, uchwyć to doświadczenie z krainy snów i zapamiętaj je.

(Powiedzmy na przykład, że odczuwasz ból głowy jako ostrą dolegliwość, która sprawia, że jesteś naprawdę zmęczony. Nie skupiaj się na zmęczeniu, które jest skutkiem bólu. Zamiast tego skoncentruj się na początkowej energii, czyli na ostrości bólu głowy).

3. *Następnie rozwijaj energię stojącą za symptomem, naśladując i wyrażając jego działanie ruchem rąk. Ten ruch może Cię doprowadzić do tego, co nazywam twórcą symptomu, do pochodzącego z krainy snów prekursora fizycznego symptomu. Eksploruj akt zmiany kształtu z chwilą wkraczania w obszar śnienia, czuj i poruszaj się jak twórca symptomu, dopóki z tego doświadczania ruchu nie wyłoni się obraz. Wydaj z siebie dźwięk, który odpowiada temu ruchowi.*

Pozostając w obszarze zmiany kształtu odpowiadającemu twórcy symptomu, zdobądź się na odwagę i określ, co wyrażają dźwięki i ruchy. Jakie jest ich przesłanie? Co sobie myśli twórca symptomu? Bądź świadom swoich doświadczeń.

Pracujemy w obszarze nieuzgodnionej hiperprzestrzeni, w krainie snów. Będziesz musiał uchwycić swoje doświadczenie i uwierzyć w nie. Własne doświadczenie jest Twoją wewnętrzną rzeczywistością.

(Czytelnik mający kłopoty z pęcherzem powiedział: „odczuwam to ciśnienie jak małego demona, który stara się uwolnić. Zatrzymuje go ściana, więzienie. Duch chce się wydostać na wolność”).

4. *Teraz znajdź esencję symptomu. Żeby to uczynić, zamień się w energię albo działanie twórcy symptomu i zacznij się coraz wolniej poruszać, przez cały czas odczuwając tę samą energię. Później spróbuj nazwać esencję twórcy symptomu.*

(Czytelnik powiedział, że zaczął przystawiać ręce do ściany i naciskał. Ale jeszcze przed naciskiem, przed zdenerwowaniem się „demon” był w istocie uwrażliwieniem na ograniczenie i chęcią uwolnienia się).

5. *Kiedy już odnajdziesz tę esencję, stwórz jej obraz. Może on być bardzo odmienny od tych, które już widziałeś. Można się spodziewać różnicy, ponieważ przemieszczamy się z krainy snów do śnienia. Kiedy zobaczysz esencję, wejdź w jej świat.*

(Czytelnik powiedział, że był to świat delikatnych kwiatów).

Jaki jest czas i przestrzeń świata esencji? Jak to jest przebywać w takim świecie? Żyj w nim teraz.

(Mój czytelnik powiedział, że świat kwiatów nie posiada poczucia przestrzeni lecz wolność, zaś czas był odczuciem naturalnych zmian rytmu dnia i nocy lub pór roku).

Zmień kształt i badaj świat esencji i niech Twoje doświadczenie wyrazi się samo w kategoriach dźwięku, ruchów ręki, może tanecznych pląsów, szkicu albo wszystkich tych metod naraz.

Pomyśl o sobie jak o żywym dziele sztuki, ruchomej rzeźbie, którą kreuje siła ciszy. Przez cały czas bądź mocno skupiony i niech Twoja fantazja rozwija się aż do samoistnego wyjaśnienia.

(Czytelnik stwierdził, że ten świat skłania go do pisania; kwiaty, słońce, łagodny wiatr pieściły jego podbródek. Kwiaty powiedziały: „Zwolnij człowieku, to szybciej urośniesz").

(Pewna osoba cierpiąca z powodu przyspieszonego rytmu serca oraz lęków odkryła, że przed przyspieszoną reakcją, która ją niepokoiła, obecna była wrażliwość charakteryzująca daną chwilę, będąca nauczycielką mądrości wypowiadającą słowa prawdy).

6. *Bez najmniejszego pośpiechu odpowiedz sobie na następujące pytanie: „W jaki sposób to doświadczenie mogłoby wpłynąć na moje codzienne życie, odczuwanie ciała, postawę, sposób odżywiania, sposób korzystania z ciała?". Wyobraź sobie, że doświadczasz esencji tego symptomu w domu, w pracy oraz w związkach z innymi osobami.*

(To doświadczenie może sprawić na przykład, że zyskasz większą wrażliwość ciała, będziesz bardziej świadomy jego postawy, kiedy stoisz i siedzisz. Może się zmienić sposób jedzenia. Jeśli żyjesz hiperprzestrzenią symptomu, to zmienia się życie w domu i pracy i łatwiej będziesz sobie radzić z problemami w związkach z innymi ludźmi).

7. *W jaki sposób to doświadczenie próbowało już wcześniej zaistnieć w Twoim życiu? Na kogo lub na co projektowałeś to doświadczenie?*

(Czytelnik odpowiedział, że projektował wrażliwość na kwiaty – uwielbiał je kupować – a także na ludzi, którzy byli „jak kwiaty").

8. *Odczuwając wciąż świat tego doświadczenia, odpowiedz sobie na pytanie, co jest potrzebne, żeby zatroszczyć się o ciało. Co jest lekarstwem pochodzącym z „esencji"?*

Odpowiedzią będzie coś, co w Twoim odczuciu pochodzi z tej przestrzeni. Skoncentruj uwagę i poczekaj, aż nadejdzie odpowiedź płynąca z mądrości ciała.

(Odpowiedź czytelnika była wyraźna: potrzebował spędzać więcej czasu w świecie kwiatów i postanowił stworzyć medytacyjny rytuał z ich udziałem. Ponieważ miał nadwagę, poczuł, że potrzebuje być lżejszym i swobodniejszym).

Zauważ, że w symptomach zawarte jest lekarstwo uzdrawiające nie tylko objawy, ale także całość życia.

Praktyka świadomości

Kiedy pracujesz nad symptomami, nie staraj się ich tylko uzdrowić. Skup się na wiedzy zawartej w ich nieznanych, wewnętrznych obszarach, a także na praktykowaniu świadomości. Próbuj korzystać z niej na różne sposoby.

Dochodzenie do konkretnego wglądu lub wniosku jest pomocne oraz interesujące, ale to, co z reguły ma największy wpływ na symptomy, to sama *praktyka* świadomości – umiejętność dostępu do hiperprzestrzeni, rozszerzone poczucie rzeczywistości. Umiejętność skupiania uwagi, która postrzega następstwo każdej chwili, prowadzi do coraz spójniejszego stylu życia. Stajesz się w coraz większym stopniu sobą.

Praktyka zamienia Twój codzienny świat w nowy wymiar przestrzeni i czasu. Kiedy żyjesz bliżej esencji symptomu, dotykasz jego kwantowego poziomu, niewidocznych wymiarów.

Praca nad sobą i praca z kim innym

Przy pracy nad samym sobą lub z innymi osoba wykorzystująca metody medycyny tęczowej docenia punkt widzenia UR na dany symptom, a także bierze pod uwagę kwantowo-fizyczną ewentualność, że istnienie nie zawęża się tylko do obszaru ciała. Szamani wiedzą o tym, że wydarzenia nie są ograniczone wyłącznie do określonego miejsca i czasu. Kiedy pracujesz z drugą osobą, Twoje uczucia i nastroje są także częścią całości. Tęczowa medycyna nie dookreśla ściśle, kto jest lekarzem czy osobą pomagajacą, a kto klientem. Jeśli ktoś, komu pomagasz, zablokuje się, wykorzystaj swoje doświadczenie tego stanu. Zobacz, jaki jest odzew partnera, kiedy dołącza do Twojego doświadczenia lub jak zaczyna je zmieniać na swój sposób.

Kiedy znajdujesz się blisko poziomu esencji doświadczenia, jesteś w stanie wyczuć, co zrobią inni, zanim jeszcze podejmą jakiekolwiek działanie. Przy pracy z inną osobą jest poczucie, że podzielasz jej doświadczenie. Czasami może Ci się nawet zdawać, jakbyś poznał całe życie drugiego człowieka, nawet nie znając go zbyt dobrze.

Przypomina mi się szczególny przypadek zmiany kształtu. Pracowałem z mężczyzną cierpiącym na ból pleców. Opisał twórcę symptomu jak kogoś „irytującego”, który sprawia, że kurczą się jego mięśnie pleców. Ten ktoś tak bardzo zaprzątał świadomy umysł mojego klienta, że odmówił on odczuwania bólu pleców. A zatem zamiast prosić go o wykorzystanie świadmości i skupienie się na procesie, sam stałem się irytujący dla niego. Stałem się poirytowaną osobą i zacząłem w powietrzu wykonywać gesty drapania. Grając tę rolę, rozgniewałem się na tyle, że ostrzegłem mojego klienta, że będę krzyczeć.

Niespodziewanie mój klient przyznał, że również zaczyna się wściekać. Zanim zdążył powiedzieć coś jeszcze, doszedłem do istoty owej wściekłości i po prostu powiedziałem „nie" (nie bardzo wiedząc, co to może oznaczać). Nie – powtórzyłem. – Zamiast się wściekać, pozwól mi powiedzieć na samym początku proste *«nie», «nie będę, nie chcę»*" – mówiłem, nadal nie bardzo wiedząc, o co w tym chodzi. Mój klient wybuchnął śmiechem, przyznając, że „nie" było dla niego słowem, którego nie wolno mu było wypowiadać. Często czuł, że powinien powiedzieć „nie", ale tego nie robił.

Sama rozmowa o słowie *nie* najwyraźniej przyczyniła się do rozluźnienia mięśni pleców klienta. Bardzo to docenił i polubił mnie na tyle, że spytał, czy nie moglibyśmy spędzić trochę czasu razem poza sesją. Po krótkiej chwili wewnętrznych rozterek udało mi się głośno powiedzieć „nie" – po czym obaj wybuchnęliśmy śmiechem, aż łzy popłynęły nam z oczu.

ROZDZIAŁ 6.

Czym jest życie?

...odkryto, że jeśli próżnię (czyli pustą przestrzeń) podda się kompresji, to pojawiają się w niej cząsteczki, chociaż wcześniej ich nie było, jakby w jakiś sposób znajdowała się tam materia. Te odkrycia wydają się być pomostem pomiędzy współczesną nauką a buddyjską ***teorią pustki*** *Madyamaki.*

Dalaj Lama: „Wolność na zesłaniu"

Życie wydaje się powstawać z niczego; wydarzenia pojawiają się znikąd. Fizyka kwantowa oraz tradycje duchowe są w tym punkcie niemal zgodne. Szamani dostosowują się do życiowej siły ciszy, odkrywają i wyłaniają tęczową medycynę z nanopoziomów cielesnych wrażeń oraz z hiperprzestrzeni. W niniejszym rozdziale zastanowimy się nad formułowanymi przez biologów i biofizyków ideami dotyczącymi życia. W następnym połączymy idee pochodzące z tradycji duchowych, szamanizmu i fizyki kwantowej z teoriami biologicznymi. Z tej syntezy wyłania się nowy obraz człowieka. Definicje używane w fizyce i medycynie, nasze sposoby definiowania samych siebie w kategoriach UR są formułowane z pominięciem krainy snów i światów esencji. W nowym paradygmacie następuje przesunięcie naszego „punktu scalającego"– jak by to powiedział szaman Don Juan. Punkt scalajacy jest sposobem, w jaki scalasz samego siebie, w jaki organizujesz swoją tożsamość. Jeśli utożsamiasz się z byciem kims, kto jest skoncentrowany na przepływie świadomości, punkt scalający będzie się obracał pomiędzy róznymi poziomami śnienia i rzeczywistości. Posługujemy się tutaj kategoriami, które wskazują, że rzeczywistość nie jest już zawężona wyłącznie do czasu i przestrzeni, ale zawiera w sobie również doświadczenie siły ciszy, która jest źródłem powstawania wszystkich innych światów.

W paradygmacie medycyny tęczowej ludzie są zarówno rzeczywistością (ciałem fizycznym), jak i funkcją falową (tendencją lub doświadczeniem fal intencjonalnych). Najpierw jesteśmy esencją, intencją, która rozwija się w krainie snów, informując później o naszej prawdopodobnej tożsamości w UR. Jedną z nich wybieramy i nazywamy ludzką formą. W nowym paradygmacie wszystkie zdarzenia są wielowymiarowe. Wszystko, co z punktu widzenia UR jest nieintencjonalne, czyli na przykład problem lub choroba, w ujęciu tęczowej medycyny staje się oznaką całości.

Choroba w nowym paradygmacie jest znakiem tajemnicy życia. Choroba jest sposobem, w jaki mogą się ujawniać nowe, niezidentyfikowane formy życia. Jeśli zmienisz swój punkt połączenia i doświadczysz hiperprzestrzeni tendencji, to uświadomisz sobie swą nielokalną formę, intencję manifestującą się na wiele sposobów, włączając w to cielesną formę rodem z UR.

Teoretyczne poglądy na początki życia

Każdy obiekt we wszechświecie jest wielowymiarowy i „splątany" ze wszystkim wokół. Jednak współczesna biologia często wypowiada się o życiu, określając je wyłącznie terminami z wymiaru UR. Bez myślenia hiperprzestrzennego, które zawiera w sobie świat nielokalnej mechaniki kwantowej, trudno jest stworzyć zrozumiałą, lokalną, zorientowaną na ciało definicję.

Astronomowie i biologowie uważają, że życie powstało na ziemi około 3 miliardów lat temu. niektóre teorie oraz dowody wskazują na to, że wszechświat pojawił się wraz z Wielkim Wybuchem przed 18 miliardami lat. Jeśli kosmologowie mają rację, Ziemia oraz Układ Słoneczny liczą sobie mniej więcej 5 miliardów lat. Badania wykazują, że uzgodnione formy życia pojawiły się na ziemi przed 3 miliardami lat. Nikt dokładnie nie wie, w jaki sposób powstała złożoność zwana życiem. Co sprawiło, że związki chemiczne połączyły się nagle w taki sposób, że stworzyły żywe istoty?

Mechanika kwantowa nie posiada na to gotowej odpowiedzi. Wiadomo, że zgodnie z teorią kwantową cząsteczki materii mogą pojawiać się znikąd, a właściwie z próżni, z tak zwanego energetycznego punktu zero. Buddyzm przedstawia podobny pogląd, tylko nazywa ten stan pustką. W cytacie z początku rozdziału Dalaj Lama stwierdza, że materia, a być może również i życie, są „zawarte" w niedualnym, nielokalnym świecie esencji.

Żeby wykorzystać szamańskie moce w celu „zjednoczenia się z nocą", Don Juan kazał swoim uczniom odczuwać otoczenie. To odczuwanie jest podobne do nielokalnej współłączności lub takiego doświadczenia, które łączy oberwatora z obiektem obserwacji, co opisywał Jacques Lusseryran po utracie wzroku w wieku ośmiu lat:

Moje uszy słyszały na moment przed dotarciem dźwięku... Często zdarzało mi się słyszeć mówiących ludzi, jeszcze zanim coś powiedzieli.[1]

Opisuje też, w jaki sposób odczuwał powierzchnię stołu:
Żeby go odnaleźć, opuszczałem na dół palce i w zadziwiający sposób stół natychmiast odpowiadał naciskiem. Jako niewidomy myślałem, że muszę przemieszczać się, żeby dotrzeć do obiektów, ale odkryłem, że to one do mnie docierały... Nie wiedziałem, czy to ja dotykam jabłka, czy też ono mnie dotyka. Tak jak ja stawałem się częścią jabłka, tak i ono stawało się częścią mnie... Wszystko było wymianą wzajemnego nacisku... Spędzałem godziny, opierając się o przedmioty i pozwalając, żeby one opierały się na mnie.[2]

Nie posiadając zwyczajnego wzroku, musimy korzystać z „hiperzmysłów", wykrywając hiperprzestrzenie, które zazwyczaj marginalizujemy w codziennym życiu. Kiedy *widzimy* zamiast *patrzeć*, mamy odczucie, że życie wiąże się ze wszystkim dookoła nas. Jak stwierdził Lusseryran: „Nie wiedziałem, czy to ja dotykam jabłka, czy też ono mnie dotyka". Przypomina mi to opis kwantowego świata Johna Cramera i jego „fal odzwierciedlających" lub tego, co nazywam impulsami korefleksyjnymi[3].

Percepcja i świadomość niekoniecznie muszą być zlokalizowane wewnątrz nas. Moim zdaniem źródło życia nie mieści się w żadnym z ciał, ale jest wspólnym, wzajemnie powiązanym doświadczeniem, w które włączeni jesteśmy my, środowisko i wszystko, co tylko istnieje we wszechswiecie.

---

[1] Jacques Lusseryran, „And There Was Light: Autobiography of Jacques Lusseryran".

[2] Ibidem.

[3] Zob.: „Quantum Mind", rozdziały 16–18.

W uzgodnionej rzeczywistości możesz przejmować się własnym życiem. Kiedy jednak świadomość rozszerza się, życie okazuje się wspólnym procesem, bezustannie rozwijającymi się flirtami pochodzącymi z wielorakich lokalizacji.

Z doświadczalnego oraz teoretycznego punktu widzenia, z punktu widzenia buddyzmu i fizyki można rozpatrywać życie jako fakt UR i niemierzalne doświadczenie z krainy snów. Gdyby sądzić po pierwotnym znaczeniu słowa *życie (ang. life)* nasi przodkowie najwyraźniej wiedzieli o tym, że „tendencje" i życie są ze sobą związane. W „Webster's Dictionary" *życie* powiązane jest z *energią, rześkością, iskrą* oraz *tendencją do reagowania.*

Rys. 6.1. Wielowymiarowe doświadczenia materii

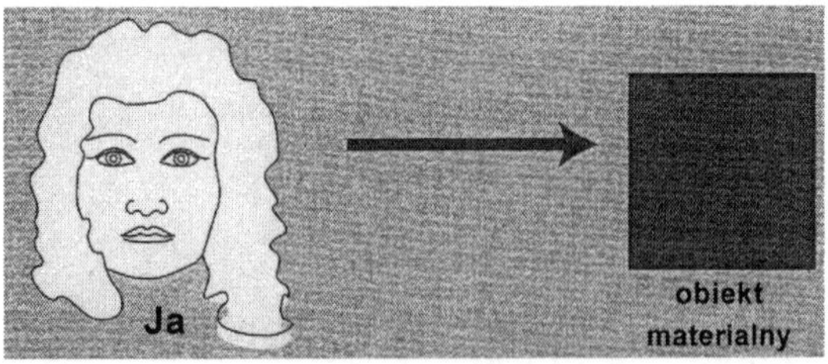

W świecie I, rzeczywistości uzgodnionej, to ja patrzę na materialny obiekt. Jego sygnały docierają do mnie.

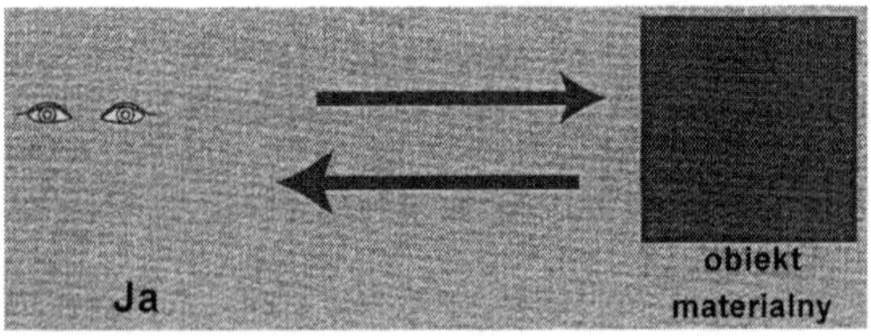

W świecie II, krainie snu, wygląda na to, jakby „obiekt" pierwszy na „mnie" spojrzał! Niektóre z sygnałów wydają się trudnymi do zmierzenia presygnałami.

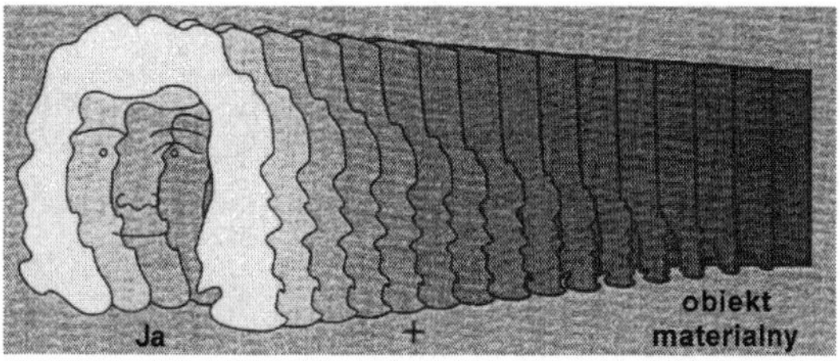

W świecie III, na poziomie esencji subtelnych tendencji, istnieje mgliste poczucie wzajemnych powiązań pomiędzy mną a obiektem, jak w splątanym systemie.

Fizyka o umyśle i materii

Na powyższym rysunku świat III, świat poziomu esencji – co Dalaj Lama określa jako *pustkę* – wydaje się odpowiadać temu, co niektórzy fizycy, jak Jack Sarfatti i David Bohm, nazywają kwantową funkcją falową. Doświadczenia ze świata III wydają się mieć coś w rodzaju mglistej, niezróżnicowanej zawartości. Sarfatti cytuje Davida Bohma mówiącego o falach kwantowych, jakby były doświadczeniami „podobnymi do myśli". Fritjof Capra i Fred Alan Wolf także odnoszą się do kwantowych cech umysłu i łączą fizykę z buddyzmem i innymi duchowymi naukami.

Życie w naukach biologicznych

Biologia, definiując życie, skupia się głównie na parametrach uzgodnionej rzeczywistości. Możemy przytoczyć wiele biologicznych definicji życia (na przykład w „Encyclopedia Britannica (2002) pod pojęciem definicje życia). Jedna z definicji brzmi następująco:

Żywe systemy wykazują zdolność do przyjmowania pożywienia, adaptacji do środowiska, wzrostu i reprodukcji.

Biologiczna definicja życia teorii systemów fizjologicznych brzmi:

System jest żywy, jeśli metabolizuje.

Częścią metabolicznej definicji życia jest tożsamość. System jest żywy, jeśli posiada:

określone granice, poprzez które następuje wymiana produktów, jednak bez zmiany systemu.

Definicje UR stwarzają problemy. Na przykład samochód posiada granice i można stwierdzić, że jego pożywienie, czyli benzyna, podlega metabolizmowi. Większość z nas zaprzeczy jednak, że jest on „żywy". W biochemii system jest żywy, jeśli:

reprodukuje, przekazuje informacje dziedziczne zakodowane w cząsteczkach kwasu nukleowego i metabolizuje korzystając z enzymów.

Teorie medyczne i biologiczne oparte na teorii ewolucji przypominają psychologię UR, która odrzuca doświadczenia uznawane za niedostosowane lub nieodpowiednie. Ten rodzaj myślenia prowadzi do nieświadmości kulturowej i ksenofobii. Marginalizowanie części prowadzi do problemów wokół różnorodności, wynikających z pomniejszania wagi historii, które nie są „przystosowane" do norm lub nie są zaprogramowane na przetrwanie. Brak wiedzy o tym sprawia, że im bardziej marginalizujemy wpływ innych, tym bardziej boimy się samych siebie. Wszelkie lęki są związane z ignorowaniem pewnych części siebie, a także świata zewnętrznego. Innymi słowy, teorie ewolucyjne są niczym więcej jak tylko odzwierciedleniem naszej problematycznej, codziennej psychologii.

Ewolucja i genetyka

W słynnym dziele „O pochodzeniu gatunków", opublikowanym w 1859 roku, Darwin opisywał batalię prowadzącą do tego, że „przetrwają najlepiej przystosowani". To zdanie oznacza, że jeśli zaadaptujemy się do środowiska lepiej niż inni, to mamy większe od nich szanse na przeżycie.

Według podstawowej, genetycznej teorii ewolucji rozmnażamy się z uwagi na geny, które są zapisane w DNA, dzielą się i tworzą nowe komórki. Jeśli połączysz się z osobnikiem przeciwnej płci, Wasze geny zmieszają się, tworząc nową osobę. Jeśli ta nowa osoba spłodzi z kimś potomstwo, nastąpi kolejna wymiana genów. Czasami zdarzają się mutacje zmieniające geny.

Rys. 6.2. Mutacja

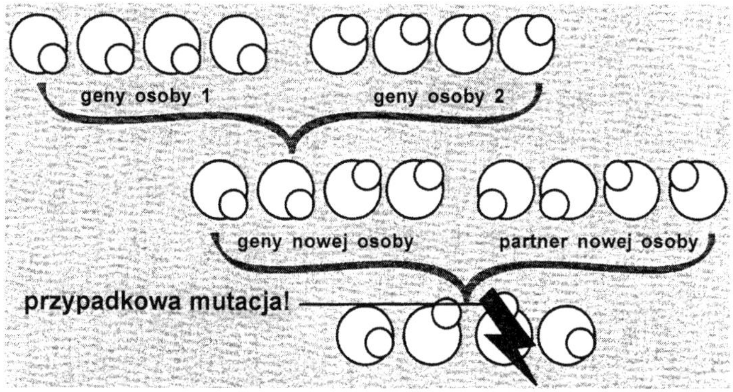

W powyższym diagramie geny osoby 1 i 2 spotkały się i stworzyły nową osobę. Ta nowa osoba spotkała partnera i spłodzili potomstwo, ale u dołu rysunku widzimy, że jeden z genów nieprzewidzianie zmienił się z powodu mutacji.

Zgodnie z teorią Darwina, jeśli zmutowana osoba jest „dostosowana", to przetrwa. W przeciwnym wypadku umrze. Okazuje się, że większość mutacji „przegrywa" w tej grze i dokonuje wyborów *niedostosowania*.

Termodynamiczna definicja życia

Rozważmy teraz termodynamiczne koncepcje życia. Lokalne, biologiczne definicje życia zostają rozszerzone przez fizykę transferu energii, która opisuje życie w kategoriach wspólnych energii kosmologicznych.

Termodynamika

Termodynamika, teoria transferu ciepła i energii, określa procesy w skali makroskopowej.

Wszelka dostępna energia, włącznie z pojęciami UR określającymi życie, jest formą tego, co fizycy nazywają negentropią. Entropia jest formą nieporządku. Życie jest, najprościej mówiąc, formą porządku lub negentropii. Kiedy systemy tracą uporządkowanie lub negentropię, to rozpuszczają się albo umierają. Słońce jest największym źródłem negentropii dla Ziemi. Początki życia na Ziemi są związane ze źródłami negentropii oraz dostępnością energii Słońca. Na rysunku Słońce odżywia Ziemię. Nasze ciała częściowo zawdzięczają życie Słońcu.

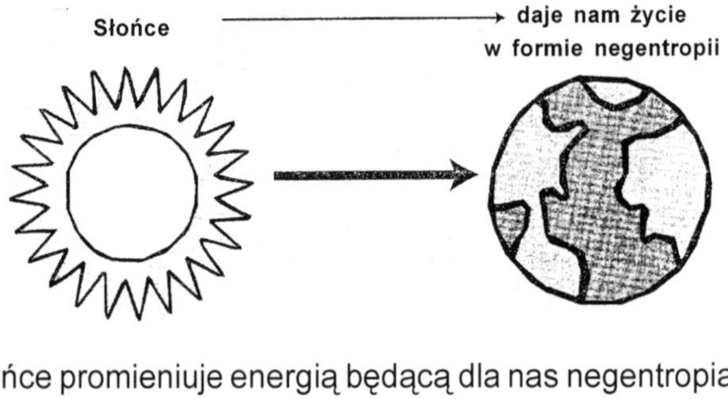

Słońce promieniuje energią będącą dla nas negentropią. Jednak, w całkowitym bilansie, każdy promień dociera do nas kosztem energii i „życia" Słońca.

Rys. 6.3. Słońce daje nam życie w formie negentropii

Zgodnie z zasadami termodynamiki nasze życie jest formą porządku, które zależy od życia (a ostatecznie śmierci) Słońca, a także od innych źródeł energii.

Życie pochodzi od negentropii źródeł energii takich, jak Słońce. Można powiedzieć, że planety umierają, żebyśmy mogli żyć. W miarę upływu życia porządek naszych ciał dezorganizuje się i wraz ze śmiercią obracamy się w proch – który z kolei stanowi pożywienie dla innych form życia.

Zastosowanie pojęcia entropii i energii wzmacnia pogląd mówiący, że życie jest zjawiskiem współzależnym. Całość życia na ziemi jest kosmologicznie związana z gwiazdami.

Tęczowe spojrzenie na życie

Z punktu widzenia tęczowej medycyny w krainie snów wszystko jest „żywe" i stanowi część procesu życia. Doświadczenie współzależnych flirtów wskazuje na fakt, że Twoje życie stanowi część wszechświata. W krainie snów oraz w hiperprzestrzeniach obiekty i ludzie są żywi, choćby z punktu widzenia uzgodnionej rzeczywistości, wyglądali na martwych.[4]

Zjawisko takie, jak *życie*, jest wielowymiarową rzeczywistością i należy je rozpatrywać zarówno pod względem uzgodnionej rzeczywistości, jak i hiperprzestrzeni. Życie i samopoczucie zależy od faktów UR oraz energii, genów, Słońca, pożywienia, wody, a także od doświadczeń z obszaru kwantowego. Jednak sens życia jest bardzo mocno związany z siłą ciszy. Jeśli korzystasz z przejrzystej świado-

[4] Ludzi znajdujących się w stanie śpiączki często uznawano za nieświadomych bądź bliskich śmierci. Jednak, przy wykorzystaniu przejrzystej świadomości ukierunkowanej na subtelne sygnały, wiele osób wychodziło z tego stanu, czyniąc to w zaskakujący sposób. Zobacz moją pozycję „Śpiączka: klucz do przebudzenia" oraz Amy Mindell: „Coma: A Healing Journey".

mości, kontaktując się z siłą ciszy, czujesz się dobrze i zdrowo. Jeśli nie posiadasz takiego kontaktu, możesz cierpieć na chroniczną depresję o lekkim nasileniu, a także może Ci brakować kreatywności. W takim przypadku uwaga kieruje się w stronę symptomów i ocenia stan zdrowia, zamiast zdążać ku pojawiającym się nowym flirtom oraz iskierkom.

Czasami wydaje mi się, jakby życie było bajkową postacią, która zamienia się z dobrej wróżki w zazdrosnego potwora powiadającego: „Nie ignoruj mnie! Oddaj mi każdą twórczą chwilę, dostrzegaj minimalne migotania, bo jeśli tego nie uczynisz, to ja stworzę coś takiego, co zmusi Cię do uznania mojej (i Twojej) kreatywności!".

Jeśli jednokolorowa medycyna służy przedłużaniu życia, to medycyna tęczowa zajmuje się budzeniem świadomości ukierunkowanej na intencje symptomów oraz wszystkiego, co zwraca Twoją uwagę. Życie to twórczość w danej chwili. Podobnie jak w przypadku medycyny jednokolorowej, celem medycyny tęczowej jest leczenie symptomów. Ale, w przeciwieństwie do medycyny jednokolorowej, nowy paradygmat robi miejsce dla choroby i zajmuje się nią na wielu poziomach, postrzegając ją i starzenie się jako nowe formy twórczości.

ROZDZIAŁ 7.

Duch atomów

Aborygeńskie mity o stworzeniu mówią o legendarnych, totemicznych istotach, które w Epoce Snu wędrowały przez cały kontynent, wyśpiewując nazwę wszystkiego, co znalazło się na ich ścieżce - ptaków, zwierząt, roślin, skał, zbiorników wodnych - a przez to śpiewanie powstawał świat.

W książce z 1987 r. „The Songlines" Bruce Chatwin opowiada, jak Australijczyk poznawał świętą pieśń danego obszaru, która była mu niezbędna do podróży przez życie. Ludzie od dawna wierzyli, że śpiewanie pieśni w warunkach zmienionego stanu świadomości zmienia świat. To, co nazywam siłą ciszy, nasi aborygeńscy przodkowie mogliby nazwać Wielkim Duchem, który stworzył ziemię i zwykłe formy geologiczne przekształcił w święte terytorium. Pieśni, odczuwanie muzyki oraz fale stwarzają życie. Można by sądzić, że tak szanowany a zarazem kontrowersyjny naukowiec, jak David

Bohm, nawiązywał do tych starożytnych idei. W rozdziale 2 opisałem teorię Bohma, która mówi, że fale kwantowe zawierają nieuzgodnione informacje – używając jego słów, są falami pilotującymi, które kierują obiektami tak, jakby same miały pewien rodzaj wewnętrznej mądrości. Aborygeńskie śnienie oraz „fale pilotujące" Bohma są tym, co moglibyśmy nazwać „duchami atomów" poruszającymi naszymi ciałami.

Entelechia – koncepcje siły kierującej

Idea siły kierującej, która oddziałuje zarówno na ożywioną, jak i nieożywioną materię, była obecna u wielu autorów w dziejach ludzkości. Grecki filozof Arystoteles uważał, że życie jest siłą, która nadaje organizmom ich właściwości[1]. Ponadto uważał, że kosmos jest jednym organizmem i nie można go podzielić na części. Współczesny fizyk teoretyczny Paul Davis zauważa w swej książce „The Fifth Miracle", że nauka w dużej mierze zdyskredytowała dawne określenia uznające życie za kierującą, witalną siłę[2], ulotny, niemierzalny czynnik materii, który tworzy życie.

Jednak idei o tej mistycznej sile nigdy nie udało się wykorzenić. Na przykład w dziewiętnastym wieku, po odkryciu elektryczności,

[1] Entelechia (z greckiego *entelecheia*) jest rodzajem formującego ducha, który umożliwia realizację potencjału. Arystoteles dokonywał rozróżnienia pomiędzy materią a formą – albo pomiędzy realizacją a potencjałem. Uważał, że materia potrzebuje esencji, aby stać się realną. W istotach ożywionych esencja ta objawiała się pod postacią „duszy" lub „funkcji witalnej", zwanej początkowo entelechią żywego organizmu. (zobacz więcej: „Encyclopedia Britannica").

[2] Paul Davis skupia się w swej książce na kosmologii, grawitacji oraz teorii pola kwantowego ze szczególnym uwzględnieniem czarnych dziur oraz początków wszechświata.

Mary Shelley stworzyła fantastyczną postać Frankensteina, pokazując, że witalizm jest wciąż żywy jako filozofia. W jej powieści wymyślona postać została ożywiona pochodzącym od błyskawicy witalistycznym ładunkiem elektryczności.

Idea siły kierującej była zawsze obecna w myśli ludzkiej. Gottfried Wilheim Leibniz, niemiecki filozof, matematyk i fizyk, który odkrył rachunek różniczkowy i całkowy (w tym samym czasie co Newton), nazywał podstawowe cząstki materii monadami. Uważał, że wszystkie obiekty posiadają swoiste, wewnętrzne siły życiowe. Niemiecki biolog Hans Driesch wykorzystał w dwudziestym wieku koncepcję entelechii dla opisania wewnętrznej zasady doskonalenia, która jego zdaniem cechuje wszystkie żyjące organizmy. Najwyraźniej podążał on śladami Arystotelesa i Lebniza. Jego zdaniem entelechia jest rodzajem duszy odpowiedzialnej za rozwój wszystkich żywych istot.

Współcześnie idea duszy lub fali pilotującej została zastąpiona teorią głoszącą, że życie może być efektem przypadkowych reakcji chemicznych, które zaistniały tylko na Ziemi. Większość naukowców wyraża przekonanie, że szczególne warunki chemiczne, elektrodynamiczne i elektryczne doprowadziły do pierwszych przejawów życia, które następnie podlegały ewolucji. Jednak począwszy od sierpnia 1996 roku, niektórzy z naukowców podważają przekonanie o mówiące o wyjątkowym charakterze życia rozwijającego się na Ziemi.

Badania meteorytów pochodzących z Marsa wskazują na możliwość istnienia życia na tej planecie. Niektórzy naukowcy sądzą, że życie jest naturalną częścią składową wszechświata i przybyło na Ziemię z Marsa (nie brak również hipotez mówiących o tym, że podstawowe elementy życia, jak kwasy aminowe, ukształtowały się w przestrzeni międzygwiezdnej i dotarły na Ziemię za pośrednictwem meteorytów).

Podobnie jak Arystoteles, Leibniz oraz Driesch, Paul Davies jest przekonany, że tajemnica życia ukryta jest w niewidocznych, informacyjnych właściwościach materii, które są zlokalizowane w funkcji falowej. Zdaniem Daviesa życie, czyli wzrost i rozwój organizmów wraz z takimi atrybutami, jak autonomia, złożoność, zdolności do reprodukcji, metabolizmu i odżywiania, wywodzą się z informacyjnej treści nielokalnej, globalnej funkcji falowej[3]. Innymi słowy, wężowa funkcja falowa jest nowym rodzajem współczesnej „siły kierującej".

Funkcje falowe i kundalini

Roger Penrose, skupiając się na opisywanych przez niego związkach pomiędzy świadomością a grawitacją[4] wykazuje, że ta ostatnia poprzez procesy kwantowe oddziałuje na biomolekuły. Jego zdaniem początki życia wiążą się z grawitacją, zakrzywioną naturą przestrzeni i początkami wszechświata.

Wydaje się, że w fizyce wiele nowych koncepcji dotyczących świadomości i życia ma swoje źródło opublikowanej w połowie XX wieku pracy Davida Bohma pt. „Undivaded Universe: An Ontological Interpretation of Quantum Theory". Bohm eksplorował podstawy fizyki, aby wyjaśnić jedność i nielokalność wszechświata, która to cecha została wykazana w pierwszych eksperymentach dotyczących nielokalności. Według Bohma kwantowa funkcja falowa jest nośnikiem informacji, który nieustannie wchodzi w interakcje ze wszystkim dookoła niego.

Kiedy zachodzi *jakiekolwiek* wydarzenie, *wszystko* bierze w nim udział. Wszystkie aspekty wydarzenia są ze sobą powiązane. Na przykład Twoja funkcja falowa opisuje związki z innymi ludźmi,

---

[3] Paul Davies, „The Fifth Miracle", s. 67.

[4] Robert Penrose, „Nowy umysł cesarza".

Twoje krzesło, filiżankę i wszystko, co Cię otacza, traktując jako współtworzących uczestników.

Dla określenia „aktywnej" informacji funkcji falowej, David Bohm zastosował określenie „fala pilotująca". Wyobrażał sobie, że to ona kieruje cząsteczkami podczas ich ruchu. Fala podróżowała z opisywanymi obiektami, kierując nimi – co nie było całkowicie odmienne od pojęcia entelechii Arystotelesa, Leibniza i Driescha.

Fale kwantowe w locie

Żeby zrozumieć, co kryje się pod pojęciem fal kwantowych, pomyślmy o tym, co się stanie z elektronem wyemitowanym z działa elektronowego.

Na rysunku 7.1 *Lot elektronu* są trzy obszary: I, II, III. W obszarze I elektron (ciemna plamka) znajduje się w dziale tuż przed wystrzeleniem go przez szczelinę. W obszarze II, choć nie możemy prześledzić toru lotu elektronu (w sensie fizycznym), ponieważ jakikolwiek pomiar spowoduje kolaps funkcji falowej, wiemy, że elektron może być reprezentowany przez falę (co wynika z równania fali kwantowej) aż do momentu, gdy wyląduje w punkcie B w obszarze III, gdzie detektory zarejestrują przybycie elektronu.

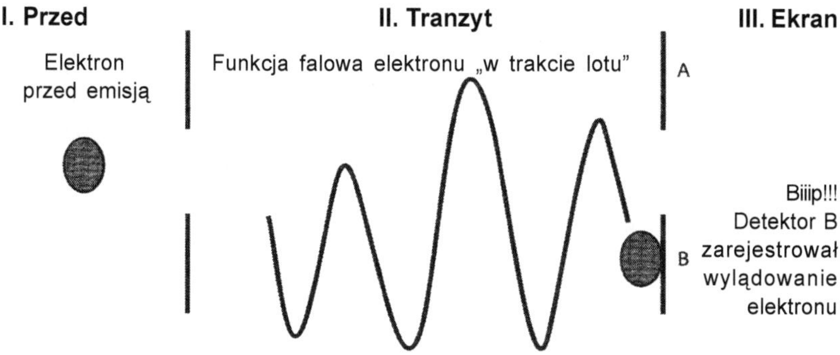

Rys. 7.1. Lot elektronu

Na tym rysunku elektron jest przedstawiony jako cząsteczka w obszarze I, przed emisją (wiadomo, że nie można dostrzec jego właściwej natury). W fazie II fizyka kwantowa opisuje cząsteczkę jako falę wirtualną; możliwy jest dokładny matematyczny opis, ale w kategoriach UR nie można dokonać pomiaru.

Pojęcie fali na poziomie kwantowym jest ideą z krainy snów, czymś, o czym można pomyśleć lub co można poczuć, ale nie da się tego zobaczyć czy zmierzyć. Wyobrażone cechy funkcji falowej były przyczyną powstania wielu analogii w rzeczywistości uzgodnionej. Dlatego właśnie, po powstaniu fizyki kwantowej w latach dwudziestych XX wieku, Erwin Schroedinger uważał, że są one faktycznymi „falami materii" (termin Schroedingera). W eksperymentach przeprowadzanych na poziomie UR nigdy nie udało się zaobserwować fal materii.

Najwyraźniej Bohmowi spodobała się wibracyjna jakość funkcji falowej, którą jako pierwszy postulował fizyk kwantowy Louis Debroglie. Debroglie (jeszcze jako student na Sorbonie) odkrył w 1923 roku, że cząsteczki wykazują właściwości falowe, które opisał jako „pewne wewnętrzne procesy cykliczne" cząsteczek. Choć badania wykazały, że nie da się zmierzyć „fal materii", niektórzy z fizyków nadal powołują się na „falę pilotującą" Bohma[5].

W książce „Undivaded Universe" Bohm przekonywał, że falowy opis (obszaru II) jest równie dokładny, jak sama matematyka.

[5] Zob.: Jack Sarfatti, „Post Quantum Physics" na stronie: www.qedcorp.com/pcr/pcr.

Nielokalność

Równanie funkcji falowej reprezentuje zjawisko nielokalności w teorii kwantowej. W niemożliwym do dokonania pomiaru obszarze II, fala reprezentująca cząsteczkę może być w dowolnym miejscu we wszechświecie i w dowolnym czasie. Dopiero w chwili gdy cząsteczka zostaje zaobserwowana, następuje kolaps i traci ona swą falową naturę, stając się cząsteczką zlokalizowaną w danym miejscu, na przykład w punkcie B. Spójrz na kolejny rysunek. Obecnie nie istnieje jednoznaczne uzasadnienie wyjaśniające, dlaczego tak się dzieje; jest to jedna z tajemnic mechaniki kwantowej.

W obszarze II funkcja falowa albo fala pilotująca jest nielokalna, dopóki nie zostanie uchwycona przez pomiar. W szerszym, nielokalnym stanie, jako fala kierująca, znajduje się wszędzie we wszechświecie, a także jest ze wszystkim powiązana.

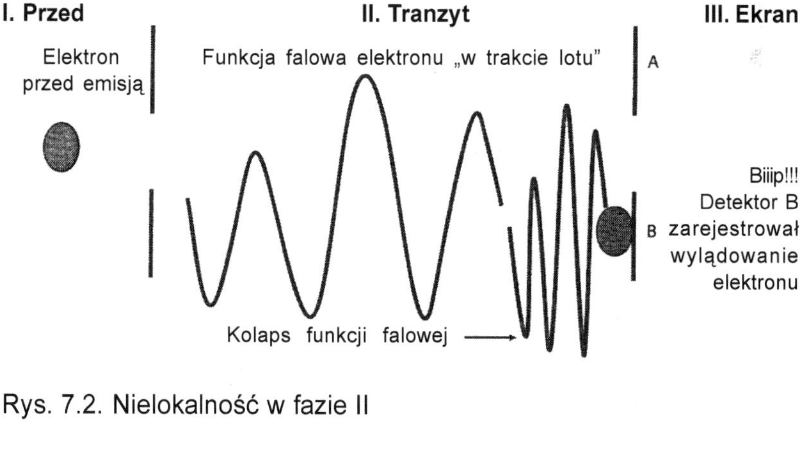

Rys. 7.2. Nielokalność w fazie II

Bohm połączył ideę cząsteczki i fali, wyobrażając sobie statek i kierującą nim falę radaru. Chociaż w poddającej się pomiarowi rzeczywistości (UR) nie istnieje taka fala bądź cząsteczka, którą można by zmierzyć jako pojedynczy obiekt, Bohm skorzystał z wyobraźni, żeby wyjaśnić, w jaki sposób dałoby się zobrazować falę kwantową, która kieruje związaną z nią cząsteczką. Korzystając z porównania statku na morzu, zauważył, że cząsteczka byłaby statkiem, a funkcja falowa falą radaru, która prowadzi statek przez morze. Popatrz na mój rysunek przedstawiający jego pomysł.

W tej obrazowej analogii statek „wyczuwa" fale i obiera kierunek zgodnie z nimi. Wszystko, co dzieje się na statku – myśli kapitana, zachowanie załogi, praca silnika – jest związane z „inteligencją" fali pilotującej. Powiedziałbym, że taka właśnie ilustracja jest połączoną wersją opisu tego samego z punktu widzenia uzgodnionej rzeczywistości i z poziomu krainy snów. Wersja UR cząsteczki czy obiektu symbolizowana tutaj przez statek została rozszerzona przez wirtualną lub matematyczną wyobraźnię rodem z krainy snu.

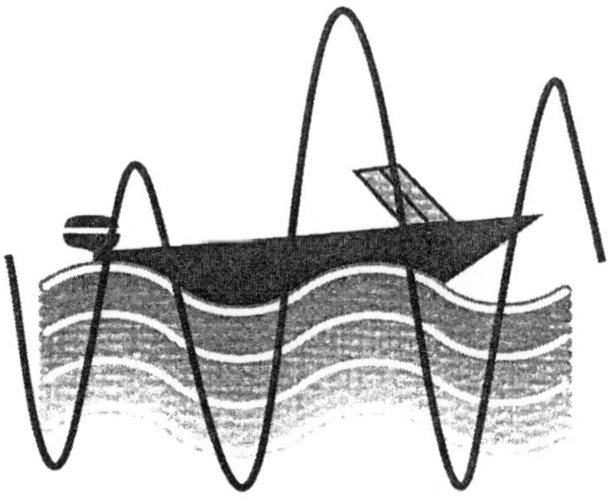

Rys. 7.3. „Fala pilotująca". Fala kwantowa Bohma i Debroglie'a zobrazowana jako informacyjny przepływ kierujący statkiem na morzu.

Fale kwantowe albo pilotujące w medycynie tęczowej

Używając języka psychologów, można powiedzieć, że wokół każdej cząsteczki oraz osoby jest pewien *gwar* (*ang. „buzz"*) czy rodzaj siły życiowej. Otaczają nas elektromagnetyczne pola, o których sporo wiemy, a także pola niemierzalne. Zapewne zignorowałbym ideę fali pilotującej Bohma, traktując ten pomysł jako rodzaj myślenia życzeniowego, jednak doświadczam czegoś w rodzaju fali pilotującej, która prowadzi mnie przez życie, podobnie jak ma to miejsce w przypadku innych osób, par czy grup. Myśląc o setkach osób, z którymi pracowałem w terapii indywidualnej, oraz na seminariach na wszystkich kontynentach, a także o tym, w jaki sposób potoczyło się moje życie, nie wątpię, że istnieje pewien rodzaj informacyjnego wzorca falowego – jak mit osobisty, mit relacyjny czy wizja grupowa – który prowadzi nas przez życie. Gdyby żył dzisiaj C. G. Jung, szwajcarski psychiatra oraz twórca psychologii analitycznej, z której się wywodzę, z pewnością powiedziałby: „Ależ oczywiście, fala pilotująca jest tym, co nazwałem osobistym mitem jednostki!".

Myślę o moich zainteresowaniach fizyką w dzieciństwie, o pozornie nieprawdopodobnych przypadkach, które sprawiły, że studiowałem fizykę na M.I.T., o tym, jak fascynacja Einsteinem skierowała mnie do Zurichu, gdzie wylądowałem tydzień po śmierci Junga w 1961 roku. W moim pierwszym śnie po rozpoczęciu analizy Jung mówił mi o łączeniu psychologii i fizyki. Po zmianach w moich związkach poślubiłem Amy, która urodziła się w dniu śmierci Wolfganga Paulego, laureata nagrody Nobla w dziedzinie fizyki i współpracownika Junga! Czyżby to były tylko przypadki? Przybyłem w tygodniu, w którym zmarł Jung, zaś Amy „przybyła" w dniu śmierci Paulego!

Nawet jeśli nie wiedziałeś, jak to nazwać, to prawdopodobnie od czasu do czasu miałeś poczucie, że w Twoim życiu działa pewien powtarzalny wzorzec. Przekładając to na ciało, „kapitanem" jest ta część nas, która myśli, że kieruje statkiem. Wiele problemów wynika z tego, że kapitan nie zdaje sobie sprawy z faktu, iż wszystko, co nazywa „swoimi" myślami, pochodzi ze znacznie rozleglejszych wymiarów jego śnienia. W końcu wszyscy wiemy, że życie nie zależy wyłącznie od nas, ale od czegoś, co wygląda jak zbiór wypadków i przypadkowych zdarzeń.

Nasze fale pilotujące można dostrzec w najwcześniejszych wspomnieniach lub snach z dzieciństwa, które prowadzą nas, przepowiadając mniej więcej, co będzie treścią naszych psychologicznych doświadczeń. Dzięki rozszerzonej świadomości o każdej porze dnia możemy sobie uświadomić, że chociaż egzystujemy w fizycznych ciałach, to jednocześnie istnieje pole intencjonalne, *gwar. buzz* – coś, co wokół nas bzyczy, co delikatnie porusza nami w różnych kierunkach i co zazwyczaj ignorujemy. Jak już wcześniej wykazałem, akt marginalizacji zwiększa intensywność pola i po pewnym czasie czujemy się popychani lub ciągnięci w uzgodnieonej rzeczywistości. W końcu pojawia się to pod postacią *symptomu* lub też może się pojawić w snach na przykład jako smok.

Działanie zwrotne

Bohm wcale nie uważał, że fala pilotująca całkowicie determinuje drogę cząsteczki-statku. W jego modelu cząsteczka-statek również oddziałuje na falę pilotującą. Ten wpływ został nazwany przez Bohma „działaniem zwrotnym". To działanie jest rodzajem oddźwięku pomiędzy naszym ciałem a umysłem. Mówiąc dokładniej, jest to rodzaj sprzężenia zwrotnego pomiędzy ciałem, świadomością a siłą ciszy, zachodzącego na innych poziomach niż uzgodniona rzeczywistość.

Psychologiczną analogią działania zwrotnego jest spostrzeżenie, w jaki sposób zmiany postawy w codziennym zachowaniu wpływają na treści snów. Działanie zwrotne jest niezwykle ważne dla równowagi emocjonalnej i psychologicznej.

Dla kogoś, kto w nikłym stopniu kontaktuje się z doświadczeniami fal kwantowych lub z siłą ciszy, ten rodzaj energii wydaje się być przerażający. Pomyślmy o kundalini, sile twórczej, taoistycznym smoku, sile *yang*.

Rys. 7.4. Taoistyczny smok[6] i Nieśmiertelny Taoista[7]. Transformacja fali pilotującej doświadczenia: z pierwotnej formy smoka w tańczącego z falami.

[6] Ilustracja pochodzi z książki Phillipa Rawsona i Laszlo Legezy'ego: „Tao: Chinese Philosophy of Time and Change.

[7] Ibidem. Postać nieśmiertelnego Liu-hai.

Kiedy umysł dostraja się do tej energii, ognisty smok podlega transformacji i wygląda na szczęśliwego, przybierając formę nieśmiertelnego taoisty znajdującego się w jedności z falami.

Obraz nieśmiertelnego taoisty jest przykładem tego, jak możemy wyglądać, kiedy będziemy znajdować się w jedności z falami. Odzwierciedlamy ryby w morzu oraz obłoki na niebie. Wraz z przesunięciem naszego „punktu scalającego" ze świata codzienności do hiperprzestrzeni lub tendencji, zmniejsza się rozdział pomiędzy nami a falą pilotującą do tego stopnia, że nie ma poczucia rozdziału. W takiej chwili nie Ty coś wykonujesz, ale dokonuje się doświadczenie.

Niektórzy z nas lepiej czują się z matematycznymi podstawami fizyki, inni z analogiami taoistycznymi lub naukami buddyjskimi, które mówią o *Mu-shin* – „pustym" lub „kreatywnym umyśle".

Pilotująca siła fal intencjonalnych stanowi dla mnie podstawę tęczowej medycyny; jest to siła ciszy odzwierciedlająca się w filozofii witalistycznej oraz w fizyce, gdzie została wyprojektowana na pojęcie fali kwantowej.

Tę niekonsensualną siłę sytuowano zatem w:

- początkach życia
- energii *chi*
- przypadkowych reakcjach chemicznych u zarania naszego świata lub wszechświata
- duchu reprodukcji, tożsamości i ewolucji
- meteorach lub grawitacji wpływającej na biomolekuły.

Być może jest to ta część nas, która znajduje się wszędzie i jest nieśmiertelna. Jesteśmy także społecznością, światem. Przypomina mi to afrykańskie przysłowie, z którym zapoznał mnie dr John L. Johnson: „Istnieję, ponieważ ty istniejesz. A ty istniejesz dlatego, że ja istnieję". Życie nie należy tylko do Ciebie lub do mnie; żyjemy dlatego, że jest coś więcej od nas.

Duch atomów był wyczuwany i wyrażany przez kultury aborygeńskie za pomocą świętych pieśni pozwalając podróżować przez nieznane terytoria. Na gruncie europejskim, sugestię, że in-formujące duchy istnieją zarówno w ożywionej jak i nie ożywionej materii wysunął Leibnitz. Nazwał je „monadami". Współcześni naukowcy, jak David Bohm i Paul Davies, są zdania, że ta sama siła może się znajdować w niewidzialnych, in-formujących właściwościach funkci falowej.

Moim zdaniem, pilotująca moc fal intencjonalnych jest kwantową podstawą in-formowania oraz uzdrawiania. Przejrzysta świadomość tej in-formacji pozwala daje nam subtelne a jednocześnie bezpośrednie, somatyczne doświadczenie siły ciszy odzwierciedlanej w filozofii witalistów oraz we współczesnej fizyce.

ROZDZIAŁ 8.

Pieśń światów równoległych

Jeśli potraktujemy teorię Hawkinga poważnie, będziemy musieli rozpocząć analizę od nieskończonej liczby wszystkich możliwych, współistniejących ze sobą wszechświatów. Definicja słowa „wszechświat" nie brzmi już „wszystko, co istnieje". Teraz oznacza ono „wszystko, co może istnieć".[1]

Michio Kaku

W tym rozdziale pokażę, w jaki sposób teoria fal, aborygeńskie linie pieśni oraz fizyka pomagają zrozumieć sny i doświadczenia ciała.

W poprzednich rozdziałach sugerowałem, że życie to wielopoziomowe doświadczenie świadomości odzwierciedlane w matematyce funkcji falowej „za" lub „ponad" tym, czego doświadczamy jako rzeczywistość. Sugerowałem, że nasze najgłębsze poczucie życia wiąże się z tendencją do ruchu, którą jesteśmy w stanie odczuć, gdy umysł rozluźnia się. Sny wywodzą się z tych mikroruchów lub raczej

[1] M. Kaku, „Hiperprzestrzeń" Prószyński i S-ka, Warszawa 1996. W przekładzie Ewy L. Łokas i Bogumiła Bienioka.

z siły ciszy symbolizowanej w fizyce kwantowej funkcją falową danego obiektu. Bezpośrednio doświadczamy tej funkcji falowej czy też fali intencjonalnej wyłącznie pod postacią subtelnego wrażenia przewodzenia, jako poczucia osobistego mitu. Ponieważ nasze samopoczucie jest najlepsze, gdy posiadamy związek z tymi tendencjami, nazywam te intencjonalne fale również „ścieżką serca", składającą się z licznych stanów oraz doświadczeń pochodzących ze światów równoległych.

Różne światy funkcji pilotującej

To, co nazywam siłą ciszy, bywa różnie opisywane w zależności od tego, gdzie skierowana jest świadomość osoby dokonującej opisu.

Rzeczywistość uzgodniona. Fizyka eksperymentalna może dokonać pomiaru w UR jedynie najbardziej prawdopodobnych aspektów świata esencji, siły ciszy. Jak już wcześniej wspominałem, standardowy model obserwacji marginalizuje wszekie wirtualne aspekty potrzebne do stworzenia wersji rzeczywistości UR, podobnie jak patrzenie na drzewo może marginalizować istotne znaczenie korzeni.

Patrząc i doświadczając z punktu widzenia uzgodnionej rzeczywistości, siła ciszy jawi się jako nieintencjonalność, przypadek – obraz ze snu, coś, co łatwo się ignoruje.

Kraina snów. W fizyce teoretycznej siła ciszy pojawia się jako fala w przestrzeni urojonej. (Obliczenia funkcji falowej opisują ją w przestrzeni matematycznej nazywanej liczbami zespolonymi).

W doświadczeniach z krainy snów siła ciszy ujawnia się w postaci snów i obrazów w ciele obecnych przez dłuższy czas i składających się na nasz mit osobisty.

Esencja. Chociaż słowa nie oddadzą tego wymiaru, koncepcje dotyczące esencji oraz poczucie intencji kierującej wskazują na niedualne doświadczenia siły ciszy w rodzaju tendencji i flirtów.

Jak to już wcześniej omawiałem, Bohm wyobrażał sobie ten obszar pod postacią fali pilotującej. Esencja jest tłem psychologii (mit osobisty) oraz fizyki (funkcja falowa) i wszystkich obiektów UR. Jeśli zestawimy razem te różne koncepcje i obrazy, napotykamy następujący obraz:

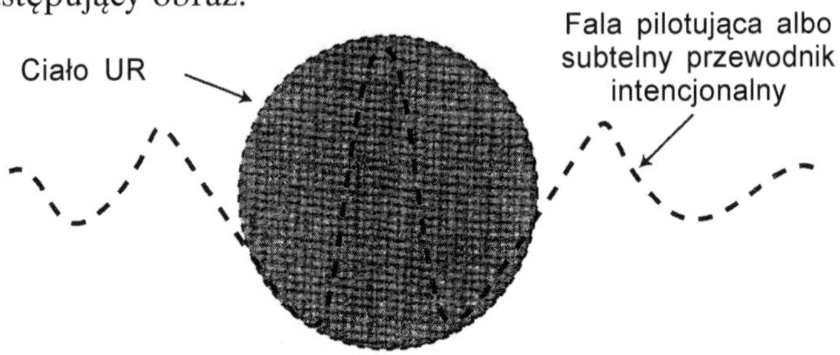

Rys. 8.1. Tożsamość UR wraz z kierującą falą pilotującą

Fale wodne, kwantowe i senne

Żeby zrozumieć, w jaki sposób fala pilotująca czy jakakolwiek fala złożona jest z wielu innych fal (i wielu światów), przypomnij sobie brzeg jeziora lub morza. Załóżmy, że przepływająca łódź zaburza naturalne fale na powierzchni wody. W pewnej chwili fala łodzi zostaje dodana do istniejących fal wody i tworzy nową falę będącą ich sumą.

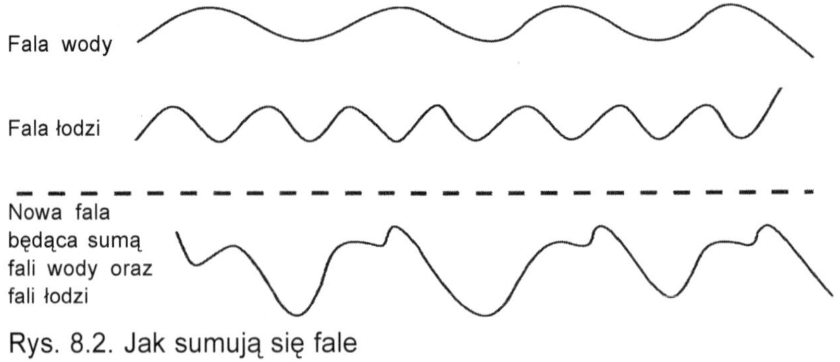

Rys. 8.2. Jak sumują się fale

Fale są cudowne![2] Nowa fala jest sumą fali wytworzonej przez łódź oraz fali istniejącej przed pojawieniem się łodzi[3]. Dla entuzjastów fal zachwycające jest to, że po przepłynięciu łodzi i zaniku wywołanych przez nią fal, woda wraca do niezmienionego, wcześniejszego wzorca! Innymi słowy, fale wody (i w ogóle fale) w dużym stopniu są od siebie niezależne, zwłaszcza w tak dużych zbiornikach jak ocean. Mieszają się z wpływem zewnętrznym, a później, kiedy ten przestaje działać, wracają do swojego wzorca. Każda fala jest dla siebie własnym światem.

Możemy skorzystać z cech fal i powiązać je z psychologią i fizyką. Jak już zauważyliśmy, cząsteczki oraz takie obiekty materialne, jak atomy, posiadają fale pilotujące lub kwantowe. W przypadku ludzi falą kwantową jest mit osobisty. Fala pilotująca albo kwantowa danego atomu może zostać rozdzielona na kolejne fale (subfale), które nie będą ze sobą interferować[4]. Każda z subfal reprezentuje sposób, w jaki atom może „wibrować". Analogicznie, nasze podstawowe wzorce lub mity osobiste składają się z subosobowości, które – podobnie jak fale – istnieją zwykle, nie interferując ze sobą. Każda z subosobowości jest wzorcem zachowania. (Mogę w nocy śnić o różnych subwzorcach lub elementach snów). Różne subosobowości albo fragmenty nocnego śnienia nie wchodzą zazwyczaj ze sobą w interakcję. W jednym ze stanów możemy być mądrą kobietą, a w innym rozgniewanym dzieckiem i oba stany w minimalnym stopniu będą wpływać na siebie wzajemnie! (To dlatego potrzebujemy pomocy terapeuty!).

---

[2] Zob. *Dodatek I*, gdzie szerzej omawiam teorię oraz doświadczenie fal w psychologii i fizyce, a także związki psychologii z biologią.

[3] Jest to tylko przybliżenie sposobu sumowania się fal dalekie od matematycznej precyzji.

[4] Więcej o atomach w *Dodatku II*.

Podobnie jak całościowa fala atomu stanowi sumę różnych specyficznych stanów atomowych, tak i my jesteśmy falą będącą efektem fal „licznych łodzi" na morzu. Możesz również uważać za „subfale" swoich licznych przyjaciół i wrogów, z których każdy znajduje się w innym świecie.

Ćwiczenie: Subosobowości i muzyka

Żeby zrozumieć, w jaki sposób możesz być sumą fal, a także żeby lepiej zrozumieć teorię fal, spróbuj wykonać następujący eksperyment:

1. Przypomnij sobie jeden sen – ostatni albo sprzed wielu lat. Niech będzie to tylko jeden sen z kilkoma obrazami.
2. Pomyśl o jednej z postaci ze snu – powiedzmy postaci A – i spróbuj wyrazić ten obraz prostym dźwiękiem i jakimś rytmem. Nie poświęcaj temu wiele czasu, po prostu pomyśl o figurze i wydaj z siebie dźwięk oraz dowolny, pasujący do tego rytm, który wyraża tę postać. (Być może zauważysz, że dźwięk i rytm podpowiadają ci możliwe znaczenie tej figury).
3. Następnie zrób to samo z postacią B. Wyraź obraz kolejnym prostym dźwiękiem i rytmem.
4. W końcu poeksperymentuj ze swoją kreatywnością i zestaw razem te dwa dźwięki-rytmy. Potrafisz to zrobić? Nowy dźwięk oraz rytm, jaki z tego wynika – nazwijmy go rytmem postaci C – reprezentuje pełniejszy obraz Ciebie niż pojedynczo postacie A lub B.

Dźwięki postaci A i B są substanami lub subosobowościami dźwięku C. Końcowy dźwięk może dać poczucie całościowego wzorca lub chwilowego dostępu do „fali pilotującej".[5]

[5] Osoby zainteresowane pracą ze snami zauważą, że kojarzenie dźwięków i rytmów z figurami ze snu jest „poczuciową" metodą pracy ze snami.

Suma wszystkich postaci z Twoich snów na przestrzeni życia jest w pewnym sensie falą pilotującą. Suma substanów jest bliska twojej całościowej naturze. Fale muzyczne są takie same (z punktu widzenia matematyki) jak fale wody czy fale kwantowe. Być może dlatego właśnie tacy fizycy, jak Einstein, Pauli i Feynman fascynowali się muzyką – jej dźwiękami, tonami i alikwotami[6].

Tony, alikwoty i fale

Zgadzam się z Richardem Feynmanem, że pomysł, iż dowolną falę można rozumieć jako sumę subfal[7], jest jednym z najbardziej zdumiewających faktów i teorii w nauce. Muzycy wiedzą o subfalach (lub tonach). Kiedy na przykład grany jest pojedynczy ton na fortepianie, to w rzeczywistości słyszymy jednocześnie kilka tonów naraz i nazywane są one *alikwotami.* Każda nuta fortepianu (albo gitary czy innego instrumentu) jest wypełniona kombinacją licznych tonacji. Alikwoty często są zbyt trudne do usłyszenia, chyba że jesteś wyszkolony muzycznie. Alikwot jest nikłym dźwiękiem, który brzmi wyżej (lub niżej) od zasadniczego tonu nadającej brzmienie strunie czy całościom wibracji powietrza.

Jeśli masz taką możliwość, szarpnij najniższą strunę E w gitarze. Kiedy szarpiesz tę strunę, to słyszysz podstawowy ton E. Kiedy jednak przyłożysz delikatnie palec pośrodku długości struny, to zauważysz, że struna nie wibruje już jako całość, ale zamiast tego wibruje po obu stronach Twego palca, zaś ton jest o oktawę wyższy. Szarpnij strunę E i przyłóż palec pośrodku struny, a usłyszysz E podniesione o oktawę!

Jeszcze bardziej fascynujące jest poniższe odkrycie (dokonane przez starożytnych Greków). Kiedy znowu zagrasz podstawo-

[6] Od tłumacza: angielski termin *overtone* wyraźniej oddaje sens tego słowa. Dosłownie można by przetłumaczyć *overtone* jako *nadton.*

[7] Jest to podstawa koncepcji Fouriera. Zobacz więcej w *Dodatku I.*

wy ton, możesz usłyszeć ton wyższy o oktawę będący częścią tonu podstawowego. Ten wyższy ton jest alikwotem (*overtonem*) tonu podstawowego. Odkryłeś, że *struna wibruje jednocześnie na kilka różnych sposobów*. Tak jak wszystkie struny i fale, tony, które słyszymy, są kombinacją innych tonów – fal lub alikwotów „nakładających się" na siebie, tak sumują się fale wody.

Alikwoty są zawsze obecne; aby je usłyszeć, trzeba tylko wyćwiczyć słuch. Jako przeciętny słuchacz potrafię usłyszeć jedynie podstawową wysokość dźwięku i dopiero kiedy się skoncentruję, mogę usłyszeć subtelniejsze alikwoty.

Poniżej narysowałem podstawowy ton oraz pierwszy alikwot. Istnieje więcej alikwotów o różnej długości fal, ale dla uproszczenia pomyślmy jedynie o głównym dźwięku zawierającym podstawowy ton, jak na przykład nuta E struny gitarowej, która zawiera w sobie zarówno ton E, jak i jego alikwot. Instrument grający nutę E w rodzaju fortepianu lub gitary wydaje pewną liczbę alikwotów. Nawet nie wiedząc o tym, stwierdzamy, że gitara bądź fortepian gra E, nieświadomie rejestrując poszczególne alikwoty, które wytwarza instrument.

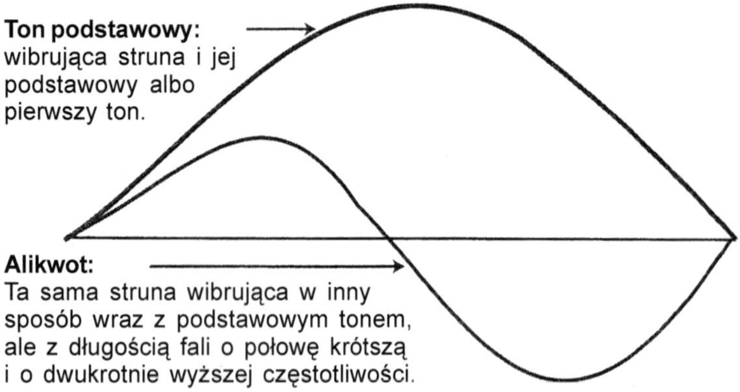

Rys. 8.3. Wibrująca struna oraz jej alikwoty

Chociaż natężenie tonu w różnych instrumentach może być takie samo, alikwoty mają różną siłę. Te różnice właśnie informują nas o tym, że słuchamy trąbki, a nie fortepianu czy głosu człowieka. Jednak dzięki natężeniu głównego tonu możemy stwierdzić, że wszystkie instrumenty grają tę samą nutę.

Fizycy oraz matematycy (a także uzdrowiciele z różnych tradycji) wiedzą o tym, że dźwięki wydawane przez ludzi i przedmioty są kombinacją podstawowych tonów i alikwotów!

Każda fala, każdy dźwięk (czy doświadczenie) zawiera w sobie inne fale i subfale, inne tony i subtony (albo alikwoty). Skupiając się na najoczywistrzych tonach lub częściach naszej natury, co zazwyczaj robimy, marginalizuje się subtony. Jeśli skupisz się tylko na jednym stanie ciała – na przykład zmuszając się do zrobienia czegoś – automatycznie dokonasz marginalizacji głębszych stanów świadomości potrzebnych do stworzenia większego *ja* oraz całościowego wzorca. Wybierając lub identyfikując się z jedną tylko częścią całościowej fali pilotującej, na przykład na „byciu dobrym", marginalizujesz resztę swojej natury i jej „subatomy".

Ćwiczenie: Tony jako ekspresja ciała

Pominięcie któregoś z substanów lub tonów sprawia, że czujesz się niedobrze lub jesteś niespełniony. Żeby zwiększyć świadomość codziennego *ja* oraz hiperprzestrzenni, w których żyjesz w danej chwili, zadaj sobie pytanie, jaki podstawowy ton odczuwasz? Jakie współistnieją z nim alikwoty?

Spróbuj wykonać następujące ćwiczenie, w którym zapraszam do tego, żebyś przedstawił odczucia ciała za pomocą dźwięków i tonów.

Odczucia w ciele, dźwięki i tony

- Kiedy będziesz gotowy, poczuj atmosferę w ciele i dookoła niego. Jaki ton najwyraźniej reprezentuje stan ciała w tej chwili? Czy jest on ostry, falujący, głęboki, łagodny, twardy? Wyraź dźwiękiem ten wewnętrzny stan. Nawet jeśli wydobywanie dźwięków budzi w Tobie nieśmiałość, niech ten ton zabrzmi teraz. Utrzymuj go na tyle długo, żeby usłyszeć prosty, wyraźny ton.

- Następnie wsłuchaj się w dźwięk i rozwiń w sobie fantazję, w której wkraczasz do świata tego dźwięku. Wyobraź sobie, że wraz z nim i fantazją rozwija się opowieść. Nie musi być to rozbudowana historia, po prostu krótkie opowiadanie. Czymkolwiek by było, opowiedz je. Jaki jest świat historii związanej z dźwiękiem?

Na przykład jeden z czytelników usłyszał pociąg i zobaczył samego siebie, jak dyszy niczym lokomotywa. Usłyszał też lokomotywę wydającą dźwięk *fu-fu*. W jego fantazji pociąg jechał na wschód, przekraczając granicę pomiędzy Rosją a Chinami.

- Kiedy poczujesz gotowość, podnieś ton usłyszanego dźwięku o jedną oktawę (albo o tyle, co w Twoim odczuciu jest oktawą). To będzie pierwszy alikwot. Zaśpiewaj go tak, abyś mógł usłyszeć. (Jeżeli nie dasz rady zaśpiewać oktawy wyżej, spróbuj oktawę poniżej pierwotnego dźwięku).
- Wsłuchaj się i wczuj w świat alikwotu. Jakie obrazy lub historie rozwijają się w jego obecności? Poczekaj na szybkie, migoczące idee, uchwyć je i opowiedz historię lub fantazję wiążącą się z tym alikwotem.
- Wykonaj ruch i zmień kształt; *poczuj*, jak to jest *być w* świecie alikwotu i w ramach fantazji spróbuj żyć w tym świecie. Zanotuj doświadczenia z nim związane. Czy jest on różny, czy też podobny do pierwszego świata?

- Żyjąc w równoległym świecie, zadaj sobie pytanie: jaki jest jego przekaz? Ponadto, w jaki sposób ten przekaz nadaje sens Twojemu zwyczajnemu, codziennemu życiu? W jaki sposób ta wiadomość mogłaby pomóc Ci w sytuacjach, nad którymi ostatnio pracujesz?

  Dla Czytelnika, o którym wspomniałem, dźwięk podniesiony o oktawę ponad *fu-fu* zabrzmiał jak piskliwy odgłos silnika rakietowego startującego w kosmos! Było to dla niego raczej irracjonalne doświadczenie i musiał popracować nad tym, żeby je zaakceptować. Następnie wyobraził sobie, że żyje w tym świecie, w kosmosie, i był to stan bardzo odmienny od pierwszego dźwięku sapiącej lokomotywy.

  Czytelnik powiedział, że przekazem dla niego było pozwolenie sobie na „płynięcie" zamiast poruszania się przez życie do przodu w pełen wysiłku, „lokomotywowy" sposób.

- Na koniec zapytaj siebie, czy i w jaki sposób dźwięk alikwotu oraz płynący z niego przekaz był obecny w pierwszym dźwięku – a co wcześniej nie zwróciło uwagi?

  Czytelnik skojarzył Chiny – miejsce, do którego zmierzał pociąg – ze starożytnymi Chinami, innym światem, gdzie w jego wyobraźni mieszkali taoiści, którzy „pływali" w nurcie życia.

Alikwoty wydają się być zazwyczaj odległymi, dziwnymi stanami świadomości. Zazwyczaj skupiamy się tylko na pierwszym, najlepiej znanym tonie i żyjemy tylko pewną częścią siebie. Jest to ta część, z którą się najbardziej utożsamiamy. Jednak, w porównaniu do hiperprzestrzeni naszych alikwotów, jest to jednostronny świat płaszczaków. W codziennym życiu potrzebujemy wprowadzać w życie nie tylko pierwszy, ale także drugi ton. Czujemy się najlepiej, gdy nie marginalizujemy naszych alikwotów.

Nasza esencja, podstawowa tendencja albo fala pilotująca stanowi sumę wszystkich subtonów. Siła śnienia jest sumą normalnego sposobu życia (określoną pierwszym, podstawowym tonem) i głębszych stanów śnienia. Kiedy połączy się wszystkie aspekty tych dwóch stanów, czujemy, że znajdujemy się na właściwej drodze, na ścieżce serca.

Marginalizując najgłębsze stany, dokonujemy „redukcji" funkcji naszej fali pilotującej, ograniczając się do osobowości o największym stopniu prawdopodobieństwa, do dominującego ładunku energii, z którym się identyfikujemy.

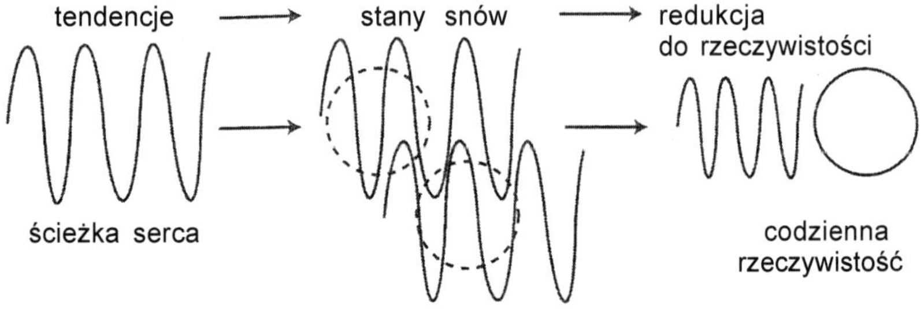

Rys. 8.4. Ilustracja sposobu, w jaki tendencje mogą stać się rzeczywistością

Ponieważ nasze wewnętrzne i zewnętrzne światy z krainy snów mają naturę falową i współistnieją jako przestrzenie i hiperprzestrzenie, możliwe są nieprawdopodobne rzeczy. Możesz na przykład śnić pewnej nocy, że siedzisz w kawiarni, a już w kolejnym fragmencie snu z tej samej nocy możesz być martwy! W pewien sposób stanowisz sumę istoty żywej oraz martwej. Twoja ścieżka serca jest sumą istnienia w postaci ożywionej i martwej. Jeśli jednak zmarginalizujesz poczucie bycia nieżywym w codziennej rzeczywistości, prawdopodobnie będzie Cię trapić zmęczenie i w pewien sposób będziesz czuć się „martwym". Zamiast tego mógłbyś poczuć się „martwym" w takim sensie, że zdystansowałbyś się wobec zwyczajnej tożsamości w codziennym życiu.

W każdym razie bycie żywym i martwym w tym samym czasie może być Twoją ścieżką serca dla tego dnia. Przypominam sobie Patanjalego, mitycznego twórcę indyjskiej jogi, który wiele stuleci temu mówił, że celem jogi jest być martwym za życia.

Światy równoległe i ścieżka serca

Pod koniec lat pięćdziesiątych ubiegłego wieku Hugh Everett zastosował w fizyce paradygmat wielu światów jako interpretację równania funkcji falowej Schroedingera. Everett stwierdził, że fale są sumą innych fal, odrębnymi stanami będącymi światami, a właściwie światami równoległymi[8]. Jego zdaniem za każdym razem, gdy widzimy jakiś obiekt (w rzeczywistości uzgodnionej), obserwujemy jeden z jego licznych, możliwych stanów. Pozostałe stany są również obecne. Są także inne światy, tylko ich nie widzimy, ponieważ są równoległe do świata, w którym się znajdujemy w chwili dokonywania obserwacji.

Jest to inerpretacja radykalna, jednak teoria wielu światów została zaakceptowana po części dlatego, że tak znani fizycy, jak Richard Feynmann, Murray Gell-Mann oraz Stephen Weinberg, nauczyciel Everetta, zgodzili się z jego podejściem. Każdy oddzielny stan kwantowy danego systemu jest potencjalnym, równoległym światem.

Uogólniając to podejście, „świat" jest procesem lub zbiorem procesów we wzajemnej interakcji, które w zasadzie nie oddziałują z innymi procesami w superpozycji – czyli z tymi, które składają się na całość fali. Korzystając z przytoczonego przykładu, w jednym świecie można być żywym, zaś w innym, równoległym, jest się mar-

[8] Zob.: *Dodatek II* „Wiele światów", gdzie jest więcej o Everettcie. Omówienie prac Everetta znajduje się także w książce Alana Wolfa „Taking the Quantum Leap".

twym. Oba światy istnieją równocześnie. Czasami światy określa się w fizyce wszechświatami.

Psychologiczną analogią do światów równoległych są różne obrazy senne oraz nastroje. Pewnej nocy śnisz, że jesteś żywy, a później, że nie żyjesz. Te dwa „światy" są względnie rozdzielone. Kiedy śniło ci się, że żyjesz, nie pamiętałeś snu, w którym byłeś martwy. Ponadto świat, w którym zobaczyłeś siebie jako nieżywego, był w pewnym stopniu oddzielony od świata pierwszego snu. Po przebudzeniu Twój nastrój, stan albo wszechświat jest w rzeczywistości kombinacją (lub symboliczną superpozycją) różnych światów.

Tak jak dowolny stan umysłu (lub stan fragmentu materii) można rozpatrywać jako sumę wielu stanów, wszechświat także można uznać za składający się „ze wszystkiego, co może istnieć" – używając słów Michio Kaku[9]. Podobnie też wszystkie możliwe stany danego obiektu czy osoby są obecne w dowolnej chwili, aczkolwiek to, co ostatecznie widzimy, jest sumą tego, czego prawdopodobieństwo wystąpienia w danej chwili jest największe.

Kosmolog Stephen Hawking dokonał swego rodzaju wielkiego przeskoku kwantowego w sposobie myślenia o świecie i wszechświecie. Założył, że wszechświat jest również obiektem i zaproponował potraktowanie go jako obiektu kwantowego[10]. Zamiast stosować mechanikę kwantową wyłącznie do małych cząsteczek, założył, że mogłaby ona znaleźć zastosowanie w przypadku największej z cząsteczek – całego wszechświata.

Próbując wyobrazić sobie, co działo się w chwili narodzin wszechświata, Hawking zaproponował istnienie fali pilotującej, która

[9] Michio Kaku mógł na przykład dojść do tego wniosku następująco: Każdy stan kwantowy bądź proces cechuje się falami, które współistnieją w tym samym czasie, dodając się i odejmując w trakcie przejścia, ale nie zaburzając natury innych fal.

[10] Idee Hawkinga szerzej omawiam w „Quantum Mind".

– podobnie jak dowolna inna fala – jest sumą wielu innych fal, czyli innych światów i wszechświatów! Podobnie jak rysunek „Jak sumują się fale", kolejny diagram przedstawia falę wszechświata będącą sumą wielu innych wszechświatów, które oddziałują na całość fali i zobrazowane zostały w postaci mniejszych wybrzuszeń albo wzniesień.

Duża wypukłość po lewej stronie reprezentuje wszechświat, w którym żyjemy, zdaniem fizyków – najbardziej prawdopodobny. Jednak mniejsze wzniesienia po prawej stronie są innymi prawdopodobnymi funkcjami falowymi lub wszechświatami.

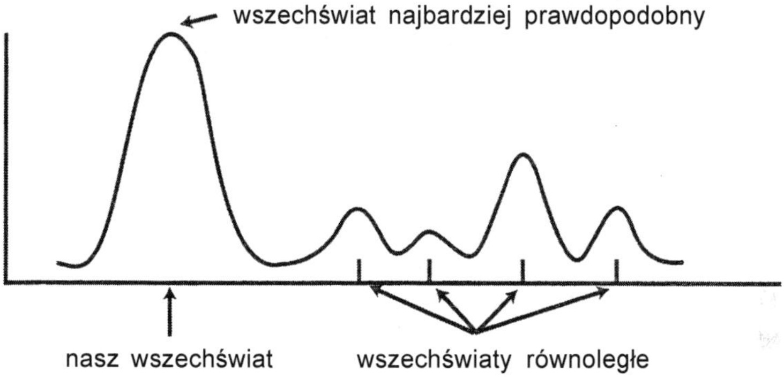

Rys. 8.5. Funkcja falowa wszechświata (adaptacja rysunku ze strony internetowej Michio Kaku (zobacz www.mkaku.org)

Jakkolwiek powyższe idee Hawkinga są dyskutowane przez społeczność naukową, to – moim zdaniem – ten sposób myślenia jest bardzo zbliżony do podejścia zorientowanego na proces.

Każdy z nas jest swego rodzaju wszechświatem o wielu względnie niezależnych subwszechświatach. W jednym z wszechświatów możesz być muzułmańskim Afgańczykiem, zaś w innym europejskim chrześcijaninem lub wyznawać judaizm; jeszcze w innym możesz być australijskim aborygenem. W jeszcze innym wszechświecie możesz być ptakiem fruwającym w powietrzu. Każdy z tych wszechświatów składa się na całość Twojego życia.

W kolejnym rozdziale omówię sposób, w jaki aborygeńskie ludy Australii korzystały ze światów równoległych, zwanych liniami pieśni, na tysiące lat przed tym, jak podobna myśl zdołała zaświtać w umysłach fizyków. Koncepcja kwantowej fali pilotującej, która „leży u podstaw" danego obiektu albo całego wszechświata, jest nową wersją subtelnych odczuć i wewnętrznej wiedzy, którą ci ludzie wykorzystywali w codziennym życiu.

Według aborygeńskich systemów przekonań, ze względu na to, że świat został stworzony za pomocą pieśni, w nieznanym terenie możemy odnaleźć drogę, wyczuwając pieśni tego obszaru. Kiedy nie mamy kontaktu ze swoim wnętrzem, z osobami, które kochamy lub społecznością, możemy postąpić wzorem naszych przodków – i wykorzystać pieśni, tony oraz alikwoty, aby odzyskać poczucie równowagi.

Te pieśni – wszystkie dźwięki w danej chwili – są wskazówkami na drodze życia. Przypomnij sobie wewnętrzny dźwięk, powtórz go właśnie teraz, a następnie podnieś go o oktawę. Następnie połącz pierwszy dźwięk z jego alikwotem, a doświadczysz magicznego sposobu nawiązywania kontaktu ze swoim światem. Spróbuj tego teraz; znajdź ścieżkę serca. Owa ścieżka jest odpowiednią dla danej chwili mapą pomagającą poruszać się w świecie, w którym żyjesz.

ROZDZIAŁ 9.

Kąpiel koherencji jako medycyna kwantowa

Jeśli spojrzeć w głąb siebie, to mamy do czynienia nie tylko z dwoma światami, ale z niewyrażalną liczbą światów. Można to rozumieć w taki sposób, że ktoś żyje tylko w świecie zewnętrznym, podczas gdy druga osoba w dwóch światach, zaś trzecia może żyć w wielu światach jednocześnie... Gdyby zapytać, gdzie się znajdują te światy, czy w niebie, czy pod ziemią, to odpowiedź brzmiałaby: „Wszystkie światy są tam, gdzie my jesteśmy".[1]

Iniyat Khan, sufijski mistyk żyjący w Indiach i Persji na początku XX w.

[1] „Message of Hazrat Inayat Kahn: Music" (vol. II, rozdz. 3). Zobacz także www.sacramusica.org/elfrm.htm. Podziękowania dla Amy Mindell za wskazanie źródła.

W jednym z artykułów w „Scientific American" można przeczytać, że alikwoty odgrywają znaczącą rolę w życiu wielu społeczności[2]. Śpiewanie alikwotów jest formą wokalnej ekspresji znanej od początków dziejów ludzkości. W dzisiejszych czasach ludy Bliskiego Wschodu, Zachodniej Azji, Tybetu, Mongolii, Syberii, jak również pierwsze narody zamieszkujące południową i północną Amerykę nadal korzystają z alikwotów, stosując je w celach leczniczych.

Zgodnie z odkryciami naukowymi i duchowością aborygenów, linie pieśni kierują wszechświatem. Siła dźwięku w mitologii australijskich aborygenów wywodzi się z przekonania, że w Epoce Snu mityczne postaci stworzyły Ziemię, żywe istoty, kulturę, zwyczaje i prawa. Według Bruce'a Chatwina, owe mityczne postaci „owinęły cały świat siecią pieśni"[3]. Jak wyjaśnia: „Ziemia istniała najpierw jako koncepcja w umyśle i uzyskała formę dzięki śpiewaniu"[4]. Możemy stwierdzić, że ciało będące, ogólnie rzecz biorąc, częścią Ziemi, również posiada linie pieśni. Według aborygenów wibracyjna pieśń danego obiektu musi zostać rozpoznana i „zaśpiewana", zanim ten obiekt będzie mógł przybrać żywą formę. Nie tylko obiekty, ale całe krajobrazy są zorganizowane przez linie pieśni. Te niekonsensualne ścieżki linii pieśni (zwane *Yiri* w języku Walpiri) zostały stworzone przez mitycznych aborygeńskich przod-

---

[2] Prawdopodobnie najbardziej znanymi śpiewakami wykorzystującymi alikwoty są Tuwiańczycy. Ich muzyka wiąże się z pradawną tradycją animizmu, według którego obiekty i zjawiska występujące w przyrodzie posiadają duszę i są siedzibą duchów. Według Tuwiańczyków góry i rzeki manifestują się nie tylko w formie fizycznego kształtu i lokalizacji, ale także w postaci wytwarzanych przez nie dźwięków. Ludzie zamieszkujący starożytne Indie wierzyli, że Ziemia została stworzona przez tajemny dźwięk OM. Zobacz: Theodore Levin i Michael Edgerton, „Throat Singers of Tuva" w *Scientific American*.

[3] Bruce Chatwin, „The Song-Lines". Harmonswordth, Anglia. wyd. Penguin Books, 1988, s. 82.

[4] Ibidem, ss. 16–17.

ków. Kiedy ci powstali z ciemności Ziemi, stworzyli „góry, doliny, morza – i śpiewając w ten sposób, powołali świat do istnienia".[5]

Żeby komunikować się ze sobą, oddalone grupy aborygenów korzystały z linii pieśni lub szlaków śnienia. Aborygeni wierzą, że świat rzeczywisty istnieje tylko wtedy, kiedy może zostać zobaczony i zaśpiewany. Aborygeńskie słowo określające *kraj* oznacza *linię*. Zarówno obiekt (lub) kraj oraz jego linia pieśni kreują rzeczywistość.

Linie pieśni są rodzajem formuł lub praw życia. O ile współcześni fizycy wyrażają takie prawa w kategoriach matematyki, aborygeni wyrażali prawa w postaci dźwięków, opowieści i obrazów. Na załączonym obrazie (aborygeńskiej artystki Lorny Inkamany) dostrzeżecie rodzaj pola fali kwantowej danego obszaru. Zwróćcie uwagę na węża, który jest uważany za strażnika danego obszaru ziemi. Linie pieśni opisują wibracje życia, pilotującą informację niesioną przez fale kwantowe wszechświata, które znajdują się poza naszą egzystencją.

Przebywanie z australijskimi aborygenami dało mi poczucie, że pieśni danej grupy opisują fale pilotujące nie tylko ziemi, na której mieszkamy, ale także organizacje, miasta i społeczności, głębokie i pełne kolorów rzeczywistości, połączone z poczuciem „bycia w domu" i wzajemnego zrozumienia.

Realizując potencjalne fizyczne i psychologiczne efekty działania muzyki, australisjcy aborygeni słuchali i „kąpali" się w dźwiękach, tworząc „łaźnię didgeridoo". W tym rytuale uzdrowiciel „wdmuchuje" w ciało dźwięki i wibracje pochodzące z instrumentu muzycznego, co poprawia samopoczucie.

[5] Zobacz: www.nanou.com.au/song-lines/ Te historie opowiadają ceremonialne pieśni. Udziałem przodków były liczne przygody, podczas których ustanawiano prawa i metody polowania. Pieśni, opowieści oraz malowidła splatają się ze sobą. Ziemia została dosłownie „wyśpiewana" do istnienia.

Rys. 9.1. Śnienie Węża. Jest to obraz Lorny Inkamany. W okolicy, gdzie mieszka Lorna, znane są liczne opowieści o śnieniu węża. Węże pilnują zbiorników z wodą, chroniąc je przed zanieczyszczeniem[6]

W poprzednim rozdziale, ucząc się słuchania dźwięków, tonów i alikwotów w ciele, mogłeś zauważyć poczucie dobrostanu związanego z muzyką. Kiedy zanurzasz się w pole własnych wibracji, to czujesz się „jak w domu". Być może odkryłeś, jak zwiększona lub przejrzysta świadomość uczyniła Cię bardzo koherentnym, bardziej związanym z szerszą ścieżką. Linie pieśni lub ich fizyczne odpowiedniki w rodzaju fal pilotujących mogą być doświadczane w ciele pod postacią alikwotów.

[6] Nabyłem ten obraz, korzystając ze strony www.nanou.com.au/song-lines/.

Uzdrawiające działanie alikwotów

Współczesny uzdrowiciel lub lekarka zazwyczaj nie zdają sobie sprawy z tego, że wraz ze swoim pacjentem są zanurzeni w morzu cudów, w polu snów, na które oddziałuje siła ciszy. Zbadajmy to pole w następującym ćwiczeniu, które może ujawnić dźwięki, „prawa" oraz wirtualne wzorce i światy zawarte w symptomach.[7]

Alikwoty w pracy z symptomami

- *Wybierz symptom.* Kiedy będziesz gotowy, pomyśl o symptomach cielesnych, które obserwujesz teraz lub które miałeś w przeszłości. Wybierz jeden z symptomów chronicznych, na którym chciałbyś się skupić. Jeśli masz więcej niż jeden, to wybierz taki, który sprawia Ci najwięcej kłopotu. Jeśli obecnie nie masz żadnych objawów, przypomnij sobie jakiś symptom z przeszłości. Może to być ten, nad którym już pracowałeś, lub inny.

- *Skup się i poczuj ten symptom.* Poczuj lub przypomnij sobie związane z nim odczucia. Opisz je sobie lub osobie, która pomaga Ci w ćwiczeniu.

  Jedna z czytelniczek postanowiła skupić się na migrenowym bólu głowy.

- *Wykonaj rękami ruchy, które wyrażają odczucia ciała.* Kiedy poczujesz, że wyrażasz jakiś aspekt symptomu, zaśpiewaj na głos ton,

[7] Idea tego ćwiczenia narodziła się po spotkaniu z naukowcami z rządowych laboratoriów Los Alamos w Santa Fe, w stanie Nowy Meksyk. Byli bardzo zaciekawieni sposobem, w jaki wiążemy fizykę kwantową z ciałem i wyrazili pogląd, że nasze podejście wyprzedza stan badań o jakieś 15–20 lat. Ich zdaniem nasze interwencje oddziałują na nanochemię ciała. Więcej o nanonauce w medycynie – zobacz w: Freitas, „Nanomedicine".

który odpowiada temu ruchowi. Bądź cierpliwy, może trzeba będzie wykonać kilka ruchów i spróbować kilku dźwięków, zanim odnajdzie się ten właściwy.

- *Znajdź swoją drogę do równoległego świata dźwięku i ruchu.* Polega to na tym, żeby zauważyć uczucia, obrazy oraz idee, które pojawiają się w powiązaniu z tym dźwiękiem i ruchem. Zaufaj im i niech Cię poprowadzą w fantazji, w której odkryty ruch i dźwięk grają istotną rolę. Fantazja może mieć dowolną długość.

- *Wypróbuj zmianę kształtu.* Przywołaj kreatywną część – bądź dzieckiem, szamanem i wkrocz do świata tej fantazji. Zbadaj, jak to jest czuć się i poruszać w tym świecie, dopóki nie odczujesz jego przekazu. Zapamiętaj, zapisz lub opowiedz tę fantazję (opowieść) oraz doświadczenie, wykonując ruch i wyrażając dźwięki. Niech Twój umysł będzie twórczy, zapisuj tę opowieść, w miarę jak się rozwija. Niech zadziała wyobraźnia. Jak przychodzi do Ciebie opowieść, gdy słyszysz ten ton?

Czytelniczka z migreną wykonywała ręką ruchy stukania i wyobraziła sobie dzwonniczkę, która budzi ludzi z jej miasteczka, otwierając im oczy na nowe wydarzenia.

- *Następnie wyraź kolejny dźwięk, alikwot pierwszego tonu.* Zrób to, podnosząc pierwszy ton o wysokość oktawy – bez względu na to, co rozumiesz przez pojęcie oktawy. Jeśli podniesienie tonu o oktawę jest zbyt trudne, to obniż ton o oktawę. Zalecam próbę podniesienia dźwięku, jeśli jednak nie jest to łatwe, to obniż ton.

- *Niech alikwot sam się wyrazi.* Wykonuj ruchy ręką dostosowane do tego dźwięku i staraj się zauważyć migoczące obrazy oraz idee, które pojawiają się, kiedy słyszysz alikwot. Niech wraz z obrazami

tego tonu rozwinie się opowieść. Nie wysilaj się, po prostu niech opowieść „wpadnie" Ci do głowy. Co to za opowieść?
Kobieta z migrenowym bólem głowy usłyszała piskliwy alarm, który ostrzegał ludzi w miasteczku o niebezpieczeństwie – nadchodziło trzęsienie ziemi! Ludzie powinni przenieść się na nowy teren, w góry, gdzie nie występowały wstrząsy.

- *Postaraj się usłyszeć oba tony naraz*, w chwili, gdy masz już dwa tony i dwie opowieści. To może być bardzo twórcza chwila. Najpierw postaraj się usłyszeć tony i opowieści jednocześnie. Jeśli możesz nagrać swój głos, zrób tak, śpiewając obie pieśni do mikrofonu. Możesz także śpiewać po cichu obie pieśni. Zacznij od śpiewania jednego tonu, później drugiego, jeden po drugim.

Spokojnie poczekaj na chwilę, w której umysł połączy te dwa równoległe światy. Jeśli wykażesz cierpliwość i nie będziesz się spieszyć, to nałożenie się obydwu tonów i opowieści zajdzie spontanicznie. Czasami będzie dominowała jedna z pieśni, czasem druga. Słysząc pierwszą i drugą, możesz zauważyć, że tworzysz całkiem nowy, trzeci dźwięk, a wraz z nim kolejną opowieść. Poczekaj, aż to się wydarzy i niech ten trzeci element będący rozwiązaniem wyrazi się jako bajka lub dźwięk. Zapytaj samego siebie o znaczenie tej opowieści i dźwięku.

Doświadczenie będące efektem nakładania się pieśni może być bardzo irracjonalne i nieoczekiwane.. Zaufaj swojemu ruchowi i procesowi fantazji w chwili, gdy dźwięki i opowieści samodzielnie schodzą się razem. Cierpliwie czekaj, aż to się wydarzy.

Dzwonniczka usłyszała alarm i wyraźnie zrozumiała przekaz: Nadszedł czas, żeby wyruszyć na poszukiwanie większej wyrazistości i niezależności! (Po tym doświadczeniu kobieta zrezygnowała z pracy doradcy biznesowego, a migrenowe bóle głowy także ją opuściły).

- *Teraz stwórz kąpiel dźwiękiem.* Nagraj końcowy dźwięk lub kombinację obu dźwięków, cokolwiek się pojawiło. Nagraj dźwięki i niech Twój przyjaciel albo magnetofon zagra lub „wdmucha" ten dźwięk w Ciebie, albo zaśpiewa „pieśń" tej części ciała, w której znajduje się symptom. Jeżeli choruje całe ciało, to poddaj „kąpieli" pieśnią całe ciało.

  Chodzi o to, żeby wokół, a zwłaszcza w okolicy symptomu ciała wytworzyć wibracyjny świat znaczenia. Kiedy dźwięk jest grany lub „wdmuchiwany" do ciała, pojawiają się czasem niezwykłe doznania. Zauważ, czego wówczas doświadczasz. Być może odczuwasz głód tego dźwięku.

- *Powtórz kąpiel pieśnią.* Jeszcze raz wdmuchaj to, co stało się wynikiem ćwiczenia (doświadczenia) w tę cześć ciała, gdzie znajduje się (lub znajdował się) symptom. Niech dźwięk będzie skierowany dokładnie w tę część albo obszar ciała (lub całe ciało). Wdmuchuj z powrotem te wibracje i obserwuj efekty w okolicy symptomu.

- *Zadaj sobie pytanie; co odkryłeś lub dowiedziałeś się o sobie oraz o swoim symptomie, wykonując to ćwiczenie?* Czy zauważyłeś, w jaki sposób Twoje ciało było kombinacją równoległych światów, o których niewiele wiedziałeś? Czy możesz powiedzieć, jak drugi dźwięk zawarty był w pierwszym? (Wyraź pierwszy dźwięk i spróbuj usłyszeć „wewnątrz" niego drugi).

- *Niech ten dźwięk towarzyszy Ci w codziennym życiu.* Cokolwiek stanie się Twoim doświadczeniem, „kąp się" w dźwięku i żyj nim, aż Twe ciało poczuje się „zrozumiane". Czyniąc tak, jesteś „dostrojony" lub też znajdujesz się na tej samej „długości fal", co Twoja najgłębsza istota.

- *W dzienniku ze snami zapisz swoją opowieść;* będzie Ci ona pomagać w zrozumieniu snów. No i opowiadaj ludziom tę historię; być może jest to część Twego mitu osobistego.

- *Jak wykorzystasz te odkrycia, Twoje pieśni w najbliższej przyszłości?* Czy jesteś w stanie sobie wyobrazić jak mogą one na Ciebie wpłynąć lub poruszyć Tobą na przykład w obszarze związków, w pracy lub w społeczności, której jesteś częścią?

Kobieta cierpiąca na bóle głowy postanowiła zostać „dzwonniczką" budzącą ludzi wokół siebie. W końcu została znaczącą postacią liczącą się w polityce swego kraju.

- *Opisz, co mogło być „uzdrawiającego" w tym doświadczeniu.*

Czytelniczka powiedziała, że uzdrawiającym czynnikiem było odczucie, że w jej problemach związanych z ciałem znajdowała się „wibracja, która przetransformowała mnie w prawdziwe *ja*".

Pieśń i opowieść niosą wskazówki mówiące o tym, jak troszczyć się o ciało. Być może odkryłeś jeden lub kilka z poniższych punktów:

- Światy równoległe posiadają różne atmosfery, historie, a nawet „zasady".
- Wnoszenie świadomości do światów równoległych daje różnym częściom ciała możliwość wzajemnego poznania się.
- W podstawowych tonach znajdują się ukryte alikwoty symptomów, które niosą rozwiązanie problemów codziennego życia niebędące bezpośrednim aspektem pracy z symptomem.
- Symptomy cielesne są patologiczne wyłącznie z perspektywy UR. Z punktu widzenia krainy snów odzwierciedlają znany świat oraz nowe światy równoległe.

- Z perspektywy krainy snów symptomy są niewyśpiewanymi pieśniami. Żaden z procesów cielesnych nie jest „zły". Choroba jest po prostu walizeczką z nierozpakowanymi prezentami muzycznymi. Symptomy nie są wyłącznie częścią chorego ciała, ale grupą światów równoległych czekających na „wyśpiewanie".

Crossover stanu kwantowego

Związek z równoległymi światami może przynieść ulgę przy problemach z symptomami. Z kolei ignorowanie lub pomniejszanie wagi doświadczeń ze świata równoległego sprawia, że czujesz się nieswojo, a Twoje ciało jest poirytowane, gdyż ignorujesz część swojej ścieżki, część kierującej fali. Jeśli jesteś podekscytowany, ale zachowujesz się spokojnie, to czujesz zdenerwowanie. Jeśli jesteś zmęczony, lecz działasz energicznie, odczuwasz trudności. Każdy pominięty niuans doświadczany jest jako symptom lub jego część. Z drugiej strony – jeśli żyjesz świadomie i akceptujesz wszystkie swoje światy, ciało czuje ukojenie.

Naukowcy odkryli, że nie tylko ludzie, ale również rośliny lepiej rosną, gdy gra się im odpowiednią muzykę. Tompkins i Bird w pozycji „Secret Life of Plants" piszą, że rośliny najwyraźniej lubią muzykę Schuberta, Bacha i Beethovena. Z kolei gdy zagrać im muzykę rockową, to rosną w przeciwnym kierunku, „odsuwając się" od źródła dźwięku[8]. Kiedy z głośnika płynęła muzyka Raviego Shankara, rośliny rosły poziomo w kierunku głośników.

Doświadczenie związku umysłu z ciałem, które pojawia się podczas słuchania lub odczuwania dźwięków symptomów, nazywam „crossoverem stanu kwantowego". Nakładanie się bądź crossover

[8] Peter Tompkins i Christopher Bird, „The Secret Life of Plants", Harper and Collins, New York, 1989.

zachodzi pomiędzy psychologią a biologią, pomiędzy psychologicznym znaczeniem dźwięków a biofizyką naszych symptomów. Crossover pojawia się z powodu jedności lub z uwagi na podobieństwo wzorców odnajdywanych w obu światach. Zjawisko crossoveru wskazuje na istnienie jakiegoś pojedynczego świata, świata esencji pomiędzy paralelnymi doświadczeniami, które występują na poziomach określanych przez nas mianem psychologii, fizyki i medycyny.

Aborygeńskie przekonania dotyczące muzyki w powiązaniu z doświadczeniem alikwotów może dać odczucie tego, co znaczy *ciało subatomowe* oraz *biologia życia*. Niemierzalne fale kwantowe są analogiczne do wibracyjnych linii pieśni, które wzruszają nas, przybierając formy dźwięków i nastrojów, pieśni czy mitów.

Koherencja fali pilotującej

Hipoteza crossoveru stanu kwantowego przywodzi na myśl koherencję – lub nawet odpowiedniość – pomiędzy odmiennymi stanami świadomości a kwantowymi substanami fali pilotującej. Tony, które z siebie wydawałeś, aby opisać symptom, reprezentują doświadczenie, którego nie da się zmierzyć (przynajmniej obecnie) w uzgodnionej rzeczywistości. Owe tony odsłaniają tendencje Twojego ciała. Korzystam z terminu „tendencje ciała" w podobnym znaczeniu do tendencji kwantowych. Oba terminy opisują tę samą rzecz na swój sposób i we własnym kontekście. Tak więc subatomowe stany ciała lub jego fale kwantowe są fizycznymi terminami, które terapeuta mógłby określić jako subosobowości, alikwoty, elementy snu itd. Można powiedzieć, że w taki sposób obszary fizyki, psychologii i biologii krzyżują się (ang. *cross over*).

Ignorując lub marginalizując różnorodne tendencje, tony i alikwoty, tracimy „synchronię" z samymi sobą, co odczuwamy w postaci chorób lub trudności, utraty orientacji, a nawet depresji.

Przeciwieństwem marginalizacji jest przejrzysta świadomość oraz „dostrojenie się" do różnych substanów i podążanie za nimi. W rzeczywistości takie „dostrojenie się" i synchronizacja są nazywane „uzdrawianiem".

Chciałbym przez chwilę skupić się na ogólnym znaczeniu słowa „uzdrawianie". Odnosi się ono do *koherencji* pomiędzy świadomością a doświadczanymi stanami. *Koherencja* to przynajmniej krótkoterminowa ścisła odpowiedniość (izomorfizm) pomiędzy elementami różnych systemów, które mają identyczną lub podobną formę, kształt albo strukturę. Analogia bądź podobieństwo jest izomorficzne w sytuacji, gdy w jednym systemie dzieje się to samo, co w drugim.

Na przykład: jeśli mapa miasta jest dokładna, to jest koherentna z miastem. Każdy punkt na mapie odpowiada punktowi miasta. Jeśli jakieś punkty na mapie, na przykład ulice Broadway i Main, nie odpowiadają dokładnie temu samemu punktowi w mieście, to gubisz się, tracisz „synchronię" z miastem.

Sugerowałem, że odmienne stany świadomości oraz stany subatomowe są koherentne. Mam nadzieję, że przy wykonywaniu ćwiczenia doświadczyłeś czegoś związanego z koherencją pomiędzy mapą Twojego życia a ciałem: najlepiej czujesz się wówczas, gdy Twój umysł jest koherentny a zarazem zróżnicowany, tak jak spektrum obrazów i dźwięków tęczowego ciała.

Kiedy mapa „terytorium", przez które zmierzasz, nie jest z nim koherentna, tracisz orientację w życiu i czujesz się zagubiony. W takich sytuacjach skorzystaj ze świadomości i „mapy" tworzonej przez symptomy. Będzie to pomocne w „synchronizacji" z ciałem oraz życiem.

Taka mapa świata stanowi analogię do świadomości wewnętrznych wzorców. Jeśli mapa, z której korzystasz, ignoruje pewne regiony świata, to te obszary zwrócą na siebie uwagę, wywołując bunt. Jeśli Twoja mapa jest niekompletna, ciało powiadomi Cię o tym!

Spróbuj. Kiedy poczujesz się ociężale, otwórz walizeczkę; rozłóż mapę, czyli tony i alikwoty ciała. Bądź bardziej koherentny. Wnieś te dźwięki w codzienne życie, niech stanie się bogatsze i bardziej interesujące!

Wówczas możesz doświadczyć uzdrawiania jako kąpieli w wiedzy, w falach, które nas prowadzą. Zapamiętaj tę mądrość, te fale ukryte w symptomach. Dźwięki i alikwoty łagodzą objawy dzięki zsynchronizowaniu ich z naszą najgłębszą istotą. To doświadczenie synchronizacji nazywam „crossoverem stanu kwantowego". Jest to połączenie psychologii z biologią, znaczeniem dźwięku i z biofizyką Twojego ciała.

Część II

MEDYCYNA NIELOKALNA: ŚWIAT W SYMPTOMACH

„Medycyna nielokalna” zajmuje się związkami pomiędzy symptomami i problemami świata.

ROZDZIAŁ 10.

W jaki sposób społeczeństwo wpływa na ciało?

Niezwykłość tej sytuacji [możliwość przewidywania tylko prawdopodobieństwa, a nie stanu faktycznego]... Einstein określał stwierdzeniem, że funkcja falowa to „pole duchów".

Robert Nadeau i Menas Kafatos

W kategoriach naszego codziennego *ja*, żyjemy i pracujemy sami lub razem z innymi w ramach naszych społeczności. Jednak w obrazach pochodzących z krainy snów żyjemy w swego rodzaju „polu duchów", czyli w sieci albo mieszance prawdziwych ludzi oraz tego, co nazywam „duchami społeczności" tworzącej organizacje. Dla śniącego umysłu tak zwana organizacja nie jest wyłącznie zlepkiem ludzi, zabudowań i problemów; jest to także nierozwiązywalna mikstura niemal niewyobrażalnych duchów, które dbają, nie mają respektu, nauczają i nawiedzają się wzajemnie.

Z punktu widzenia esencji społeczeństwo składające się z ludzi oraz duchów z krainy snów jest trudne do wyobrażenia i zasadniczo może być odczuwalne bardziej w postaci mocy kierowanej siłą ciszy. Jedną z możliwych, pochodzącą z krainy snów wersją grupowej esencji możesz dostrzec, wyobrażając sobie, że jesteś rybą pływającą w kwantowym morzu wirtualnych fal znajdujących się „pod" albo „poniżej" UR ludzi i światów. Jako ryba pływająca w tej esencji, poruszając się, wytwarzasz dookoła siebie fale i jednocześnie wpływają na Ciebie i poruszają Tobą fale innych ryb pływających w morzu. Te fale formują oraz „informują" nas, podobnie jak każdy wykonywany przez nas ruch jest odczuwany przez wszystkie ryby.

W pierwszej części książki zobaczyliśmy, jak morze – czyli pole intencjonalne – wyraża się w tym, co nazwaliśmy „tendencjami" skierowanymi w określone strony. Owe tendencje – podobnie jak fale kwantowe, teoretycznie je opisujące są głównym punktem, w którym krzyżuje się psychologia i fizyka. Rozwinięcie tych tendencji w obrazy i opowieści tworzy światy równoległe, hiperprzestrzenie i wirtualne spektrum doświadczenia. W poprzednim rozdziale wprowadziłem ideę „crossoveru stanu kwantowego", która bazuje na podobieństwie formy doświadczeń rytmicznych dźwięków odmiennych stanów świadomości i fal kwantowych. Zobaczyliśmy, jak świadomość wibracji symptomów sprawia, że jesteśmy bardziej koherentni oraz że posiada potencjalne skutki lecznicze. Z punktu widzenia medycyny tęczowej ciało jest nie tylko Newtonowskim obiektem z krwi i kości, lecz także tęczą; obejmuje spektrum doświadczeń dających się opisać jako dźwięki i tony. Symptomy z tęczowego punktu widzenia nie są po prostu problemami, ale wskaźnikami ukierunkowującymi świadomość na te części spektrum, które pragną być zauważone.

W części II badamy nielokalne aspekty tęczowej medycyny, wiążąc doświadczanie symptomów z problemami w związkach, społeczeństwie i świecie. Moim celem jest unaocznienie podstawowej zasady:

Nielokalne wzorce pragną realizacji,
korzystając z lokalnej natury naszych ciał i związków.

Badając nielokalność doświadczeń związanych z ciałem, poczujecie, jak społeczność, w której żyjecie, oddziałuje na ciało[1], a także w jaki sposób doświadczenia cielesne mogą stanowić rozwiązanie dla problemów społeczności.

Nielokalność w biologii

„Nielokalność" to nowy termin określający starożytną ideę. W poprzednim rozdziale mówiłem o Tuwińczykach żyjących w pobliżu północnej granicy Chin i Mongolii. W ich systemie przekonań góra jest realna z powodu lokalności i nielokalności. Jej lokalność jest opisana kształtem i położeniem, zaś nielokalność nazywana jest jej „głosem" – dźwiękiem wiatru poruszającego się wokół góry. Ten głos posiada cechy nielojalności, ponieważ nie możemy powiedzieć, gdzie się dokładnie znajduje. Jakkolwiek konkretna cząsteczka powietrza może posiadać określone miejsce i czas, to jednak wiatr nie przemawia z konkretnego miejsca. Głos góry jest koncepcją z krainy snu lub z obszaru uczuć.

W podobny sposób jesteś zasadniczo zlokalizowany w swoim rzeczywistym ciele. Ale później możesz śnić o czymś dziejącym się w otaczającym świecie i następnego dnia to się wydarza. Sen jest jak wiatr w lesie – jest nielokalnym aspektem Twej natury. Istniejesz zarówno w uzgodnionej, jak i nieuzgodnionej rzeczywistości. Jesteś lokalny i nielokalny.

[1] Pierre Morin z Portland w Oregonie, w swej interesującej dysertacji doktorskiej pt. „Rank and Salutogenesis" (Union Inst. Cincinnati, Ohio) przytacza statystyki wykazujące wpływ społecznych systemów przekonań na zdrowie jednostek.

Jedną z moich przyjaciółek obudził barwny sen o zimowym sztormie. We śnie fale uderzały o molo i w większości zniszczyły je. Kiedy rano się obudziła, usłyszała w wiadomościach, że molo zlokalizowane 25 mil na południe od jej domu zostało zniszczone przez sztorm.

Wielowymiarowość naszej biologii i naszego świata jest jednym z powodów, dla których czasami nie udaje się rozwiązać problemów związanych z ciałem, zajmując się wyłącznie lokalizacją ciała. Medycyna lokalna ignoruje nielokalną naturę danej osoby oraz pola, w którym żyje ciało. W medycynie tęczowej praca z symptomem jest jednocześnie lokalna i nielokalna. Pracujesz nad swoim ciałem, a także – poprzez dotykanie kwantowych oraz sennych poziomów doświadczenia – nad swoimi relacjami i całym światem.

Interesującym przykładem cielesnego związku z polami nielokalnymi jest gołąb domowy. Ptak znany z tego, że odnajduje drogę do domu po wywiezieniu setek mil od miejsca zamieszkania. Badania wykazują, że ani zapach, ani elektromagnetyczne pole Ziemi, ani pamięć nie wyjaśniają, skąd gołąb „wie", jak trafić do domu. Psy oraz inne zwierzęta również wydają się posiadać podobne zdolności.

Te doświadczenia wzbudziły niemechanistyczne nurty w naukach biologicznych. Angielski biolog Rupert Sheldrake opublikował w 1981 roku pracę pt. „A New Science of Life: The Hypothesis of Formative Causation". Nielokalne aspekty naszego świata – to, co kieruje gołębiem w drodze do domu – nazwał polem morfogenetycznym. To nielokalne, niemierzalne pole posiada liczne właściwości, które przypominają mechanikę kwantową – a zwłaszcza wirtualną falę pilotującą Bohma.

Fale pilotujące

Przypomnijcie sobie rysunek z rozdziału 7 (*patrz s. 101*), obrazujący falowe zachowanie cząsteczki w obszarze II, zanim zostanie dokonany pomiar.

W obszarze II funkcja falowa lub fala pilotująca jest nielokalna w tym znaczeniu, że znajduje się wszędzie, dopóki nie zostanie uchwycona pomiarem w obszarze III. Kierująca fala w obszarze II zgodnie z obliczeniami fizyki znajduje się wszędzie. Jest to „tendencja" bez szczególnej lokalizacji, dopóki jej nie „zredukujemy", uświadamiając sobie ją oraz jej znaczenie i ruchy w naszych ciałach.

Chociaż zawijas w obszarze II został narysowany pomiędzy obszarami II i I, funkcja falowa przed aktem pomiaru znajduje się teoretycznie wszędzie, tak w czasie, jak i w przestrzeni. Dopiero z chwilą wykrycia następuje jej „redukcja" (co można by określić również jako „marginalizację jej nielokalnych aspektów")[2]. A zatem dowolny fizyczny obiekt w rzeczywistości nieuzgodnionej bądź matematycznej znajduje się wszędzie we wszechświecie.

Nielokalność to ważne zagadnienie we współczesnej fizyce. Teoria kwantowa zakłada istnienie nielokalnych związków pomiędzy cząsteczkami oddzielonymi przestrzenią i czasem. Ta teoria została wielokrotnie potwierdzona i pomimo obiekcji Einsteina, dzisiejsza nauka przyjmuje za fakt zjawisko, w którym cząsteczki pochodzące z tego samego źródła pozostają ze sobą w związku, który zachowuje się, jakby nie istniała pomiędzy nimi odległość w przestrzeni i czasie[3]. Oznacza to, że dwie takie cząsteczki, jak fotony pochodzące ze światła tej samej żarówki, znajdują się ze sobą w związku, pomimo odległości tysięcy mil i setek lat. Jeśli coś jednej z nich się przytrafi,

[2] Zob.: „Quantum Mind", s. 194.

[3] Zob. omówienie nielokalności w „Quantum Mind" oraz w dodatku III.

to druga „wie" o tym. Ten związek wynika ze „znanego" już zachowania fali pilotującej, która rozwija się w wielowymiarowych, matematycznych przestrzeniach fizyki. Ponownie fala jest jak sen. Pomyśl o śnie, w którym występujecie Ty oraz inna osoba. Kiedy śnisz w nocy, może być to „wszędzie". Jednak za dnia, po przebudzeniu, okazuje się często, że Ty i ta druga osoba jesteście ze sobą jakoś związani.

Filozof Robert Nadeau oraz fizyk Menas Kafatos omawiali wspólnie temat cząsteczek fotonów światła (pochodzących z jednego źródła)[4]. Naukowcy doszli do dramatycznej konkluzji, stwierdzając, że nielokalność jest fundamentalną właściwością całego świata". Dalej stwierdzili: „Założenie, że fizyczna rzeczywistość jest faktycznie *nielokalna*" – to zdaniem autorów „najdonionioślejszy fakt w historii nauki"[5].

Zatem fala kwantowa danego obiektu oraz nasze doświadczenia fal kierujących z krainy snu przybierających formę pól intencjonalnych znajdują się w każdym miejscu we wszechświecie, chociaż najintensywniej ich doświadczamy wokół opisywanych przez nie obiektów czy ludzi. W analogiczny sposób odczuwamy w naszych wnętrzach linie pieśni, choć w tym samym czasie są one rozproszone po całym świecie, a właściwie wszechświecie. W śnieniu znajdujemy się w krainie snu. Poruszamy się bez ograniczeń wszędzie tam, gdzie prowadzą nas tendencje.

Nielokalność w grupach

Magowie i czarownicy zawsze starali się dotrzeć do nielokalnej rzeczywistości, żeby na odległość uzdrawiać ludzi lub sprawiać im kłopot. Najlepiej znaną praktyką z tej kategorii jest prawdopodob-

4 „The Nonlocal Universe: The New Physics and Matters of Mind".

5 Ibidem, s. 4.

nie wudu. W dużej mierze zależy ona od duchów, które mogą opętać uzdrowiciela oraz swobodnie się przemieszczać.

Kiedy znajdujemy się w jakiejś grupie osób, chociaż większość z nas nie uważa, żeby uprawiano jakąś formę czarownictwa lub uzdrawiania, to czasem w pewien sposób doświadczamy nielokalnych elementów. Bywa, że na przykład nie możesz „wybić sobie kogoś z głowy" i czujesz się opanowany przez myśli tej osoby. Terapeuci zazwyczaj lokalizują takie myśli, nazywając je projekcjami. Nielokalne elementy – w tym kontekście projekcje i uczucia względem innych osób – są samym centrum tego, czego doświadczamy jako współzależności społeczności.

Praca z grupami w psychologii zorientowanej na proces lub, inaczej mówiąc, „praca ze światem" zajmuje się uzgodnionymi aspektami grup, konkretnymi zagadnieniami, faktami i problemami. Żeby uzyskać długotrwały efekt w pracy z grupami, zajmujemy się także nieuzgodnioną atmosferą lub „polem" społeczności, zauważając, w jaki sposób pole wyraża się pod postacią „duchów czasu" – czyli specyficznymi i typowymi rolami, które powoli się zmieniają[6].

Doświadczenia z tysiącami ludzi na całym świecie wykazały, że zastosowanie odpowiednich technik pracy ze światem wpływa na pola organizacji i miast[7]. Częściowym uzasadnieniem stosowania technik podobnych do pracy ze snem oraz grania ról jest fakt, że takie role są nielokalne, podobnie jak wszystko w krainie snów. Na przykład typową „dobrą" i „złą" rolę, jak na przykład prześladowca i prześladowany, można odnaleźć niemal wszędzie.

---

[6] Zob. napisane przeze mnie „Siedząc w ogniu". Praca ze światem jest rozwinięciem techniki psychodramy wprowadzonej przez Jakuba Moreno w latach dwudziestych XX w. W tej metodzie jednostki tworzą „atmosferę" z obszaru krainy snów cechującą jednostki lub małe grupy.

[7] Przykłady wpływania procesów grupowych na miasto – zob. moją pozycję „The Deep Democracy of Open Forum: Practical Steps to Conflict Prevention and Resolution for Family, Workplace and World".

Tak więc atmosfera grupy przekracza lokalne granice danej społeczności; „śnienie" społeczności znajduje się wszędzie. Za każdym razem, kiedy myślisz o narodzie lub grupie zlokalizowanej w określonym miejscu na planecie, łączysz się z nielokalną, intencjonalną falą lub siłą ciszy tej społeczności, która znajduje się wszędzie. Można zatem stwierdzić, że każda wojna jest wojną światową, każdy konflikt jest konfliktem światowym. To z tego powodu większości wojen nie da się zażegnać wyłącznie w określonym miejscu. W danej lokalizacji mogą one zostać tylko stłumione. żeby znaleźć finalne rozwiązanie, każdy i wszędzie musi zażegnać wojnę.

Ludzie oraz wszystkie cząsteczki we wszechświecie są splątani i połączeni poprzez związki nielokalne. Z punktu widzenia medycyny tęczowej zdrowie i choroba są zjawiskami w uzgodnionej rzeczywistości, określonymi w czasie i przestrzeni, wymagającymi nielokalnej pracy ze świadomością.

Więcej informacji o nielokalności

Kiedy korzystam z terminu *nielokalność*, aby odnieść się do bezczasowego i bezprzestrzennego połączenia pomiędzy ludźmi i cząsteczkami, mam na myśli, że:

- *Interakcje pomiędzy nami nie zmniejszają natężenia proporcjonalnie do odległości.* Kiedy cząsteczki, takie jak fotony, pochodzą z tego samego źródła, pozostają ze sobą w związku bez względu na odległość i czas[8]. Odległość nie wpływa na

[8] Eksperyment wykazujący kwantowe splątanie lub współłączność jest czasami nazywany „jednością świata" lub eksperymentem Bella. Ten eksperyment wykazał, że fotony z danego źródła światła są wzajemnie powiązane. Podobnie jak wszystkie zjawiska kwantowe, światło czasami zachowuje się jak cząsteczki, a czasami jak fale. Wyobraźcie sobie na przykład zapaloną lampę neonową. Para fotonów światła uwalnia się z lampy z fotonami promieniującymi w przeciwnych kierunkach. Eksperyment przeprowadzony z tymi fotonami wykazał, że cokolwiek się stanie jednej z cząsteczek,

łączność (z wyjątkiem stopnia, w jaki nasze przekonania UR o wpływie odległości na łączność działają na naszą percepcję zjawisk z krainy snów). Podobnie jest w psychologii, jeśli kiedyś byliśmy blisko z jakąś osobą, nawet przed wielu laty, to nadal jesteśmy z nią blisko, bez względu na to, gdzie mieszkamy obecnie lub jak dawno mieliśmy z nią jakąkolwiek formę kontaktu. Jeśli kogoś kochasz (albo nie lubisz), jesteś związany z tą osobą bez względu na to, jak daleko ona mieszka.

- *Wzajemne interakcje nie są związane ograniczeniami prędkości światła.* Einstein powiedział, że obiekty materialne nie mogą poruszać się szybciej niż światło. Oznacza to, że kiedy komunikujemy się głosem, za pomocą e-maila lub telefonu, nasze sygnały nie mogą poruszać się szybciej od prędkości światła. Jednak nielokalne interakcje stwarzają taki rodzaj komunikacji, który wygląda tak, jakby działał z tak dużą szybkością, że działa ona nawet wstecznie w czasie. W czasowych przestrzeniach krainy snów to, co robisz w przyszłości wpływa na Ciebie i na mnie w teraźniejszości.

- *Interakcje pomiędzy nami mogą przebywać drogę z jednego miejsca do drugiego bez konieczności pokonywania przestrzeni lub bez jej udziału.* Nie możemy dokładnie prześledzić ścieżki naszej komunikacji i zlokalizować jej w przestrzeni lub w czasie.

---

będzie związane z drugą cząsteczką bez względu na to, jak daleko znalazła się jedna od drugiej i jak wiele czasu upłynęło. Twierdzenie Bella (które zawarł w 1964 r. w „On the Einstein Podolsky Rosen Paradox") udowadniało, że zmiana spinu jednej wpływa na zmianę spinu drugiej cząsteczki pary. Od czasu eksperymentalnej weryfikacji twierdzenia Bella dokonanej przez Allana Aspecta w 1982 roku, fizycy są zgodni co do opisywanego zjawiska nielokalności.

„Siła ciszy" grupy

Psychologia od dawna zajmuje się doświadczeniami jednostek i par. Dominujący paradygmat zakłada, że ludzie są świadomi i nieświadomi, prawdziwi lub wyśnieni. Moim zdaniem podobnie jest z grupami. Są one pełne realnych osób i obiektów, ale są także „społecznością" z uwagi na nielokalne role i odczucia esencji. Kiedy społeczność jest „koherentna" ze swoim śnieniem, to znajduje się w zgodzie z pieśniami kraju oraz zachowaniem każdego z nas.

Komunikacja w grupach występuje równocześnie w różnych światach.

I. *Przyczynowa komunikacja grup UR*

Ty i ja łączymy się, podając sobie dłonie; komunikujemy się poprzez kontakt fizyczny. Komunikujemy się za pomocą wspólnych wirusów; ja kicham, a ty to wdychasz. Komunikujemy się poprzez telefon, e-mail (a także poprzez wirusy komputerowe!), radio, telewizję, przyjaciół i tak dalej.

II. *Komunikacja krainy snów albo komunikacja hiperprzestrzenna*

Łączymy się poprzez sny i poprzez kolektywne wizje i nadzieje. Komunikujemy się w krainie snów poprzez projekcje oraz subtelene uczucia, jakie wzajemnie żywimy. Jeśli ja się zmienię lub Ty się zmienisz, to oboje możemy się poczuć odmiennie, nawet jeśli między nami nie było uzgodnionej komunikacji. Dzielimy ze sobą postaci ze snów, role-duchy itd. Związki z krainy snów są nielokalne; wszyscy jesteśmy „splątani".

III. *Komunikacja na poziomie esencji*

W codziennym życiu różnimy się między sobą. W krainie snów jesteśmy i odmienni, i tacy sami. Jednak na poziomie esencji trudno nas od siebie odróżnić. Na tym poziomie jedynie wyczuwamy siłę ciszy, która zawiera w sobie wszystko i wszystkich.

Esencja społeczności nosi różne nazwy, na przykład: *ziemia, dom, miłość, wspólny teren, Wielki Duch, Bóg*. Jej „pole intencjonalne" znajduje się wszędzie pomiędzy i poza konkretną lokalizacją w przestrzeni i czasie. Możemy zatem zabić na przykład grupę ludzi, ale nie możemy zabić jej intencjonalnego pola, ponieważ jest to nieśmiertelna część, która pojawi się ponownie. (Australijscy aborygeni powiadają, że możesz zabić kangura, ale nie jego „śnienia").

W tych rzadkich chwilach, kiedy uświadamiamy sobie siłę ciszy społeczności, odczuwamy siebie pod postacią różnych twarzy Wielkiego Ducha i możemy docenić zarówno naszą różnorodność, jak i jednorodność[9]. Pamiętam, jak członek aborygeńskiej starszyzny, Wujek Lewis (znany także jako Lewis O'Brien), pokazywał mi, jak całe miasto Adelajda zostało zorganizowane zgodnie z siłą ciszy, którą nazwał śnieniem Czerwonego Kangura. Wujek Lewis odkrył, że mapa ulic Adelajdy odzwierciedla obraz Czerwonego Kangura[10].

Kangur jest określeniem reprezentującym siłę ciszy tego miasta. Ogólnie mówiąc, społeczność jest kombinację faktów UR, obrazów z krainy snów oraz znajdującej się w tle siły ciszy śnienia społeczności.

---

[9] O różnych „realnych" chwilach zachodzących w takich sytuacjach opowiadam w książce „The Deep Democracy of Open Forum: Practical Steps to Conflict Prevention and Resolution for Family, Workplace and World".

[10] W wywiadzie dla „Adelaide Weekly" Lewis O'Brien opisywał, w jaki sposób „duchowość ziemi wpłynęła na obraz miasta".

Ćwiczenie: Jak atmosfera grupy kreuje muzykę ciała wpływającą na symptomy

Żeby zbadać związki pomiędzy Tobą a Twoją społecznością, znajdź sobie wygodne miejsce i kiedy będziesz gotów, weź kilka oddechów. Pomyśl o grupie lub społeczności, której jesteś częścią i którą chciałbyś lepiej zrozumieć. (Alternatywnie możesz także pomyśleć o rodzinie, mieście lub kraju).

Czy ta grupa znajduje się w jednym miejscu, czy też jest rozproszona po świecie? Pomyśl o tej społeczności i przypomnij sobie, z jakimi problemami lub napięciami macie do czynienia. Jak określiłbyś jedno z tych zagadnień?

Teraz zbadajmy, jak społeczność wiąże się z Twoim ciałem.

Dźwięk grupy. Wyobraźmy sobie, że Twoja społeczność lub rodzina właśnie pracuje nad zagadnieniem, które sobie przypomniałeś.

Grupa może na przykład pracować nad problemami relacji wśród jej członków, nad problemami ekonomicznymi lub rozmawiać o kwestiach związanych z twórczością czy duchowością.

Wyobraź sobie interakcje członków grupy i poczuj jej atmosferę. Co ci ludzie robią w Twojej fantazji? Jak wygląda sytuacja? Jak ją odczuwasz? Spróbuj symbolicznie ją przedstawić, korzystając z ruchu rąk. Co czynią Twoje ręce?

Gdy będziesz gotów, wyraź dźwiękiem atmosferę grupy pracującej nad przedstawionym zagadnieniem. Zrób notatkę o tym dźwięku lub nagraj go. Powiedzmy, że jest to „dźwięk grupy".

Na przykład jedna z czytelniczek skupiła się na konflikcie pomiędzy podgrupami jej społeczności. Atmosfera była napięta i niosła zagrożenie. Żeby wyrazić tę atmosferę dźwiękiem – przedstawić odczucie strachu i akty przemocy zdarzające się pomiędzy członkami skonfliktowanych stron – czytelniczka głośno zapiszczała.

Dźwięki symptomów ciała. Zbadajmy teraz, w jaki sposób sytuacja wpływa na Twoje ciało. Jak taka atmosfera oddziałuje na samopoczucie? Wyobraź sobie ponownie poruszany temat oraz dyskutujących o nim ludzi. Poczuj atmosferę. Zauważ, w jaki sposób wpływa na Twoje ciało. Wyobraź sobie tę chwilę: czy jesteś spokojny? A może napięty, nerwowy, przestraszony, rozzłoszczony, zdystansowany?

Moja czytelniczka czuła się przerażona i rozzłoszczona.

Jak ta atmosfera oddziałuje na jeden z Twoich chronicznych symptomów? Wybierz symptom i poczuj, co atmosfera z nim „robi". (Czasami oddychanie skierowane w okolicę symptomu może wzmocnić odczucia i wzmóc koncentrację na nim). Jeżeli nie masz chronicznych symptomów, to po prostu skup się na stanie ciała. Jeśli możesz, poczuj jeden ze swoich chronicznych symptomów, nawet jeśli nie jest zbyt wielki (np. lekko uniesione ramię, przekrzywiona szyja, płytki oddech itd.). Sprawdź, jak atmosfera wpływa na symptom. Czy i jak symptom ulega wzmocnieniu pod jej wpływem (albo odwrotnie – zmniejsza się)?

Na przykład: czy czujesz swędzenie, pieczenie lub drżenie? Rytmiczny ucisk? Jedna z czytelniczek, której chronicznym symptomem było podwyższone ciśnienie krwi, poczuła w tym punkcie ćwiczenia wrażenie dudnienia w piersi.

Następnie niech pojawi się dźwięk reprezentujący oddziaływanie atmosfery na chroniczny symptom.

Czytelniczka cierpiąca na nadciśnienie powiedziała, że doświadczała dudnienia bębnów w okolicy piersi.

Niech teraz napłynie opowieść związana z tym rytmem i dźwiękiem.

Czytelniczka skojarzyła bębny z wojownikami wyruszającymi na wojenną ścieżkę i ginącymi w czasie bitwy.

Kiedy będziesz gotów, wydaj z siebie drugi dźwięk wyższy o jedną oktawę (lub niższy – jeśli jest to łatwiejsze) i uchwyć fantazję, obraz oraz opowieść wypływające z tego dźwięku. To jest doświadczenie alikwotu.

Na przykład podniesienie dźwięku bębnów o oktawę uwolniło wspomnienie czytelniczki tego, jak będąc dzieckiem grała na bębnach i wspaniale bawiła się tym i cieszyła.

Na koniec zbliż do siebie alikwot oraz związaną z nim historię z dźwiękiem reprezentującym sposób oddziaływania grupowej atmosfery na chroniczny symptom. Niech Twoja kreatywność połączy dźwięk alikwotu i związaną z nim opowieść z tonem chronicznego symptomu oraz jego opowieści. Dużym ułatwieniem jest słuchanie dźwięku i opowieści chronicznego symptomu oraz dźwięku alikwotu i jego opowieści, będąc zarazem świadkiem tych dźwięków. Po prostu pozwól połączyć się dźwiękom i historiom. Możesz dostrzec, że najpierw przewodzi jeden dźwięk, a potem drugi lub jak pojawia się trzeci dźwięk, kiedy oba nakładają się na siebie. Przy tej części ćwiczenia pośpiech jest wysoce niewskazany.

Zauważ fantazję, która wyłania się z tego nowego doświadczenia oraz w jaki sposób wpływa ona na ciało i symptom.

Kiedy rozbawione dziecko pojawiło się w sercu czytelniczki, zaczęła wykazywać chęć do zabawy z innymi, zamiast z nimi walczyć. Jej wyobrażony symptom nadciśnienia złagodniał i zaczęła sobie wyobrażać, jak mogłaby bawić się w grupie.

Dźwięk końcowy. Żeby połączyć *dźwięk będący rozwiązaniem dla Twojego symptomu* z *dźwiękiem grupy*, który wystąpił na początku ćwiczenia, przypomnij sobie oba z nich. Następnie wyraź jeden z dźwięków, a potem drugi. Odnotuj pierwszy z nich, potem drugi, a także doświadczenie będące wynikiem tych obserwacji. Czy dźwięki mają tendencję do podążania za sobą? A może wyłania się z nich całkowicie nowa pieśń? Skupiaj uwagę na tym, co się dzieje, dopóki nie pojawi się końcowy dźwięk. Niech teraz rozwinie się związana z nim opowieść.

Co takiego dzieje się w tym końcowym dźwięku i historii? Skąd przybyły? Pomyśl o tym, w jaki sposób ostatni dźwięk oraz opowieść mogłyby zaistnieć w rzeczywistości. Czy ta opowieść nie pojawiała się już wcześniej w jakiś subtelny sposób?

Związany z grupą „pisk" połączył się z dziecięcym, radosnym graniem na bębnach, a nowym dźwiękiem, który się pojawił, było piszczenie z radości. Związana z tym fantazja przedstawiała czytelniczkę odgrywającą skonfliktowane role w grupie, tak jakby to były dwie lalki rozmawiające ze sobą!

Wykonując to ćwiczenie, kobieta powiedziała, że jej część związana z zabawą objawiała się wcześniej w subtelny sposób. Do tej pory za każdym razem, kiedy pomyślała o swojej grupie, odczuwała nie tylko podwyższone ciśnienie, ale także chichotała, zupełnie nie wiedząc dlaczego! W każdym razie, podczas następnego spotkania grupy zrobiła dokładnie to, czego doświadczyła w trakcie ćwiczenia; odegrała role obu skłóconych stron, wykorzystując do tego swoje ręce, tak jakby były dwiema lalkami, które ze sobą rozmawiają. Wszyscy się roześmiali!

Zanotuj ten subtelny przejaw, aby skorzystać z niego w przyszłości. Jeśli znajdujesz się w twórczym nastroju i masz jeszcze chwilę czasu, to naszkicuj komiks lub opisz postać z bajki, lalkę czy spontaniczny obraz postaci, która mogłaby reprezentować esencję Twojego końcowego dźwięku oraz opowieści.

Przemyślenia na temat ćwiczenia

O tym, co się zdarzyło w tym ćwiczeniu, można myśleć na wiele sposobów. Zgodnie z koncepcją tęczowej medycyny dźwięk grupy reprezentuje tylko jedną z linii pieśni pochodzących z krainy snów. Jest to pewien odmienny stan lub substan społeczności. Twoje (a także innych osób) doświadczenia ciała są kolejnymi substanami tej społeczności. Grupy zazwyczaj wpadają w kłopoty, gdy wybierają pewien z substanów oraz ludzi, skupiając się na nich i marginalizując przy tym inne stany świadomości oraz jednostki, które reprezentują te stany. Całkowita suma wszystkich substanów jest procesem społeczności, jego falą pilotującą w taki sam sposób, jak Twoja siła ciszy oraz fala intencjonalna stanowi sumę wszystkich oddzielnych uczuć, postaci ze snów i/lub substanów.

Tak uogólnioną sumę można przedstawić w postaci poniższego diagramu.

wibracje grupy + **dźwięk będący rozwiązaniem** = **dźwięk końcowy**
problemy grupy + symptom cielesny i jego alikwot = siła ciszy społeczności

Rys. 10.1. Esencja społeczności lub siła ciszy społeczności

Końcowy dźwięk oraz uczucie są związane z rdzeniem społeczności i są jej najgłębszą esencją. Rdzeń jest największą mocą, siłą ciszy społeczności.

W powyższym ćwiczeniu esencja jest doświadczana jako „końcowy dźwięk", siła śnienia społeczności. Ten dźwięk i siła, jakkolwiek na co dzień nieuświadomione, są punktem zbornym dla całej społeczności, czymś, do czego każdy członków grupy może się odnieść, nawet jeśli po chwili owa esencja zostanie zapomniana wskutek skupienia się na sytuacji związanej z UR. Ta siła zawsze jest obecna w tle, tworząc różnorodne sytuacje, różne punkty widzenia i aspekty organizacji. Esencja społeczności jest wspólnym gruntem wszystkich członków.

Twoje liczne doświadczenia ciała oraz różne aspekty są częścią społecznej rzeczywistości – tak uzgodnionej, jak i nieuzgodnionej. Analogicznie, grupy oraz ich konflikty są częścią Ciebie. Grupa wpływa na ciało, zaś świadomość i koherencja z Twoją jaźnią oraz społecznością może pomóc w rozwiązywaniu problemów grupowych. Twoje najgłębsze uczucia zmieniają nie tylko Ciebie, ale także śniąco-uczuciową sytuację grupy – nawet jeszcze *przed* zaistnieniem interakcji w UR. Spoglądając wstecz, wydaje się czasem, jakby esencja społeczności korzystała z Twoich symptomów cielesnych w celu przyciągnięcia rozwiązań pomocnych w problemach grupowych.

Inne sposoby korzystania z dźwięku

Istnieje wiele sposobów wykorzystania dźwięku, aby rozwiązać problem społeczności lub któryś z problemów relacyjnych i poczuć się lepiej. Na przykład podczas pełnej napięcia dyskusji z drugą osobą poczuj atmosferę pomiędzy Wami. Czy jest napięta lub wprawiająca w zakłopotanie? Poczuj, jak wpływa ona na Twoje ciało, po czym stwórz dźwięki oraz alikwoty, tak jak w opisywanym ćwiczeniu. W miarę praktyki będziesz mógł to robić naprawdę szybko. Odszukaj siłę ciszy, podstawową ścieżkę, która jest sumą tych dźwięków. Jest to droga przez trudny teren relacji, to mapa tego terytorium.

Analogicznie, w czasie procesu grupowego, poczuj atmosferę, poczuj swój symptom oraz jego alikwoty i wprowadź dźwięki oraz pieśni (lub ich werbalne przesłanie) do społeczności. Na przykład w jednej z grup szkoleniowych w Portland studenci pracowali nad zagadnieniem miłości, heteroseksizmu i marginalizacji gejów. Część ludzi wypowiadała się przeciwko związkom lesbijskim i gejowskim, podczas gdy inni stawali w obronie takich związków. W pewnej chwili głos zabrał nastoletni homoseksualista. Wyglądało na to, że zastanawia się nad popełnieniem samobójstwa, ponieważ zbyt ciężko jest żyć w świecie, który nie życzy sobie jego obecności.

Napięcie powstałe pomiędzy antagonistycznymi grupami było trudne do zniesienia. Nagle wystąpiła odważna kobieta. Powiedziała, że w czasie pełnego napięcia procesu w grupie usłyszała dźwięki. Zamiast o nich opowiadać, zaśpiewała nastoletniemu gejowi następującą pieśń:

„Spróbuj się nie martwić, spróbuj nie zajmować się problemami.
Czyż nie wiesz, że wszystko jest w porządku? Tak, już dobrze, chcemy, żebyś spokojnie spał w nocy.
Niech nocą świat kręci się sam.
Spróbujemy sobie jakoś poradzić, więc zapomnij o nas dziś w nocy".

Ta piosenka pochodzi z musicalu „Jesus Christ Superstar". Kiedy kobieta zaśpiewała, wszyscy poczuli współczucie zawarte w piosence i zamilkli. Piosenka była wspólnym podłożem: odnosząc się do Jezusa, „przemawiała" do chrześcijańskich fundamentalistów i utożsamiała nastolatka z Chrystusem.

Kiedy doświadczacie takich szczególnych chwil w grupach, to wiesz, że naukowy sposób myślenia o nielokalności jest niedostatecznym opisem działania i wpływu siły społecznego śnienia na nas jako jednostki. Możesz jednak założyć, jak ja to czynię, że wzorce w fizyce i psychologii są pomocne w dokładniejszym zrozumieniu, co Einstein miał na myśli, nazywając fale kwantowe „polami duchów".

ROZDZIAŁ 11.

Problem w relacji – hiperprzestrzennym lekarstwem

Kochankowie wcale się nie spotykają, przez cały czas są razem.

– Rumi

Tak jak nielokalna atmosfera UR grupy tworzy z niej społeczność, śnienie danej osoby czyni z niej człowieka. W krainie snów każdy należy do społeczności poprzez samo myślenie o niej. Wszystko, co jest częścią śnienia, włączając w to role i duchy, stanowi część „społeczności", choćby te części nie były elementami UR grupy. Podobnie w krainie snów, Ty jako jednostka jesteś każdym i wszystkim, o czym kiedykolwiek pomyślałeś, a także każdym, kto o Tobie myśli.

Wydaje się oczywistością, że dobrzy przyjaciele poprawiają Twój krajobraz snów i przyczyniają się do lepszego samopoczucia.

W tym rozdziale odkryjesz, że także wrogowie niosą leczniczy potencjał – a nawet mogą być najsilniejszym „lekarstwem" dla ciała.

Atmosfery i aury

Aspekty jednostek oraz związków składają się na poziomie krainy snów częściowo z niemierzalnej atmosfery, uczuć, pól lub aur otaczających zaangażowane w związek osoby. Ta atmosfera daje nam nielokalne połączenie – czyli poczucie związku. Czasami zapewne odczułeś, że pary, rodziny, a może nawet grupy wydzielają pewien rodzaj otaczającej ich aury. Aury można odczuwać jako grube, lekkie, ciężkie, kleiste, ekstatyczne – może nawet wydawać się, że śmierdzą.

Każdy, kto pomyśli o parze osób, bierze udział w ich śnieniu i stanowi część ich pola relacji. Tak więc trzecia osoba, byli partnerzy, krzesła, biurka, mieszkania, dzieci, rodzice, dziadkowie – są częścią krainy snów Twojej relacji. W danej chwili są rolami w polu Twojego związku.

Nielokalna natura atmosfer oraz aur sprawia, że wzajemne związki są *bezprzestrzenne* – co znaczy, że niektóre wydarzenia zachodzące pomiędzy ludźmi i częściami są powiązane sygnałami, które wydają się poruszać szybciej od prędkości światła. Związki wydarzają się jakby za sprawą magii. W związku możesz „poruszać się" z miejsca, gdzie jesteś, do miejsca, gdzie znajduje się druga osoba, bez przekraczania oddzielającej Was przestrzeni. Co więcej; Twoja przeszłość i przyszłość również zawarta jest w tej atmosferze.

Pola wokół ciał są typowymi emanacjami aur. Na rysunkach obok widzicie współczesną oraz średniowieczną ilustrację.

Rys. 11.1.
Rysunki pól wokół ciała

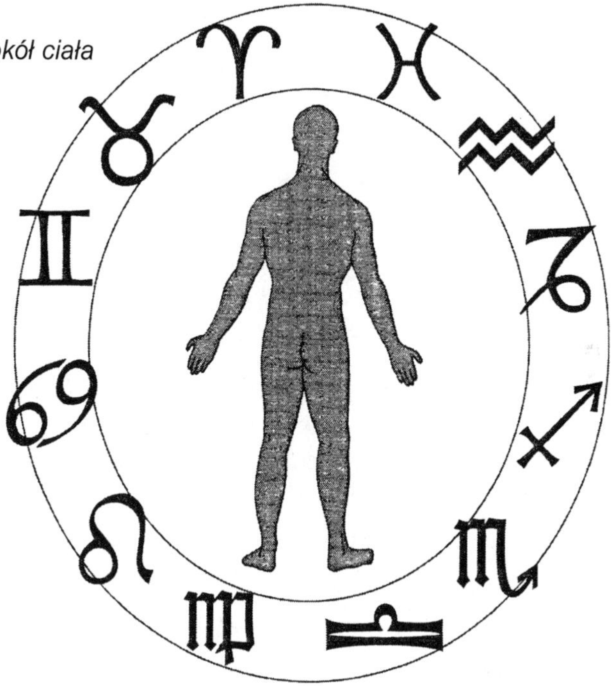

Jesteśmy nie tylko ciałami, ale także istotami otoczonymi polami energii. Na górnym rysunku żyjący przed wiekami Europejczycy zobrazowali powiązania między ciałem, ziołami, minerałami, porami roku i planetami. Obraz przedstawia rodzaj koherencji pomiędzy ludźmi a światem i opisuje uniwersalne prawo rządzące ciałem oraz łączy je z resztą wszechświata. Pomiędzy częściami wszechświata a ciałem człowieka występuje „splątanie" lub łączność. Nasze doświadczenia są kształtowane przez tę samą krainę snu lub kwantową informację, która jest dostępna reszcie świata.

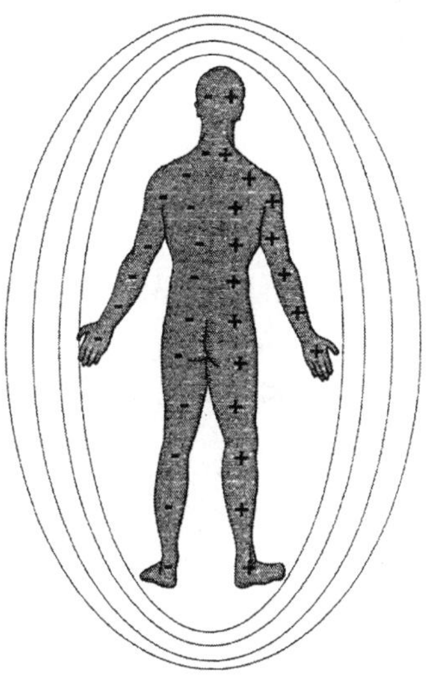

Czym jest splątanie

Zjawisko *splątania* cechuje systemy kwantowe. W świecie kwantowym suma spinów części systemu (np. cząsteczek) systemu musi pozostać taka sama.

Zgodnie z innym podstawowym prawem fizyki, energia zamkniętego systemu pozostaje stała. Tę równowagę energii, która sprawia, że elementy są splątane, ilustruje taki przykład, że jeśli coś ma ruszyć do góry, to dzieje się to tylko wówczas, gdy coś innego idzie na dół. W systemach nielokalnych, gdzie nie istnieją widoczne przestrzenne powiązania ogólne prawa zachowania energii rządzą wszystkim, co się wydarza. Oznacza to, że cząsteczki są współzależne; są ze sobą splątane bądź związane, choćby poprzez wymóg zachowania niezmiennej ilości energii w całym systemie.

Tak więc części nie występują oddzielnie. Fizyka twierdzi, że podstawowe składniki materii są splątane z uwagi na prawa naturalne. Splątane części są jak ludzie w dwóch częściach pomieszczenia związani (niewidocznymi) żyłkami. To, co zrobi jedna osoba, jest splątane z tym, co zrobi druga!

Nielokalne zasady mitologiczne

Związki nielokalne są typowe dla systemów psychologicznych i biologicznych. Wielu ludzi uważa, że czują się lepiej, jeśli ktoś, kogo kochają, „prześle" im miłość. Istnieje wiele dowodów na to, że jeśli ktoś będzie się za Ciebie modlić, to szybciej wrócisz do zdrowia.[1]

Czy są „prawa", które rządzą ludzkimi systemami? Jako jednostka możesz odczuwać, że Twój ogólny wzorzec lub mit osobisty

[1] W: Larry Dossey; „Healing Words".

wydaje się w pewien sposób wiązać wydarzenia z przeszłości z obecnymi, dzięki czemu składają się na to, kim jesteś. Cokolwiek się wydarzy, podążasz za swoim wzorcem, bez względu na to, jak go zdefiniujesz. Niektórzy ludzie wciąż uciekają, inni stają się bohaterami i walczą ze smokami itd. Zachodzą w tym wzorcu niewielkie zmiany, ale generalnie rzecz biorąc, podstawowa jego konfiguracja pozostaje taka sama.

W pewnym sensie osobista historia, Twój mit to rządzące prawo. Oznacza to, że cokolwiek się stanie, „musi być" splątane lub powiązane ze wszystkim innym „prawem" Twojego życiowego wzorca. Podobnie też doświadczenia cielesne oraz związki są splątane nie tylko z Twoim osobistym mitem, ale i mitami innych osób. Wzorce siły ciszy wyrażane w aurach i atmosferach łączą wszystkich. Jesteśmy istotami splątanymi tak prawem zachowania energii, jak siłą śnienia, które rozwijają się w historie życia naszego i naszych społeczności.

Nielokalne związki ciała

Nielokalne związki pomiędzy ludźmi a zdarzeniami Jung nazywał „synchronicznościami", rozumiejąc przez to pojęcie „uporządkowanie pozaprzyczynowe". Te nieprzyczynowe związki wydarzają się jako efekty wspólnego „znaczenia". Richard Wilhelm zastosował ten termin dla słowa tao[2]. Zdaniem Junga dwa wydarzenia kreują synchroniczność, jeśli dzielą ze sobą to samo znaczenie lub, korzystając ze zwrotu Wilhelma, tao.

Ponieważ siła ciszy – fala pilotująca – jest nielokalnym potencjalnym źródłem informacji, wszelkie Twoje substany i fantazje, napięcia, bóle oraz problemy w związkach są splątane z całym

[2] Zob. *I Ching* w przekładzie R. Wilhelma.

światem. Zasadniczo zatem każda dolegliwość jest „chorobą środowiskową" w sensie podlegania wpływom świata i wpływania na niego.

Termin „choroby środowiskowe" odnosi się zazwyczaj do pochodzących z UR toksyn i alergenów, które wpływają na nasze organizmy[3]. Jednak w dalszej części pracy zbadamy szerszy aspekt choroby środowiskowej związanej z atmosferą w związkach.

Zdania takie, jak: „on (ona) siedzi mi w głowie" lub „mam go *w tylnej części ciała"* wskazują na nielokalne związki pomiędzy naszymi ciałami a relacjami. Ponieważ inni zaburzają naszą równowagę, to praca nad związkami powinna (teoretycznie) pozytywnie wpływać na symptomy. Fantazjujesz o innych będących „gdzieś tam", lecz oni są również w Twoim ciele!

Ćwiczenie: Hiperprzestrzeń osoby sprawiającej kłopoty

W kolejnym ćwiczeniu poproszę Cię o skupienie się na ciele oraz uczuciach, które żywisz w stosunku do konkretnych osób. Żeby jak najlepiej skorzystać z tego ćwiczenia, przygotuj sobie ołówek i kartkę papieru.

1. **Pytanie dotyczące ciała.** Znajdź sobie wygodną pozycję i przez kilka minut skup się na oddychaniu. Zadaj sobie wtedy pytanie związane z ciałem. Możesz na przykład spytać, w jaki sposób rozwiązać dany symptom lub jakie jest jego znaczenie. Zanotuj to pytanie, ponieważ jeszcze do niego wrócimy.

[3] Muszę tutaj wspomnieć o pracy dr. Johna Johnsona z D.C. „Environmental Justice for All" (2002 r.), który wykazuje, jak zagadnienia środowiska niosą w sobie kwestie rangi społecznej i psychologicznej.

2. Związek. Kiedy będziesz gotów, pomyśl o jakiejś osobie, która ostatnio bądź w przeszłości sprawiała Ci kłopoty. Pomyśl o najgorszej osobie tego typu. Jaka to jest osoba? Czy jest silna, wredna, głośna, spokojna, służalcza? Zanotuj swój opis.

3. Pole energii. Myśląc o tej osobie, wyobraź sobie otaczające ją pole energii. Jaka jest atmosfera, przestrzeń lub aura dookoła tej osoby? Skorzystaj z wyobraźni, żeby zobrazować ruchy, kolory i formy w pobliżu lub wokół tej osoby. Czy na przykład jej pole jest wypełnione strzałkami, ciemnymi chmurami lub czerwonymi rozpryskami wody? Naszkicuj tę aurę. To, co narysujesz, może Cię zaskoczyć – albo i nie.

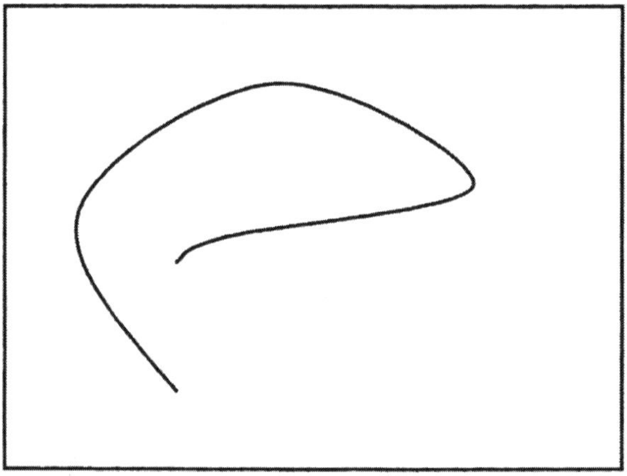

Rys. 11.2. Pole osoby

Następnie patrząc na swój rysunek, zapytaj siebie, który z kolorów lub ruchów na obrazie – jaka energia – sprawia Ci największą trudność? Na przykład najbardziej mogą przeszkadzać kłujące ruchy, ciemnoczerwone kropki lub wirująca pustka.

W jaki sposób ta energia jest nielokalna w stosunku do Ciebie? Czyli: w jaki sposób odczuwasz ją w innych sytuacjach w życiu, u innych ludzi bądź w wydarzeniach? Czy ta energia pokazuje się teraz? Czy kiedyś pojawiła się w innych obszarach Twojego życia? Czy na przykład spotykasz ją w pracy? Czy ludzie cechujący się taką energią z reguły denerwują Cię? Myślenie o tym może stanowić wyzwanie, ponieważ zazwyczaj trudne energie wypieramy.

4. Energia w ciele. Skorzystaj z rąk i narysuj tę energię w powietrzu. Kiedy będziesz poruszać rękami, poczuj swoje ciało i odgadnij, gdzie ta najtrudniejsza energia może być zlokalizowana. Narysuj szkic swojego ciała i zaznacz jej lokalizację (może wystąpić więcej niż jedno miejsce). Czy w tym miejscu odczuwasz lub odczuwałeś ostatnio napięcia, bóle albo obawy związane z chorobą?

5. Esencja tej energii. Zajmiemy się esencją, źródłem tego pola. Żeby to uczynić, odegraj tę energię, która jest dla Ciebie najtrudniejsza. Niech poruszy Twoimi rękami lub – jeśli wolisz – całym ciałem. Wykorzystaj świadomość; nie poruszaj się w sposób, który mógłby Ci wyrządzić krzywdę. Raczej stań się szamanem i ostrożnie opuść ciało; zmień formę, przechodząc do tej kłopotliwej energii i stając się nią. Zatańcz ją lub skorzystaj z rąk, żeby ją wyrazić.

Kiedy będziesz gotów, zadaj sobie pytanie: jaka jest zasadnicza tendencja tej energii? Czym była ta energia na najwcześniejszym etapie, zanim stała się tak wielka? Żeby ją odnaleźć, czasami przydatne jest zwalniać ruch, jednocześnie odczuwając taką samą jego intensywność. (Na przykład ruch przypominający strzałę może stać się skoncentrowanym skupieniem na jednej sprawie w danym czasie).

Jeśli nadal opierasz się owej, podstawowej tendencji danej energii, pójdź głębiej, jeszcze nie dotarłeś do jej esencji. Tam dualność nie występuje. Zejdź głębiej i dostań się do esencji kłopotliwej energii. Esencja może na przykład ostatecznie objawić się w formie wrażliwości lub kwiatu, skały, iskry życia, uspokajającego ruchu, klarowności lub swobodnego umysłu. Zrób na ten temat notatkę.

Na koniec pozwól sobie na ruch i przez chwilę żyj w tej właśnie hiperprzestrzeni, w esencji kłopotliwej energii. Jaki jest jej świat? Badaj tę przestrzeń. Stwórz na jej temat opowieść. Co tam widzisz, czujesz i słyszysz?

Wyobraź sobie pewną faktyczną bądź mityczną postać, postać o kształtach człowieka, która reprezentuje tę przestrzeń, i stań się nią. Czy widzisz samego siebie jako mądrą, starą jak skała kobietę? Albo jako gigantycznego ptaka czy frunące z wiatrem pióro o kształcie człowieka? Małe dziecko w jaskini?

6. Wprowadzanie esencji do codziennej rzeczywistości. Jak ta esencja mogłaby wpłynąć na całe Twoje życie? Jak mogłaby wpłynąć na sposób, w jaki odnosisz się do innych osób? Jak mogłaby wpłynąć na okolice Twego symptomu? Gdzie postać z tej esencji mogłaby być zlokalizowana w Twoim ciele? Możesz ją tam poczuć? Poczuj postać w tym miejscu. Odnieś się do niej, bądź nią.

Wyobraź sobie tę postać w relacji do opisanej przez Ciebie osoby sprawiającej kłopoty. Może potrafisz być odkrytą postacią z esencji w towarzystwie tej osoby. Pomyśl, jak ta osoba zareagowałaby na coś takiego.

Jeśli potrafiłbyś tę postać-esencję wprowadzić w świat, we wszechświat, to jak oddziaływałaby ona ze światem i jak by go zmieniła?

Wykorzystaj te doświadczenia, odpowiadając na pierwotne pytanie dotyczące Twojego ciała w pierwszym kroku tego ćwiczenia. Czy te doświadczenia odpowiadają w jakiś sposób na to pytanie?

Na koniec rozważ taką możliwość, że postać z esencji personifikuje otaczające Cię hiperprzestrzenie, aspekt fali pilotującej Twojego życia. Zauważ, jak różne doświadczenia życia są splątane, żeby wnieść to spostrzeżenie do Twojej świadomości.

Wiele osób, które próbowały wykonać to ćwiczenie, odkryło, że postać esencji pomogła im odnosić się do osoby sprawiającej trudności w zupełnie inny i mniej stresujący sposób. Niektórzy zyskali całkowicie odmienny pogląd zarówno jeśli chodzi o związki, jak i o ciało.

Przykład

Poprosiłem swojego studenta, żeby dał przykład takiego ćwiczenia. Poniżej przedstawiam opis.

„Kilka miesięcy temu miałem kłopoty z pewnym mężczyzną. Nie jest to najlepszy człowiek. Wiem, że jest w pewnym sensie podobny do mnie, ale generalnie nie jestem taki jak on! Po prostu nie mogę go ścierpieć!

Kiedy myślę o tym mężczyźnie, to zauważam, że roztacza swego rodzaju ciemną chmurę dookoła siebie, co sprawia, że inni też go nie lubią. W każdym razie denerwuje mnie ten rodzaj energii. On ciągle chce, żebym zrobił coś szczególnego i to wyłącznie dla niego! Co gorsza, jeśli tego nie zrobię, strasznie się złości. Zachowuje się, jakby był przygnębiony i wytwarza wielką chmurę, dopóki czegoś dla niego nie zrobię. Uff! Jeśli nie byłby jednym z członków grupy przyjaciół, to najchętniej wolałbym nie mieć z nim nic wspólnego.

Twoje ćwiczenie sprawiło, że zacząłem myśleć o tym, w jaki sposób sam także tworzę takie chmury. Nie byłem w stanie określić, że jest w całości mną, ale wyczułem, gdzie ta chmura znajduje się w moim ciele! Za każdym razem, gdy podniosę coś cięższego, to boli mnie ramię – odczuwam pewien rodzaj skurczu, ciemną chmurę skurczonego ciężaru! Wiem, że nie powinienem podnosić rzeczy, które szkodzą memu ramieniu, ale wygląda na to, że nigdy o tym nie pamiętam!

Kiedy wykonywałem kolejne etapy Twojego ćwiczenia, „odkryłem" esencję tej energii, nielokalne pole relacji. Esencją jego ciemności była tajemniczość i przerażająca niewiadoma, która okryła mnie taką mgłą, że nie wiedziałem, dokąd dalej zmierzać. Esencja zmusiła mnie do poddania się i do pójścia w „jej" kierunku. Ten wredny jegomość oraz moje ramię to problem powstały po to, żeby pokazać mi coś tajemnicze-

go i niesamowitego, co chce kierować moim życiem. Nowy sposób życia. Goszczenie tej niewiadomej nie tylko poprawiło stan mojego ramienia, ale także całkowicie zmieniło mój stosunek do tej osoby. Złapałem się nawet na tym, że byłem mu wdzięczny, że taki jest!".

Siła ciszy jako lekarstwo w relacjach z innymi

Kłopoty w relacjach wynikają z tego, że postrzegasz swoich wrogów wyłącznie jako ludzi, a nie jako marginalizowane części siebie lub własnego pola intencjonalnego. Być może Twój problem w związkach wynika z dostrzegania wyłącznie jednego świata, świata UR przy jednoczesnym marginalizowaniu innych światów. W świecie tylko-UR widzisz siebie jako osobę oddzieloną od innych ludzi. Marginalizacja i ksenofobia sprawiają, że postrzegasz *siebie* i *kogoś* jako oddzielne jednostki. W przeciwieństwie do tego, w światach równoległych Ty i Twoi przyjaciele nie jesteście oddzielnymi ludźmi, ale nieznanym, wspólnym polem mocy, siłą kreującą Ciebie oraz innych.

Zasadniczy paradygmat leżący u podstaw nielokalnej pracy z relacjami i społecznościami został najlepiej podsumowany w przytoczonym na początku rozdziału cytacie Rumiego.

„Kochankowie wcale się nie spotykają; cały czas są razem".

Do pięknego stwierdzenia Rumiego chciałbym dodać dwa słowa: „wrogowie i". Zdanie wygląda teraz następująco: „Wrogowie i kochankowie wcale się nie spotykają; cały czas są razem".

W pozostałych światach problem relacji odzwierciedla przestrzenie, które dzielisz z innymi. Kłopotliwe relacje oraz problemy grupowe odzwierciedlają marginalizację tych wspólnych, nielokalnych przestrzeni i wpływają na Twoje ciało UR. Zauważając sposób, w jaki problemy relacyjne dotykają lub *in-formują* Twoje ciało, uświadamiasz sobie dźwięki i pola, aspekty samego siebie oraz otaczającego świata, które ignorowałeś bądź odmawiałeś im istnienia. Doświadczając wspólnego podłoża, esencji tych pól, problemy ciała i związków ulegają rozwiązaniu, a także przywrócone zostaje poczucie dobrostanu. Dzięki wskazywaniu na symptomy oraz na pomijane wymiary Twego tęczowego ciała, problem relacji staje się hiperprzestrzennym lekarstwem.

Unosząc się wokół problemów cielesnych i w przestrzeni między nami, napięcie w relacjach zawiera w sobie potencjał, by stać się leczniczą, tęczową medycyną.

ROZDZIAŁ 12.

Symptomy jako lekarstwo z przyszłości

Teoria kwantowa wprowadza nową ideę, ideę czasu urojonego... nie ma on wiele wspólnego z czasem, którego doświadczamy na co dzień. W pewnym sensie jest on jednak równie realny jak czas, który nazywamy rzeczywistym. Trzy kierunki w przestrzeni oraz sposób, w jaki wszechświat zaistniał w chwili Wielkiego Wybuchu, były uzależnione od stanu wszechświata w czasie urojonym.

– Stephen Hawking*

W rozdziale 10 odkryłeś, że praca nad ciałem daje wiedzę o tym, jak pomóc grupom. W poprzednim rozdziale pole trudnych relacji okazało się tęczowym lekarstwem. Te idee zaledwie dotknęły powierzchni potencjału medycyny nielokalnej.

---

* Public Lectures: www.hawking.org.uk

W niniejszym rozdziale pokażę, w jaki sposób symptomy mogą być związane nie tylko ze społecznościami istniejącymi obecnie, ale także z wydarzeniami z przyszłości i przeszłości. To doświadczenie może nie być aż tak bardzo zaskakujące. W końcu, kiedy śnimy, wydaje się nam czasami, jakbyśmy znajdowali się w przyszłości i przeszłości. Po przebudzeniu zauważamy być może, iż czas jest relatywny i zbyt złożony, aby go pojąć umysłem. Czasami sny, w których doświadczamy przyszłości, reorganizują naszą ścieżkę i ciągną nas do przodu, zmuszając do wykonania określonych rzeczy. Wiele osób, z którymi pracowałem, śniło o starszej wersji siebie. Ta postać posiadała większą wiedzę od obecnego *ja,* można zatem powiedzieć, że były to informacje „z przyszłości".

Czas urojony

Współczesna rzeczywistość uzgodniona na całym świecie jest organizowana przez odmierzany zegarami czas linearny. Określenie w rodzaju „wczoraj o 5 po południu" jest zrozumiałe prawie dla każdego; 4 po południu dzisiaj lub 9 rano jutro – to znane ludziom pojęcia. Jednak dla wyjaśnienia początków wszechświata niektórzy fizycy stosują nowe koncepcje czasu.

Aby zrozumieć naturę rzeczywistości, kosmologowie tacy, jak Stephen Hawking, korzystają z czasu urojonego stosowanego w równaniach mechaniki kwantowej – a właściwie z liczb urojonych.

Więcej informacji o wyobrażaniu sobie czasu urojonego

Stephen Hawking wyjaśnia na swojej stronie internetowej: „[czas urojony] można sobie zobrazować w następujący sposób. Można pomyśleć o zwykłym, rzeczywistym czasie jak o linii horyzontalnej. Po lewej jest przeszłość, a po prawej przyszłość.

Ale istnieje także inny rodzaj czasu, skierowany pionowo. Nazywa się on czasem urojonym, ponieważ nie jest to czas, jakiego normalnie doświadczamy. Jest on jednak w pewnym sensie równie realny, jak to, co nazywamy czasem rzeczywistym". (Poniższy diagram został narysowany przez autora niniejszej książki).

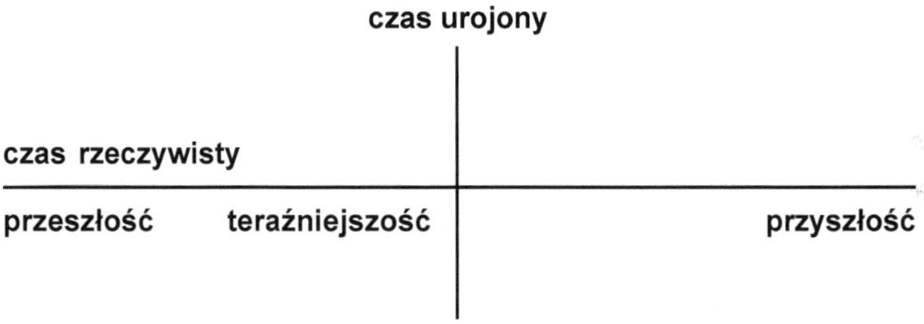

Rys. 12.1. Czas rzeczywisty i urojony

Stephen Hawking razem ze swoim kolegą z University of California w Santa Brabara, Jimem Hartle'em korzystają z czasu urojonego jako matematycznego narzędzia pozwalającego zbliżyć do siebie teorię względności i teorię kwantową. Żeby sobie wyobrazić wszechświat rządzony obydwiema teoriami (relatywności oraz mechaniki kwantowej) trzeba wyjść nie tyle z miejsca, gdzie czas i przestrzeń równają się zeru, ale z bardziej złożonej wersji czasu pozwalającej na ciągły ruch od przestrzeni urojonych (poprzedzających wymiary UR) do przestrzeni „rzeczywistych". (Koncepcja czasu urojonego pozwala naukowcom unikać dzielenia przez zero – co uniemożliwiałoby dalsze obliczenia).

W czasie urojonym mamy więcej wolności; możemy zawrócić i poruszać się wstecz w czasie. „Oznacza to, że nie byłoby istotnych różnic pomiędzy kierunkami zgodnymi z linią czasu i kierunkiem wstecznym czasu urojonego. Z drugiej strony, patrząc na czas „rzeczywisty", jak nam wiadomo, pomiędzy tymi dwoma kierunkami występuje olbrzymia różnica. Skąd bierze się ta różnica pomiędzy przeszłością a przyszłością? Dlaczego pamiętamy przeszłość, a nie pamiętamy przyszłości? (Zobacz wykłady Hawkinga, „In the Begginning of Time: 2002").

Być może Hawking i Hartle nieświadomie podążyli drogą wielkiego matematyka i fizyka Gottfrieda Leibniza, który (wraz z innymi) wprowadził liczby urojone w czasach renesansu. Leibniz zdefiniował liczbę urojoną *i* równaniem:

$$i \times i = -1$$

oraz opisał *i* jako „Świętego Ducha" matematyki. Leibniz stwierdził, że liczby urojone są „precyzyjnym i pięknym schronieniem dla boskiego ducha – który egzystuje pomiędzy istnieniem a nieistnieniem".

Chociaż Hawking być może nie zastanawia się nad „egzystencją pomiędzy istnieniem a nieistnieniem", to zastosowanie czasu urojonego dla wyobrażenia sobie początków wszechświata zwraca czasowi jego aspekt niekonsensualny. Dla Hawkinga czas zawiera komponentę urojoną oraz realną. Jeśli zapisać czas t jako liczbę zespoloną, czyli liczbę posiadającą zarówno wartość rzeczywistą, jak i urojoną,

$$t = t_{r\ czas\ rzeczywisty} + t_{i\ czas\ urojony}$$

lub krócej,

$$t = t_r + t_i$$

to można stwierdzić, że t_i jest niekonsensualnym aspektem czasu, „czasem urojonym". W matematyce osiąga on dokładną wartość, ale ponieważ jest to czas urojony, w kategoriach wartości UR nie może zostać zmierzony. Zatem 5*i* (na przykład) nie jest (w pomiarze) większa ani mniejsza od 3*i*.

W teorii Hawkinga-Hartle'a wartość rzeczywistego czasu t_r wynosi na początku wszechświata zero, ale istnieje czas urojony t_i. Jeśli pomyślimy o liczbie urojonej jako o „bycie" pomiędzy istnieniem a nieistnieniem, to lepiej zrozumiemy kolejne stwierdzenie Hawkinga: „Początek wszechświata w momencie Wielkiego Wybuchu był zdeterminowany stanem wszechświata w czasie urojonym". Jest to kolejny pogląd mówiący o tym, że wszechświat zaczął się w rzeczywistości nieuzgodnionej lub w epoce snu, śnieniu, które znajduje się gdzieś pomiędzy istnieniem a nieistnieniem w UR".

Chociaż w środowisku naukowym panują kontrowersje co do znaczenia czasu urojonego, możemy z pewnością powiedzieć, że matematyczna koncepcja czasu urojonego stanowi metaforę odmiennych stanów świadomości. Większość szamanów i terapeutów zdaje sobie sprawę z tego, że wydarzenia w życiu pochodzą z czasowo podobnych wymiarów snów. Innymi słowy, czas urojony jest metaforą krainy snów.

Każda konsensualna koncepcja jest liczbą zespoloną, ponieważ wszystko posiada składniki zarówno realne, jak i pochodzące ze snu. Na przykład drzewo jest realnym faktem w przestrzeni i równocześnie niekonsensualnym uczuciem obserwatora. Inny przykład to notacje dotyczące czasu, które zawierają w sobie aspekty rzeczywiste i pochodzące z krainy snów. Powiedzieć, że Twoją najlepszą porą dnia jest *poranek*, to jak stwierdzić, że w czasie rzeczywistym 8 rano wiąże się z atmosferą przebudzenia lub pierwszymi promieniami słońca. *Wieczór* lub *noc* jest w równym stopniu realne, jak poetyckie.

Tak więc czas urojony jest mataforą *atmosfery* kojarzącej się nam z czasem mierzonym zegarami. W czasie urojonym możemy poruszać się do przodu oraz wstecz na sposób nielokalny, ponieważ czas urojony niezwiązany z określonym punktem czasu rzeczywistego lub przestrzeni – wiąże się z pewną atmosferą. Na przykład ruszamy w „przyszłość", kiedy obawiamy się choroby bądź śmierci, możemy jednak powrócić do dzieciństwa i stać się dzieckiem w ciągu jednej minuty.

Nielokalności i liczby urojone

W świecie matematyki i fizyki liczby urojone uwolniły wiele fantazji.

W chwili obecnej interpretacja funkcji falowych Heisenberga, opisująca je jako tendencje, jest tylko jedną z co najmniej ośmiu możliwych interpretacji tych liczb urojonych. Czuję, że *wszystkie*, różne matematyczne interpretacje fizyki kwantowej są psychologicznie prawidłowe, ponieważ każda z nich ma coś szczególnego do powiedzenia o strukturze śnienia. *Każda interpretacja równania funkcji falowej ma szczególne niekonsensualne i niemierzalne znaczenie psychologiczne.*

Na przykład interpretacja standardowa – przedstawiona przez Nielsa Bohra, Wernera Heisenberga i innych (tak zwana interpretacja kopenhaska) – postrzega rzeczywistość jako częściowy twór obecności obserwatora. W ramach tej interpretacji nie można stwierdzić, czy funkcja falowa jest częścią obserwowanego systemu, czy obserwatora.

W książce „Quantum Mind" wykazałem, że idea Heisenberga jest psychologicznie prawdziwa: poprzez marginalizację niekonsensualnych doświadczeń kreujemy rzeczywistość UR. Na przykład w krainie snów symptom może być reprezentowany w postaci potwora lub daru. Jednak w rzeczywistości UR obie te formy są zazwyczaj marginalizowane. Zazwyczaj mówimy o symptomach w kategoriach problemów czynnościowych lub chemicznych (choć być może podejrzewamy, nie zdradzając tego nikomu, że myślimy również o symptomach jak o potencjalnych darach lub potworach).

W rozdziale 3 omawiałem interpretację fal kwantowych Johna G. Cramera w powiązaniu z ideą flirtów. Zgodnie z tą interpretacją z równań funkcji falowej wynika, że obserwacje bazują na interakcji dwóch fal kwantowych o równej sile i takiej samej częstotliwości poruszających się w przeciwnych kierunkach. Cramer porównał interakcję tych fal do „uścisku dłoni" komunikujących się ze sobą urządzeń elektronicznych. Po zaistnieniu owego „uścisku" zaczyna się proces komunikacji w rzeczywistości UR.

Uważam, że wyczuwamy „flirty" lub „przedsygnały", a później, kiedy rozpoczyna się konsensualna komunikacja, marginalizujemy te flirty, tak samo jak zapomina się o brzęczeniu poprzedzającym połączenie dwóch faksów, kiedy już zaczynają przesyłać informacje.

Biorąc pod uwagę flirty, nie jesteśmy w stanie określić, czy to obiekt chce zostać poddany obserwacji, czy też coś w nas, chce spojrzeć na niego. Wynika to z faktu, że te oddziaływania zachodzą w świecie subatomowym, w rzeczywistości wirtualnej lub w *czasie urojonym*. Nasze ciała są splątane z otaczającym światem niemierzalnymi, nielokalnymi związkami.

Kiedy Cramer pracował dla NASA, napisał wspaniały artykuł wyjaśniający swoje stanowisko[1]. Zauważa, że urojone fale w fizyce (czyli dwie fale sprzężone kwantowej funkcji falowej) można rozumieć nielokalnie. Stwierdził, że z uwagi na to, że jedna fala porusza się w przyszłość, a druga w przeszłość, nielokalność zawiera się i stanowi podstawę równań w fizyce mikrocząsteczek[2]. Nielokal-

[1] „Quantum Nonlocality and the Possiblility of Supraliminal Effects", 1997.

[2] Cramer pisze: „Proces odzwierciedlania jest to dwustronny kontrakt pomiędzy przyszłością a przeszłością w celu transferu energii, pędu itd.". Teoria kwantowa jest nielokalna, ponieważ „przyszłość, w ograniczonym zakresie, wpływa na teraźniejszość" (jeżeli chodzi o korelacje pomiędzy falami kwantowymi na poziomie nieuzgodnionej rzeczywistości).

ność odnosi się do niekonsensualnych aspektów obiektów i ludzi pozwalających na przebywanie wszędzie i zawsze włącznie z przeszłością i przyszłością. Poza rzeczywistością UR istnieją powiązane ze sobą doświadczenia nielokalne, które nie wytwarzają możliwych do zmierzenia sygnałów. Tak więc wszystko, włącznie z symptomem, zostaje stworzone przez niemierzalne lub urojone doświadczenia z przyszłości i przeszłości – są to przedsygnały pozostawiające ślady w naszych snach, fantazjach oraz chwilowych zagłębieniach w odmienne stany świadomości, w których funkcjonują flirty.

Przyczynowość wsteczna

Dla większości ludzi termin *przyczynowość wsteczna* brzmi mniej rozsądnie od zwyczajnej przyczynowości. Większość z nas odczuło, że przeszłość jest przyczyną teraźniejszości i przyszłości. Przyczynowość wsteczna brzmi jak sprzeczność. W jaki sposób przyszłość mogłaby wpływać na teraźniejszość i przeszłość?

Rozważmy rzecz następującą. Jeśli sięgniesz myślą wstecz, to potrafisz wyobrazić sobie, w jaki sposób wydarzenia z przeszłości ukształtowały w pewnej mierze to, co robisz obecnie. Tak samo chwila obecna oraz to, czym się teraz zajmujesz, są prawdopodobnie pod wpływem oddziaływania tego, kim staniesz się w przyszłości. Ponieważ wydarzenia z przyszłości dzieją się w czasie urojonym, w krainie snów, to nie możemy ich zmierzyć lub zweryfikować w rzeczywistości uzgodnionej (przynajmniej obecnie stosowanymi metodami), ponieważ weryfikacja UR musiałaby posiąść zdolność śledzenia sygnałów z przyszłości, które poruszają się z szybkością większą od prędkości światła. W naszej UR jeszcze nikomu nie udało się zmierzyć czegoś takiego.

Pomimo tego, w snach oraz obliczeniach czasu urojonego możemy mówić o wydarzeniach z przyszłości, które stykają się z wydarzeniami z przeszłości. Na przykład nasza „przyszła" śmierć, wyobrażona lub doświadczona w śnie, sięga „wstecznie" do naszych dzisiejszych uczuć i myśli, budząc strach, ale także możliwą niezależność oraz wolność.

Spróbujmy zbadać wsteczną przyczynowość, aby zobaczyć, jak symptomy mogą być organizowane przez przyszłość. Pierwszym krokiem w tych badaniach będzie obudzenie przejrzystej uwagi ukierunkowanej na minimalne doświadczenia nanowielkości. Później skupimy się na symptomach.

W kolejnych krokach proponuję, abyś wykorzystał świadomość do uchwycenia zdarzeń – krótkotrwałych przejawień bądź flirtów – które ujawniają się wyłącznie przez chwilę.

Ćwiczenie: Trening uwagi

- *Na początek rozbudźmy uwagę, zanim zastosujemy ją do pracy z symptomami.* Pierwszym krokiem do skupienia uwagi jest zrelaksowanie się, kilka głębszych oddechów, zamknięcie oczu lub przynajmniej przymknięcie ich. W miarę pogłębiania się relaksacji dostrzeżesz punkt, w którym Twoje powieki będą gotowe do podniesienia się. Otwierając powoli oczy, wykorzystaj świadomość do zarejestrowania pierwszych rzeczy, które przyciągną uwagę. Uchwyć to i utrzymaj. Po otwarciu oczu z Twoją uwagą może flirtować szereg rzeczy; niech umysł wybierze, na której z nich się skupić.

Co przyciągnęło Twoją uwagę? Czy to był kolor, obiekt, ruch?

- *Niech ta rzecz „sama się wyjaśni".* Tak, jakby opowiedziała o swoim znaczeniu. Zapamiętaj to, nawet jeśli taka interpretacja wydaje Ci się niejasna. Zanotuj tę interpretację.

Jedna z czytelniczek próbująca wykonać w nocy owo ćwiczenie, zobaczyła w oknie odbicie lampy. Lampa „powiedziała" jej: „Jestem tutaj, istnieje światło i wiedza, nawet jeśli nie wierzysz, że można coś pojąć bez wysiłku".

• *Zapytaj siebie, czy interpretacja tego, co usłyszałeś/aś od rzeczy przyciągającej Twoją uwagę, może nieść w sobie odpowiedź na jakieś ogólniejsze pytanie dotyczące życia.*

Na przykład: kiedy kobieta rozważyła „słowa" lampy, przypomniała sobie o wątpliwościach dotyczących jej inteligencji, co skłaniało ją do myślenia, że powinna więcej uczyć się z książek. Flirt sugerował, żeby uwierzyła w swoją wewnętrzną mądrość.

• *W jaki sposób ten przekaz może pochodzić z przyszłości?* Czy to, co przyciągnęło uwagę, było jakimś potrzebnym aspektem lub aspektem Twego przyszłego *ja*? Czy był to przebłysk przyszłego *ja*? A może ta wiadomość była intuicyjnym wglądem pochodzącym od większego *ja*, którym pewnego dnia możesz się stać?

Na przykład: osoba, która zobaczyła lampę w oknie, poczuła, że był to obraz „totalnie spontanicznej osoby", kogoś, kto nagle coś wie, nie obmyślając tego. Czytelniczka powiedziała, że chciałaby być taką osobą.

• *Teraz, kiedy Twoja przejrzysta świadomość została rozbudzona, pozwólmy, aby popracowała nad symptomami cielesnymi.* Pierwszym krokiem będzie przypomnienie sobie symptomu, który w ostatnich latach sprawiał kłopot albo właśnie teraz Ci dolega. Przy wyborze symptomu zaufaj swojej intuicji. Możesz także wybrać symptom, który pierwszy skupi Twoją uwagę.

Na przykład jedna z czytelniczek wybrała do pracy *pulsatile tinitus*, czyli „dzwonienie w uszach". To dzwonienie wzrastało w chwilach, gdy wzmagało się bicie jej serca.

• *Teraz wycisz się i skup na oddychaniu.* Kiedy będziesz bardziej zrelaksowany, łagodnie skieruj uwagę w okolicę symptomu, poczuj go, jeśli to możliwe (a jeśli nie dasz rady, zobacz go lub przypomnij sobie to uczucie) i niech jakiś aspekt tego symptomu przyciągnie Twoją uwagę. Jaki aspekt flirtuje z Tobą w tej chwili?

• *Co takiego w symptomie skupia Twoją uwagę?* Czy jest to uczucie, ruch, wrażenie, obraz, myśl? Niech nieświadomość wybierze któryś z flirtów, po czym skup się na nim i utrzymuj go w świadomości. Coś w Tobie będzie wiedziało, co wybrać.

Na przykład wspomniana czytelniczka wybrała dźwięk *ping* brzmiący wewnątrz ucha.

• *Kiedy skupiasz się na symptomie, utrzymuj uwagę na szczególnym aspekcie, który przyciąga uwagę*. Jaki to jest aspekt? Niech on nad Tobą pracuje. Załóżmy, że ten flirt potrafi się z Tobą komunikować. Co takiego mówi? Słuchaj i uchwyć pierwsze związane z nim obrazy. Niech flirt Tobą poruszy. Zatańcz go. Wsłuchaj się w niego, wizualizuj... Następnie zapisz to, co *mówił*.

Na przykład czytelniczka powiedziała, że *ping* przypomniało jej o ruchach spontanicznego dziecka, które niepohamowanie wpadało na wszystko dookoła. „Ping, bang, łups ... ale zabawa!"

• *Jeśli masz kłopoty ze zrozumieniem lub zaakceptowaniem tej wiadomości, zapytaj siebie, jaka jest esencja tego przekazu?* Jakie jest jej źródło – tendencja, podstawowe znaczenie.

Na przykład czytelniczka powiedziała, że esencją tego przekazu była wolność i dziecięca spontaniczność.

• *W jaki sposób wiadomość uzyskana z symptomu jest przekazem z przyszłości oraz odpowiedzią na Twoją obecną sytuację życiową?* Czy znałeś tę wiadomość, ale marginalizowałeś ją? Dlaczego ją marginalizowałeś? Czy ta wiadomość nie odpowiada Twojej obecnej tożsamości? Być może ignorujesz głęboką część swojego obecnego i przyszłego *ja*?

Czytelniczka powiedziała, że miała sen o tym, że kiedy będzie starsza, będzie też bardziej swobodna i spontaniczna niż obecnie. Dziś miałaby zahamowania i czułaby się zawstydzona takim sposobem bycia. Czuła, że jej sen był „wielkim snem", ale w obecnym życiu była obarczona tak wielką ilością obowiązków, że nie miała czasu na to, by być spontaniczną!

• *Daj szansę tej wiadomości lub jej esencji, aby dokonała transformacji Twej osoby w obszarze codziennej rzeczywistości.* Niech przyszłość porusza Tobą dzisiaj. Zamiast utrzymywać ją w świecie snów i symptomów cielesnych, poruszaj rękami lub – o ile możesz – wstań i zatańcz tę wiadomość. Daj sobie na to kilka minut. Odbierz przekaz, bądź tym przekazem, spróbuj żyć w jego świecie i zauważ, że to było już obecne, starając się dotrzeć do świadomości, lecz prawdopodobnie zostało zmarginalizowane. Stań się nadawcą tej wiadomości.

Czytelniczka powiedziała: „Wstałam i tańczyłam w moim pokoju, fruwałam, udawałam, że jestem dzieckiem i bardzo się cieszyłam". Pozwoliła sobie doświadczyć tego, że była zarazem bardzo młodą, a jednocześnie swobodną, starszą osobą.

• *W jaki sposób Twoja osobista historia oraz obecne zachowanie musi się zmienić, żeby zaakceptować i zintegrować ten symptom, tę wiadomość z przyszłości?*

Czytelniczka mówiła, że dorastała w bardzo konserwatywnej rodzinie. Uwierzyć w swoje wewnętrzne dziecko oznacza dla niej radykalną zmianę życia.

• *W jaki sposób Twój symptom związany jest ze światem, a może wszechświatem?*

Czytelniczka powiedziała, że cały otaczający ją świat dorosłych jest zanadto przerażający i poważny. Jej świat potrzebuje więcej dziecięcej zabawy i kreatywności.

• *Poczuj, w jaki sposób ta wiadomość wpływa na symptom.* Jak to się dzieje, że symptom jest rodzajem przesłania pochodzącego od Twojego przyszłego *ja*?

Być może doświadczenie symptomu było przekazem z przyszłości, niekonsensualną wskazówką z innego czasu mówiącą o tym, jak teraz żyć pełniej.

Symptomy – „odbiornikami" podłączonymi do wszechświata

Nielokalne aspekty symptomów cielesnych łączą Cię ze światem. Można powiedzieć, że ciało jest rodzajem odbiornika radiowego, który odbiera wiadomości z przyszłości. Są to osobiste informacje pochodzące z całego wszechświata. Symptomy dają wrażenie, że siła ciszy pragnie, abyś odegrał określone role w życiu.

Prawie nie zauważając tych wiadomości, Twoje codzienne *ja* często idzie przez życie, zastanawiając się, dlaczego jest ono tak niezgłębione. Dokąd idziemy? Jaki jest sens życia? Dlaczego mam jakiś symptom? Co mam robić w swoich związkach?

Nawet jeśli mamy tylko niewielką świadomość tych pytań, wszechświat „telefonuje" do nas, odpowiadając tym, co przyciąga naszą uwagę, na przykład symptomami.

Na swój sposób symptom cielesny jest jak rozmowa telefoniczna z wszechświatem. Dzwonienie oznacza: „Czy ktoś podniesie słuchawkę? Mam coś do powiedzenia". Ćwicz swoją świadomość i podnoś słuchawkę.

Być może na Twoim biurku nie ma miejsca na telefon. Zrób je dla tych informacji w uzgodnionej rzeczywistości. Życie nie jest kompletne bez tych „telefonicznych" rozmów.

Życie i zdrowie są zdeterminowane tym, co wydarza się w czasie urojonym, w tych obszarach, które „poprzedzają" rzeczywistość UR, z których wyłaniają się wytwory śnienia. Marginalizowanie czasu urojonego to nie tylko problem naukowy, ale zagadnienie dotyczące zdrowia publicznego. Z punktu widzenia praktykowania medycyny wielowymiarowej, rzeczywistość uzgodniona jest gorsza od wirusa – jest to wróg publiczny nr 1, ponieważ opowiada tylko o minimalnej części rzeczywistości, ale uważa, że jest całością. UR mówi, że symptom warto wziąć pod uwagę tylko wówczas, kiedy przeszkadza, i traktując go wyłącznie w kategoriach choroby i zdrowia. Flirty Twojego ciała są nieważne.

Jednak ten poważny problem zdrowotny można rozwiązać. Zauważaj flirty pochodzące od symptomów, gdyż mogą stać się lekarstwem płynącym od Twego przyszłego *ja*. Wychwytuj i podążaj za minimalnymi odczuciami dochodzącymi z ciała. Zrób to, zanim jeszcze umysł zdąży je osądzić. Jest to najmniejszy oraz największy krok, jaki możesz wykonać dla siebie i świata.

ROZDZIAŁ 13.

Wolność od genetyki

Na dziedziczność wpływają zarówno genetyka, jak i rezonans morficzny.

Rupert Sheldrake, 1997

Jeśli symptomy można wiązać z przyszłością, to z pewnością są także powiązane z przeszłością. Statystycznie znaczące, rozpoznane związki przyczynowe z historią osobistą biolodzy nazywają genetyką. Historia osobista jest kombinacją faktu, fikcji, genetyki i mitu. Hitoria mówiąca o tym, skąd pochodzisz, kim są Twoi przodkowie, wiąże się z biologicznymi wzorcami wyniesionymi z przeszłości.

Genetyka może dać odpowiedź na pytanie, jakie jest prawdopodobieństwo wystąpienia u Ciebie choroby, na którą chorowali krewni. Jej reguły mówią o możliwości wystąpienia skłonności do określonych symptomów.

W tym rozdziale zajmę się sposobem, w jaki Twoje geny mogą się wiązać z mitem osobistym. W następnym rozdziale zastanowię się nad tym, jak i dlaczego genetyka może być kontrolowana lub reorganizowana nie tylko przez trucizny i promieniowanie, ale także przy użyciu świadomości.

Jesteśmy genetycznie zaprogramowani do unikania pewnych chorób, a zapadania na inne. A jednak świadomość fali kierujących i mitów może zmienić ten rodzaj „programu" w nieoczekiwany sposób. Nowe idee prowadzą nas do „metody psychogenetycznej", która została oparta na interakcji pomiędzy genami i snami.

Biologia komórki

Jak dotąd zajmowaliśmy się w tej książce ciałem człowieka na poziomie cząsteczek i atomów. Przejdźmy zatem do myślenia w kategoriach komórek, podstawowych jednostek tworzących żywe systemy. Możemy je nazwać „atomami życia".

Komórki są małe. Na powierzchni główki szpilki zmieści się 10 000 komórek ludzkich! Każdy z nas liczy około 75 bilionów (75×10^{12}) komórek! Każda komórka zawiera zestaw chromosomów z dziedzicznym materiałem genetycznym, który kieruje naszym rozwojem. Ten materiał składa się na genom. Najprostszy szkic typowej komórki z zaznaczonym genomem (ciemniejsze koło wewnątrz) obrazuje jądro komórki oraz chromosomy w kształcie X.

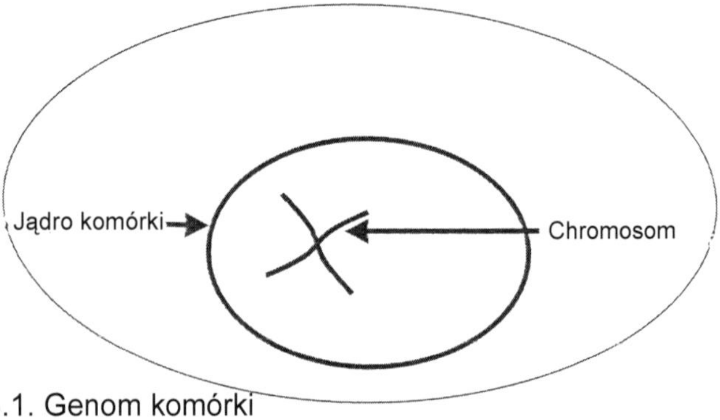

Rys. 13.1. Genom komórki

Chromosomy zawierają kod genetyczny składający się z DNA – miliardów atomów tworzących dwa zwoje zwinięte w podwójną spiralę. Gdyby rozwinąć DNA jednej komórki ludzkiej, powstałaby nitka o długości dwóch metrów!

Rys. 13.2. Rozwinięty chromosom

Nasz materiał genetyczny jest podobny do genomów innych form życia – takich, jak muchy, goryle, bakterie czy niedźwiedzie. Genom małpy różni się od naszego jednym procentem. Kiedy komórka nie znajduje się w trakcie podziału lub replikacji, nasze DNA zajmuje przestrzeń całej komórki. Jednak przy podziale komórki DNA zwija się w nić chromosomów, które przekazują kod genetyczny następnym pokoleniom. Liczba chromosomów w jednej komórce jest stała dla każdego gatunku. Ludzie posiadają 46 chromosomów, czyli 23 pary. Każda para ma kształt podwójnej spirali.

Naukowcy sądzą, że ludzkie DNA istnieje od trzech i pół miliarda lat. Wypadki przydarzające się genomom mogą pochodzić z wewnątrz lub z zewnątrz, powodując uszkodzenie DNA i wpływając na reprodukcję komórek w przyszłości. Według współczesnych teorii, dobór naturalny korzysta z tych wypadków lub mutacji i dokonuje przesiewu „mutantów" w zależności od ich dostosowania. Tylko „najlepsze" pomyłki mogą przetrwać. W tym ujęciu natura funkcjonuje jak fabryka samochodów, która wytwarza wiele pojazdów i próbuje wiele silników. Najlepsze to te, które wykazują się największą mocą i efektywnością; najgorsze są „wypadkami" dającymi złe, a nawet niebezpieczne efekty.

Pod koniec dziewiętnastego wieku Grzegorz Mendel odkrył podstawowe zasady rządzące genetyką. Na przykład wyjaśnił, dlaczego dzieci mogą być bardziej podobne do dziadków niż do rodziców.

Genetyka Mendla

Badania genetyczne budzą strach i przerażenie, w zależności od tego, czy są stosowane w celu leczenia chorób, czy klonowania nowych i „lepszych" gatunków. Obecnie genetyka opracowała rodzaj mapy ludzkiego świata, ale nie dotarła jeszcze do szczegółów. Widzimy kontynenty, ale jeszcze nie widać ulic na tej „mapie".

W latach sześćdziesiątych XIX w. austriacki mnich Grzegorz Mendel został ojcem współczesnej genetyki dzięki stwierdzeniu, że czynnik nazwany genem jest podstawową jednostką dziedziczenia. Nie wiedział, czym jest materiał genetyczny ani gdzie jest on zlokalizowany, ale odkrył, że to on determinuje dziedziczenie szczególnych cech lub ich grup. Jego teoria stanowiła obietnicę rozwiązania tajemnic dziedziczenia i ewolucji, zaś badania wykazały, że geny podlegają prostym prawom statystyki.

Mendel odkrył, że geny podlegają prostym prawom statystyki. Należy przy tym pamiętać, że potomstwo pochodzi od pary zwierząt lub roślin tej samej lub różnej rasy, odmiany, itd.

Prawo Mendla stwierdza, że każda cecha dziedziczna jest określona przez jednostki dziedziczności (tę nazwę wprowadził Mendel, dzisiaj nazywane są genami) występujące parami. W czasie tworzenia się gamet każda para genów podlega segregacji (rozdzieleniu) w taki sposób, że każda komórka rozrodcza otrzymuje tylko jeden gen z danej pary. To oznacza, że gameta zawiera jeden rodzaj genu warunkującego daną cechę. Pierwsze prawo odnosi się do dziedziczenia jednej cechy i można je przedstawić graficznie (przy pomocy krzyżówki). Dzięki temu można przewidywać, co się dzieje w naturze, kiedy pojedyncze pary alternatywnych cech obserwujemy przez kilka pokoleń.

Rozpatrzmy poniższy przykład. Pojedynczy gen (R) decyduje o kolorze kwiatu. R jest genem dominującym i sprawia, że kwiat jest koloru ciemnego, z kolei r jest genem recesywnym odpowiedzialnym za jasny kolor kwiatu. Ponieważ R „dominuje" w połączeniu z r, w kombinacji Rr kwiat będzie ciemny. Tylko w nielicznych przypadkach kwiat okaże się biały, kiedy połączą się recesywne geny rr.

Zatem rodzice o genach Rr mogą najprawdopodobniej mieć potomstwo przedstawione w „kwadracie Punetta".

	R	**r**
R	**RR**	**Rr**
r	**Rr**	**rr**

Pojawienie się potomstwa RR zachodzi z prawdopodobieństwem 1:4 – z dwoma genami dominującymi koloru ciemnego. Prawdopodobieństwo wystąpienia potomstwa Rr (również koloru ciemnego) wynosi 2:4. Pojawienie się potomstwa rr (koloru jasnego) zachodzi z prawdopodobieństwem 1:4.

Obecnie wiadomo, że „jednostka dziedziczenia" Mendla – gen – zajmuje pewne miejsce w chromosomie, noszące nazwę locus. W 1953 r. Watson i Crick odkryli fizyczną i chemiczną strukturę DNA (kwasu deoksyrybonukleinowego), podwójną helisę. Podwójna helisa DNA składa się z dwóch długich, oddzielnych nici polinukleotydowych owijających się wokół wspólnej osi. Dwa łańcuchy trzymają się razem dzięki chemicznym oddziaływaniom między minimalnymi „cegiełkami", *nukleotydami.* Geny – DNA – znajdują się w licznych jednostkach nukleotydowych. Informację genetyczną tworzy sekwencja (łańcuch) czterech różnych jednostek nukleotydowych. (Każde ogniwo – sekwencja – łańcucha ze swoim zaczepem to jednostka nukleotydowa. W DNA występują cztery różne nukleotydy: adenina – A, tymina – T, guanina – G, cytozyna – C).

DNA jest podobne do spiralnych schodów, zaś geny mogłyby być stopniami tych schodów. Poniżej załączona jest ilustracja helisy z genami. Geny składają się z tysięcy par jednostek bazowych (a właściwie par zasad). Żeby odczytać kod, naukowcy muszą „wyprostować" zwoje i sprawdzić, jak zostały uformowane.

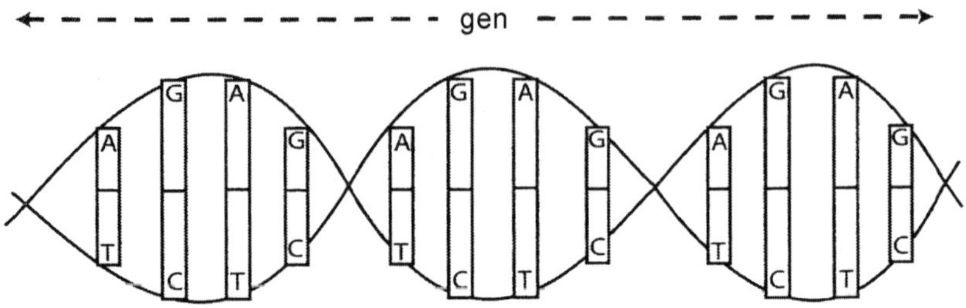

Rys. 13.3. Ulokowanie genów pomiędzy komplementarnymi nićmi DNA. Jednostki nukleotydowe A, T, G, i C tworzą czteroliterowe „słowo", w którym zawarta jest informacja genetyczna

Genetyka człowieka – 100 000 naszych genów

23 pary chromosomów mają bardzo duży wpływ na nasze życie. Jeśli na przykład w genotypie pojawi się nadliczbowa kopia chromosomu 21 (trisomia, czyli 3 chromosomy zamiast 2), to mamy do czynienia z zespołem Downa.

Geny przodków determinują wiele naszych cech fizycznych. Czynniki genetyczne w stosunkowo dużym stopniu wpływają na takie cechy, jak wzrost. Na inne, jak na przykład wagę, większy wpływ mają czynniki środowiskowe. Jeszcze inne cechy, na przykład grupa krwi czy antygeny, które mogą odrzucić przeszczepiane organy, wydają się całkowicie genetyczne. Oznacza to, że nie istnieją znane czynniki środowiskowe, które mogłyby zmienić te cechy[1].

[1] Mae-Wan Ho napisał alternatywną pracę krytykującą genetykę oraz inżynierię genetyczną. „Genetic Engineering, Dream or Nightmare". Continuum Publishing, New York, 1998.

Ludzki genom zawiera około 100 000 genów, z których blisko 4000 może wiązać się z chorobami. Podatność na zachorowania na niektóre choroby zależy od tych genów. Są to takie choroby, jak cukrzyca, choroba Alzheimera, stwardnienie rozsiane, schizofrenia, choroba Huntingtona, malaria, wiele form raka, migrena, alkoholizm, nadciśnienie i zaburzenia dwubiegunowe.

Chociaż niektóre cechy fizyczne są w znacznym stopniu zdeterminowane genetyczne, to nikt nie jest całkowicie zaprogramowany. Na długość życia wpływa sposób, w jaki traktujesz organizm, gdzie mieszkasz i jak się odżywiasz. Ponadto sposób odczuwania i myślenia oddziałuje również na poziomie genetycznym i biochemicznym[2].

Nic w Tobie nie jest zdeterminowane jednym czynnikiem ani ich grupą. Cechy, które są dziedziczne, na przykład kolor skóry, mogą podlegać zmianom pod wpływem środowiska (np. opalania na słońcu). Z drugiej strony cechy, na które mają duży wpływ czynniki środowiskowe (jak np. waga), nie są wolne od czynników genetycznych. Zapłodniona komórka jajowa, z której wyrastamy, zawiera podstawowy program konstytucji ciała, ale końcowe wyniki mogą być bardzo różne w zależności od sposobu życia.

Dziedziczność nie jest przeznaczeniem. Geny dają ogólny zarys tego, co może się wydarzyć, ale nie mówią o indywidualnych „wypadkach" zdarzających się w komórkach, ani o tym, kto wpadnie na nas, zmieniając nasze życie. Życie jest mieszaniną przypadku i determinizmu, która czyni życie nieprzewidywalnym.

Jeden z moich przyjaciół przeprowadził ankietę na konferencji genetyków i stwierdził, że większość respondentów uznała, że to,

[2] W książce z 2002 roku pt. „The Psychobiology of Gene Expression: Neuroscience and Neurogenesis in Hypnosis and the Healing Arts" Ernie Rossi pisze, że nie ma już wątpliwości co do oddziaływania na poziomie molekularnym.

co się z nami dzieje, ma w połowie przyczyny genetyczne, a w połowie środowiskowe. Środowisko jest powszechnym terminem opisującym psychologiczny wpływ wychowania, ludzi z którymi się dorastało, spożywanego jedzenia, szkoły, itd.

Nielokalne oddziaływanie na geny

Jak dotąd nie istnieje jeszcze zintegrowany paradygmat łączący genetykę, medycynę, psychologię z oddziaływaniem środowiska. Z poprzednich rozdziałów dowiedzieliśmy się, że pochodzące z krainy snów odczuwanie atmosfery otaczającej daną osobę czy organizację jest nielokalne. Siła ciszy, pola kwantowe, które odczuwamy w krainie snów jako „środowisko", dotykają wszystkiego w nieuzgodniony (czyli zasadniczo niemierzalny) sposób. Z tego punktu widzenia „genetyczne wypadki" (czyli nagłe zmiany w molekularnej strukturze genów) oraz wynikająca z tego „naturalna selekcja najlepiej przystosowanych" są także związane z polami niekonsensualnymi.

W poprzednim rozdziale spotkaliśmy się z angielskim biologiem Rupertem Sheldrake'em i z zaproponowanymi przez niego polami morfogenetycznymi. W jego ujęciu selekcja naturalna zależy od tego, czego nauczyliśmy się w przeszłości. Według Sheldrake'a fakt, że wcześniejsze pokolenia nauczyły się nowych rzeczy, sprawia, że łatwiej jest się nam nauczyć tego samego obecnie. (Jednym z dowodów czyniących tę zasadę prawdopodobną są nowe rekordy ustanawiane na kolejnych igrzyskach olimpijskich).

Sugerowałbym, że tęczowa medycyna jest paradygmatem łączącym psychologię, medycynę i środowisko. Jako medycyna kwantowa bada efekty wpływu, jaki na genetykę wywiera nielokalność kwantowa. Medycyna tęczowa jest kwantową medycyną w takim zakresie, w jakim bada efekty (1) kwantowej nielokalności,

(2) wzorów fal pilotujących i (3) linii pieśni naszego śnienia w genetyce. Wiemy, że kod genetyczny może zostać zmieniony przez takie czynniki, jak promieniowanie, które uszkadza chromosomy. Ponadto w trakcie replikacji niewyjaśnione pomyłki przy reprodukcji (wypadki) mogą uszkodzić geny. Przypadki tego rodzaju zachodzące w procesie replikacji są częściowo odpowiedzialne za choroby i starzenie się.

To, co w UR wydaje się zaburzeniem na poziomie atomowym lub molekularnym, może być skutkiem nie tylko znanych przyczyn fizycznych, takich jak toksyny, promieniowanie lub nawet zmiany grawitacji, ale także niemierzalnych podstaw tych przyczyn – tym, co nazywam siłą ciszy. Wiemy, że prawie wszystkie symptomy wyjaśniane przez medycynę w kategoriach specyficznych przyczyn konsensualnych, są doświadczane w snach w formie mitycznych wyobrażeń. Nazwałem to śniącym ciałem, opisując zjawisko w książce pod takim samym tytułem. To, co jest doświadczane jako przypadkowa choroba, może pojawić się w snach jako wzorzec próbujący zamanifestować się w życiu danej osoby. Na przykład jedna z moich klientek, chorująca z powodu napromieniowania spowodowanego wyciekiem z reaktora atomowego, śniła, że jej przyjaciel z jednego powodu zmienił cały świat[3].

Uczucia i związki wpływają zarówno zaburzająco, jak i uzdrowicielsko na nasze zdrowie i samopoczucie. To odkrycie zostało potwierdzone w UR wieloma eksperymentami w dyscyplinach badających procesy psychosomatyczne. Dlatego rozsądnie jest wyobrazić sobie, że niekonsensualne pola, fale pilotujące oraz interakcje z naszym mitem osobistym także wpływają na chemię biofizyczną.

---

[3] Przyjaciel ze snu miał do przekazania śniącej ważną wiadomość o treści osobistej, której nie mogę tutaj powtórzyć.

Twoja genetyka

Zanim dowiemy się, jak śnienie oddziałuje na genetykę, zacznijmy od podstaw. Weź pod uwagę własną genetykę. Poniższe pytania mogą być pomocne w lepszym kontakcie z doświadczeniem Twojej historii osobistej, ludzi i pól, które wpłynęły na Twoje obecne życie.

Nie przejmuj się tym, czy odpowiedzi będą pełne lub „prawidłowe". Poniższe pytania mają na celu pomóc w tym, byś zaczął zastanawiać się nad swoim dziedzictwem.

- *Zastanów się, czy któraś część Twojego organizmu mogła zostać odziedziczona po rodzicach lub dziadkach? (Jeśli nie znasz biologicznych rodziców, to sobie ich wyobraź. Moje doświadczenie mówi, że wyobrażenie tych osób często okazywało się być bliskie rzeczywistości).*
  Niech odpowiedzi będą mieszanką faktów i fantazji. Skąd wzięła się waga, budowa ciała, odcień skóry, kolor włosów i kształt oczu? Czy Twoja sylwetka jest podobna do któregoś z członków rodziny?

- *Czy obawiasz się zachorowania na przypadłość któregoś z przodków? Skąd wzięło się Twoje serce i układ krążenia? Kto miał raka, cukrzycę, problemy z jelitami, artretyzmem, osteoporozą?*

- *Czy bierzesz jakieś leki? Jeśli tak, to czy są one związane z historią rodziny? Z którą linią?*

- *Z kim kojarzysz swoje talenty? Skąd wzięły się Twoje największe zalety?*

- *W jaki sposób jesteś żywą częścią historii? Innymi słowy, wyobraź sobie, w jaki sposób przyczyną Twoich niepokojów są nie tylko geny, ale także nierozwiązane problemy Twoich rzeczywistych lub wyobrażonych rodziców oraz przodków? Na ile jesteś dopasowany do historii swojej rodziny albo kultury? W jakim stopniu jesteś kimś nowym, a jednocześnie historią z przeszłości próbującą się dopełnić?*

W pewien sposób jesteś tyglem historii, naczyniem, w którym historia stara się przetransformować. Problemy Twojego organizmu mogą być jednym z łączników z przeszłości oraz rozwiązaniem dla przyszłości.

Ćwiczenie: Teatr genu i snu

Kiedy weźmiesz pod uwagę, jak Twoja genetyka UR wiąże Cię z Tą historią, możesz zacząć wyobrażać sobie historyczny teatr, który w moim odczuciu wygląda jak ilustracja stosowana w Mayo Clinic.

Diagram na stronie 194 jedynie śledzi nasze zlokalizowane geny. Nie odnosi się do nieskończonej liczby kreatywnych możliwości, jakie wiążą się z tą mapą. Jednak weźmiemy je pod uwagę. Zacznijmy od tego, że pozwolisz sobie poeksperymentować, pofantazjować z przedstawieniem postaci z Twojej lub z wyobrażonej rodziny.

- *Wyobraź sobie, że jesteś w teatrze* i wygodnie siedzisz na widowni. Kiedy unosi się kurtyna, pojawiają się na scenie aktorzy i okazuje się, że jest to Twoja rodzina!
- *Wyobraź sobie na scenie swoje rodzeństwo, rodziców i dziadków.* (Jeśli ich nie znasz, to spróbuj sobie wyobrazić).
- *Usytuuj te postacie na scenie w dowolny, zgodny z Twoimi odczuciami sposób.* Siebie możesz umieścić na przykład w środku.

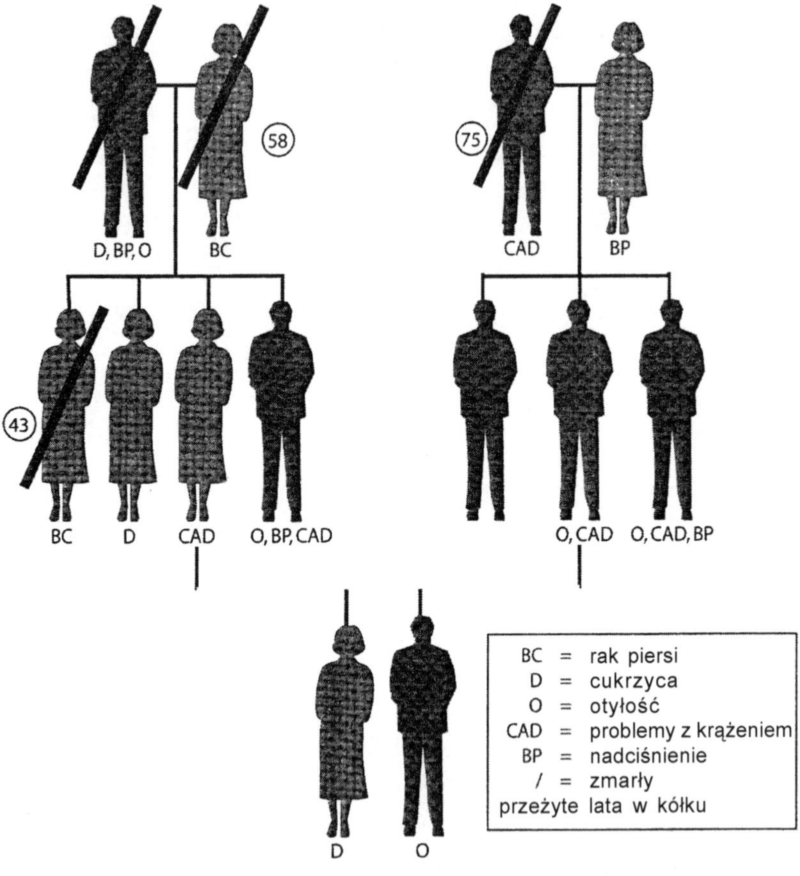

Rys. 13.4. Mapa dziedziczności. Stosowana w Mayo Clinic w Stanach Zjednoczonych mapa genetyczna obrazuje, w jaki sposób takie choroby, jak rak, cukrzyca, otyłość i problemy z krążeniem są przekazywane z pokolenia na pokolenie

- *Możesz także zaprosić innych członków rodziny – każdego, kto jest dla Ciebie ważny.* Kiedy zaczyna się sztuka, możesz dodać do tej psychodramy także ludzi, którzy już nie żyją albo dopiero mają się urodzić.

• *Najłatwiej będzie to zrobić za pomocą karteczek.* Potnij kartkę papieru na małe skrawki i napisz na nich „mama", „tata", „dziadek" itd. Umieść karteczki na scenie przed sobą. Zanotuj pierwszy akt – czyli sposób umieszczenia kartek. Na przykład jedna z moich czytelniczek sformułowała pierwszy akt następująco:

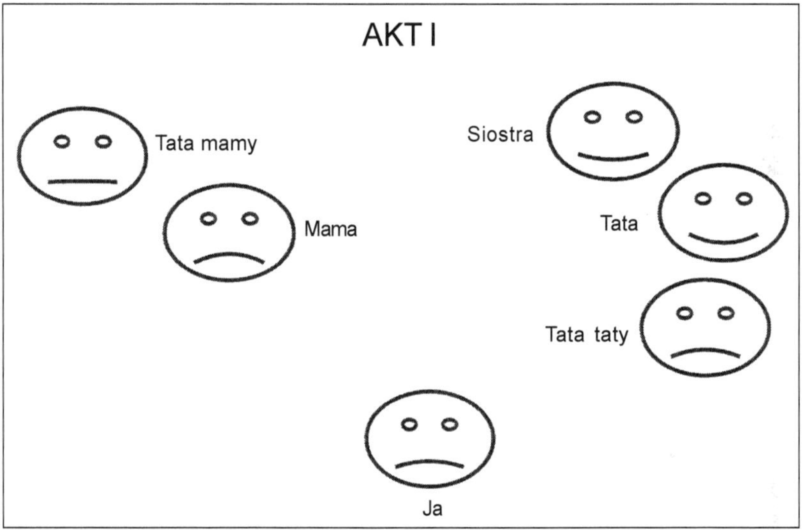

Rys. 13.5. Pozycje na scenie teatru genetycznego

Z powyższego diagramu możesz odgadnąć, że nasza reżyserka czuła się bliższa dziadkowi niż rodzicom. Może to być prawdziwe zarówno genetycznie, jak i psychologicznie.

• *Kiedy już ułożyłeś karteczki w odpowiednich miejscach, pozwól na to, aby zaczęła oddziaływać kreatywna moc siły śnienia.* Dodawaj nowe postacie, które w Twoim odczuciu są potrzebne, aż poczujesz, że sztuka została w pełni „zrealizowana".

• *Odpocznij i zastanów się nad tym, co się stało.* Końcowa „scena" może być kombinacją dziedzictwa psychologicznego oraz genetycznego, a także psychologiczną zmianą, która próbuje zaistnieć w Tobie.

• *Na przykład kobieta, o której wspomniałem, powiedziała, że była zaskoczona końcowym ustawieniem. W I akcie powiedziała, że czuła się „rzucona w przeszłość", w kierunku dziadka ze strony ojca, do którego była podobna. On był jej najbliższy, najmniej uczuć przejawiała wobec siostry. Powiedziała także, iż najwidoczniej odziedziczyła choroby po dziadku. W scenie końcowej czytelniczka dodała podziwianą przez nią społeczną aktywistkę, zauważając, że ta heroiczna żeńska postać była w jakiś sposób obecna. Choć jej rodzice wykazywali odwagę, to jednak bardziej czuła się związana z tą bohaterką. Ku swemu zdziwieniu umieściła siebie i bohaterkę na samym środku, zaś pozostałe postacie patrzyły na nie. To jej wyjaśniło poczucie oddzielenia od rodziny, ale zarazem sprawiło, że zapragnęła opowiedzieć im o swoim rozwoju.*

Tworzenie własnego „teatru" jest formą zabawy; przydarza się spontanicznie w odpowiedzi na lekturę tych stron i może się opierać na flirtach, intuicjach i sile ciszy. W UR jesteś jedną z części swego teatru, w śnieniu zaś całością tego, co na scenie. Jesteś sumą wszystkich światów równoległych, włącznie z przeszłością, a także współtwórcą przyszłości. W gruncie rzeczy to, co możesz nazywać „swoją" kreatywnością – spontanicznym przearanżowaniem postaci na scenie – jest manifestacją tego, co stara się stworzyć siła ciszy.

Czy zmiana teatru genetycznego na poziomie fantazji zmienia symptomy i choroby? W następnym rozdziale pokażę, że zmiana tego typu może zaistnieć dzięki związkom teatru z genotypem oraz mitem osobistym.

ROZDZIAŁ 14.

Genetyczne działanie wsteczne – jak sny wpływają na geny

Jeśli wpatrzysz się w dłoń, to zobaczysz rodziców i wszystkie wcześniejsze pokolenia. Oni są żywi w tej chwili. Każdy z nich istnieje w twym ciele. Jesteś kontynuacją tych osób.
Thich Nhat Hanh, „The Heart of Buddha's Teacchings"

„Rzeczywiste" pola UR w rodzaju elektromagnetyzmu, grawitacji, temperatury i ciśnienia powietrza wpływają na ciało w sposób, który można zmierzyć. Jednak tym siłom zawsze towarzyszą niemierzalne, osobiste pola niekonsensualne, uczucia, sny i fantazje. Najsubtelnieszym z pól jest siła ciszy. Odczuwasz, ale nie jest Ci łatwo zwerbalizować jego intencję, dopóki nie zostanie rozwinięta w śnieniu lub nie pojawi się jako wydarzenie w rzeczywistości.

W poprzednim rozdziale zastanawialiśmy się nad genetyką oraz jej możliwymi związkami z naszymi doświadczeniami somatycznymi oraz psychologicznymi. W dużej mierze jesteśmy wytworem rodziców, przodków i duchów zmarłych osób. W tym rozdziale poeksperymentujemy z „działaniem wstecznym", czyli z tym, w jaki sposób świadomość oddziałuje na pola intencjonalne, genetyczne i na symptomy. To, co czujesz, dotyczy nie tylko aktualnych stanów ciała, ale także odziedziczonej „ekspresji genetycznej", Twego życia obecnego oraz tego, które przekażesz innym. Innymi słowy, Twoje uczucia wpływają na przyszłość, tak jak wszystkie wcześniejsze generacje mają teraz kontakt z Tobą. To, co nazywamy mutacjami genetycznymi, może być punktem łączącym ze sobą geny i sny.

Pod wpływem toksyn, promieniowania oraz nieznanych innych czynników, w czwartej fazie zdarza się wypadek, który niesie za sobą chemiczne, molekularne, atomowe lub kwantowe skutki. Oznacza to, że pierwotna sekwencja genetyczna została zaburzona i powstało potomstwo, którego przyszłość – zgodnie z obecną wiedzą – zależy od naturalnej selekcji.

Jak psychologia może wpłynąć na genetykę

Żeby podjąć rozważania nad tym, jak psychologia może wpływać na genetykę czy to bezpośrednio, czy poprzez pozornie przypadkowe mutacje, zastanówmy się nad podobieństwami w strukturze fantazji oraz ekspresji genów.

Psychologiczny wzorzec, który wygląda na odziedziczony lub przekazywany z pokolenia na pokolenie, można odnaleźć w snach z dzieciństwa. Te wzorce są narracjami lub „enumeracjami" jak liczby lub punkty osadzone na nici. Z kolei historie i sny są nićmi bazowych obrazów opisujących wspólną fenomenologię gatunku. Jung nazwał je archetypami albo „pierwotnymi obrazami”; można je odnaleźć w mitach i bajkach występujących na całym świecie.

Archetypy są – zdaniem Junga – cechami odziedziczonymi, „nasionami”, z których wyrastają obrazy lub zlepki obrazów. Owe *enumeracje* (niemieckim słowem oryginału było *Erzählung* oznaczające liczbę) są psychologicznymi paralelami lub odpowiednikami ekspresji genów, która także posiada wzorzec osadzony na nici (chromosomy) policzalnych jednostek dziedziczenia.

Opierając się na setkach, a nawet tysiącach dziecięcych snów, które słyszałem zarówno od dzieci, jak i dorosłych (tych, którzy je zapamiętali), wydaje mi się, że tego typu enumeracje snów są zbiorami jednostek przepowiadających nasze cielesne oraz psychologiczne doświadczenia. Ta przewidywalność jest w ogólnym zarysie analogiczna do przewidywań dotyczących naszych ciał stworzonych na podstawie znajomości biologicznej puli genetycznej.

Prawie sto lat temu Jung zauważył, że standardowe obrazy kolektywne, takie jak wielka matka, boskie dziecko, władca itp., można spotkać na całym świecie. Te podstawowe obrazy zostały nazwane przez Junga archetypami i stanowiły analogię do wzorców biologicznych, takich jak instynkty. Kiedy w ludowych opowieściach pojawia się seria podobnych obrazów, to mamy do czynienia z sagą lub baśnią. Kiedy seria takich obrazów objawi się jakiejś osobie, nazywamy to snem.

Kiedy wiele osób uwierzy w opowieść, ta staje się sagą. Z czasem sagi tracą przynależność osobistą albo lokalną i ewoluują w zbiorowe mity. Jung był przekonany, że widziane w snach mityczne obrazy są odziedziczonymi wzorcami fenomenologicznymi pochodzącymi od naszych przodków[1]. Odkrycie Junga powstało w wyniku

[1] Więcej informacji zobacz: „Psychologia i religia” oraz „Psychologia i alchemia” C. G. Junga. (Tom 11 i 12 „Dzieł Zebranych”).

jego rozległych badań uwoluujących z idei Freuda, który był zorientowany bardziej biologicznie i myślał głównie w kategoriach intrapersonalnych popędów, jak popęd seksualny czy śmierć.

Kiedy w latach sześćdziesiątych XX w. studiowałem w Instytucie Junga, jedna z moich nauczycielek dała mi egzemplarz niezwykle interesującej pracy (o ile mi wiadomo, nieopublikowanej) zatytułowanej „Kindertraume" czyli „Dziecięce sny"[2]. Omawiając sny opisywane we wspomnianym maszynopisie, Jung podkreślał, że powtarzające się sny z dzieciństwa przepowiadają przyszły zawód śniącej osoby.

Moje badania uogólniły to odkrycie. Zauważyłem, że wspomniane sny nie tylko przewidują przyszły zawód danej osoby, ale również przyszłe doświadczenia związane z ciałem Na przykład dziecięcy sen pewnej kobiety o lwie drapiącym zasłonę w oknie symbolizował nie tylko lwią siłę, którą spotkała w dzieciństwie, a rozwijała w późniejszych etapach życia, ale także symbolizowała swędzenie, które pojawiło się w postaci wieloletnich, chronicznych problemów ze skórą. Lew drapał zasłonę w oknie w taki sam sposób, w jaki dorosła osoba drapała się z powodu chronicznego podrażnienia skóry.

Lew jest „odziedziczonym" wzorcem instynktownym, wzorcem psychologicznym kojarzącym się także z domem z dzieciństwa śniącej. O symbolach (jak lew lub zasłona) z dziecięcych snów można myśleć jak o „jednostkach" na nici, czy „liczbach". Esencję lub – jakby to powiedział Jung – archetyp będący tłem dla zlepków takich jednostek (w omawianym przypadku lew drapiący zasłonę) można uznać za „gen" psychologiczny. Zarówno geny, jak i arche-

[2] O ile mnie pamięć nie myli, Una Thomas zapisała „Kindertraume" podczas seminarium prowadzonego przez Junga w ETH w Zurichu w latach dwudziestych XX w. Kiedy poznałem Unę w latach sześćdziesiątych, miała już dziewięćdziesiąt lat. Była to niewątpliwie jedna z najbardziej twórczych uczennic Junga!

typy ujawniają się w snach i zachowaniu w postaci zlepków symboli oraz wzorców zachowania.

Sny z dzieciństwa, takie jak sen o lwie, są pochodzącą z krainy snów ekspresją mitów osobistych – długookresowych wzorców określonych „kodem psychogenetycznym". Co więcej, podobnie jak geny, odcinki tych wzorców są wrażliwe na oddziaływanie umysłu, podlegają transformacji w zależności od wyobrażeń śniącego.

Zakładając związek pomiędzy genami i snami, możemy przypuszczać, że wczesnodziecięce sny są wyrazem głębszych wzorców nazwanych przez Junga archetypami, a które ja będę nazywać genami snów. W rzeczywistości biologicznej nasza genetyczna ekspresja pojawia się w postaci jednostek dziedziczenia; w rzeczywistości psychologicznej długotrwałe wzorce pojawiają się jako symbole ze snów z dzieciństwa.

Wpływ świadomości na sny oraz geny

Jednym z podstawowych zadań psychologii jest zmiana stosunku do psychologicznego dziedzictwa, do „genów snu". Terapeuta, pracując ze snami metodą Junga, Freuda, Adlera, terapią Gestalt, czy w sposób zorientowany na proces, wchodzi w interakcje z postaciami ze snów oraz ze wspomnieniami z dzieciństwa. Korzysta z nich, podąża za nimi, analizuje lub walczy z nimi w celu wytworzenia *koherencji* pomiędzy codziennym postrzeganiem świata a pełnią ludzkiej duszy. Poprawa związku z tymi postaciami sprzed wielu lat zmienia Twój sposób doświadczania życia.

Z punktu widzenia psychologii zorientowanej na proces, paralele pomiędzy nią a biologią kończą się w punkcie, w którym następuje transformacja genów, zarówno pod względem psychologicznym, jak i biologicznym. O ile biologia i medycyna wyrażają się w kategoriach korzystnych bądź niekorzystnych zdarzeń z punktu widzenia uzgodnionej rzeczywistości, korzystając na przykład z terminów „zdrowych" lub „chorobotwórczych" kombinacji genetycznych, o tyle psychologia zorientowana na proces wypowiada się w kategoriach wydarzeń z obszaru UR oraz procesów z krainy snów, włączając w to moc sensu i celu problemów oraz zdarzeń.

Innymi słowy, z punktu widzenia UR konkretne zestawienie genów i snów można ocenić jako dobrą lub złą mutację. Jednak z perspektywy krainy snów „choroba" i „wypadki" mogą być postrzegane jako wybitnie znaczące zdarzenia będące często doświadczeniami wzbogacającymi życie.

Przychodzi mi na myśl przykład osoby, która cierpiała z powodu napromieniowania. Jej problem został zdiagnozowany jako poważny i w ciągu kilku miesięcy spodziewano się najgorszego. Jednak przyśniło się jej , że została „uwolniona z najpotworniejszego więzienia". Sen powiedział jej, że nie była „chora", ale uwięziona. Po pracy nad tym snem postanowiła uwolnić się z pewnych życiowych uwarunkowań. Dwadzieścia pięć lat po wyznaczonej dacie śmierci opowiedziała mi, że nadal ma problemy z ciałem, ale czuje się na tyle wolna, na ile to możliwe. Czy miała po prostu szczęście?

Ten przykład pozwala mi stwierdzić, że fizyczna przyszłość osoby aktywnie wchodzącej w doświadczenia ciała na poziomie krainy snów, nie jest przewidywalna. Kontakt z najgłębszą częścią siebie, z falą pilotującą sprawia, że znasz drogę w śnieniu (jesteś więc wolny). W UR wszystko będzie mniej pewne, choćby z powodu natury fal kwantowych: w śnieniu, przed aktem obserwacji istnieją one wszędzie w przestrzeni i czasie, zaś po akcie obserwacji manifestują się w miejscach wyznaczonych przez *amplitudy prawdopodobieństwa*.

Psychologia oraz medycyna tęczowa mają za zadanie podążać najgłębszym źródłem jednostki: eksplorować, współtworzyć, odtwarzać, rekonstruować, odnosić się lub adaptować do konfiguracji snów i subatomowych stanów ciała. Celem medycyny bazującej na biologii, zajmującej stanowisko wyłącznie na poziomie UR, będzie zmiana „zaburzonych" kombinacji genetycznych tak, jakby to były mutacje, a nie zdarzenia posiadające istotne znaczenie.

Pozostaje jednak ważne pytanie. Jeśli postępowanie medyczne może naprawić pewien problem genetyczny, to czy psychologia też może tak oddziaływać? Skoro tak, to w jaki sposób nawiązanie relacji na poziomie krainy snów z przyczyną wydarzeń zaistniałych w rzeczywistości mogłoby oddziaływać na doświadczenie ciała i odrzucone mutacje?

Enzymy, toksyny, promieniowanie i/lub nadfiolet zaburza odcinek genotypu.

Czy psychologia może również naprawiać problemy genetyczne?

Żeby odpowiedzieć sobie na to pytanie, zbadajmy tę możliwość w obszarze Twojego własnego doświadczenia. Tytułem wprowadzenia omówię różne sposoby pracy ze snami i z ciałem,a następnie zastosujemy te sposoby w pracy z Twoją sytuacją pcychogenetyczną.

Sny z dzieciństwa – geny w konflikcie

Pozwolę sobie opowiedzieć o moim śnie z dzieciństwa. Zobaczmy, jak wiąże się on z moją genetyką. Pierwszy zapamiętany przeze mnie sen pochodzi z czasów, gdy miałem cztery lata. W tym śnie byłem chłopczykiem polerującym samochód ojca. W trakcie pracy nadszedł niedźwiedź i zawarczał. *GRRRRRRR*! Przestraszył mnie tak bardzo, że uciekłem do samochodu. Bezlitosny niedźwiedź również wsiadł do samochodu i nadal mnie ścigał. Ratując życie, uciekałem przed nim, biegając dookoła samochodu i robiąc coraz większe kółka, dopóki się nie obudziłem.

Podstawowymi jednostkami albo *genami snu* były w tym przypadku (1) samochód ojca i (2) ścigający mnie niedźwiedź.

Zarówno niedźwiedź, jak i samochód wiążą się z uczuciami dotyczącymi mojej rodziny. Ojciec był ciężko pracującym, szlachetnym, przewidywalnym, spokojnym facetem. Jego życiowa filozofia streszczała się w słowach: „Nie przemęczaj się, ciesz się chwilą, pracuj, płać swoje rachunki, ustabilizuj się. Dbaj o samochód".

Ale niedźwiedź jest całkiem inny. Jego siła kojarzy mi się z energiczną, nieprzewidywalną naturą mojej matki. Kiedy byłem dzieckiem, to chciałem być taki jak ojciec, ale energia matki zawsze mnie „ścigała". Mama nie potrafiła usiedzieć ani chwili na miejscu (podobnie jak ja!). Niedźwiedź ze snu najwyraźniej nie zgadzał się z moją postawą; był zły na mnie za to, że polerowałem samochód – czyli utożsamiałem się z ojcem. Już będąc dzieckiem wiedziałem, że niedźwiedź jest zły na mnie za marginalizowanie tej „dzikiej" energii.

Można powiedzieć, że polerowanie samochodu jest „genem" mojego ojca, a ścigający niedźwiedź jest częścią „genów" ze strony matki. Chociaż moim rodzicom dość dobrze się układało w związku, to ich energie weszły w konflikt ze sobą w moim wnętrzu, zaś sen z dzieciństwa pokazuje, w jaki sposób te *geny snów* znajdują się w konflikcie.

Sny z dzieciństwa zazwyczaj pokazują kombinację „genów" obojga rodziców, a także pewien rodzaj konfliktu. Kiedy faworyzujemy jeden z genów (np. samochód), to marginalizujemy drugi (np. niedźwiedzia). Marginalizacja to spontaniczny i nieświadomy proces. Kiedy identyfikujemy się tylko z pewnymi naszymi częściami, to tworzymy tożsamość zbudowaną na marginalizacji innych części. Te zmarginalizowane części prawie zawsze okazują się później symptomami lub przerażającymi, domagającymi się uwagi postaciami ze snu. Utożsamiając się z ojcem, który marginalizował swoją „dzikość", byłem ścigany przez „niedźwiedziowate" energie i naciski. Jednym z moich symptomów, który minął z biegiem lat, były „dzikie" skoki ciśnienia. (Mężczyźni w mojej rodzinie ze strony ojca mieli zazwyczaj kłopoty z nadciśnieniem).

Kolejny przykład: przypominam sobie bardzo „macierzyńskiego" klienta. Nie mógł sobie przypomnieć snu z dzieciństwa, ale miał jedno wspomnienie i było ono związane z matką, która postępowała podle w stosunku do niego. Głównym problemem zdrowotnym tego klienta była rozedma płuc, prawdopodobnie z powodu palenia. Obawiał się tego, ponieważ jego ojciec zmarł na raka płuc.

Postać matki skojarzyła mu się z „podłym" uczuciem ściskania w płucach. Matka była zawsze gorzka i spięta. W wyobraźni zmienił kształt i stał się postacią matki, po czym badał jej esencję. Ku wielkiemu zdziwieniu, poza esencją jej podłości znajdowała się niezależność i „wyciszenie". Mężczyzna zorientował się, że przeżył wiele lat, starając się skompensować chłód matki, ale w świecie jej esencji odnalazł rodzaj spokojnej niezależności i wolność od przymusowego bycia miłym w stosunku do innych ludzi. Niezależność i mniejszy stopień przewidywalności uczyniły go znacznie szczęśliwszym.

Co najlepsze, jego nowy sposób zachowywania się miał wpływ na płuca. Zwiększenie niezależności rozwiązało problem skurczu. Po pracy nad procesem śnienia poczuł się lepiej, a jego lekarz stwierdził później, że diagnoza rozedmy była nieprawidłowa.

Ćwiczenie: sny, symptomy, genetyka

Sny z dzieciństwa zdają się zawierać zarówno komponenty psychologiczne, jak i biologiczno-genetyczne. Poniższy eksperyment da szansę zbadania tych idei na sobie. Spróbujemy zrozumieć, w jaki sposób łączą się ze sobą sny, geny i symptomy.

Ćwiczenie będzie polegało na przypomnieniu sobie pierwszego zapamiętanego z dzieciństwa snu albo, jeśli żadnego nie pamiętasz, pierwszego utrwalonego wydarzenia. Później będziemy badać metody odtwarzania snu (lub genów snu) w manierze teatralnej oraz ich związki z doświadczeniami związanymi z ciałem.

• *Opisz najwcześniejszy sen, który pamiętasz (lub pierwsze wspomnienie z dzieciństwa).* Jeśli przypominasz sobie wiele snów (albo wspomnień), wybierz coś, co miało największą siłę.

• *Naszkicuj dwie proste postaci ze snu.* Jeśli śniła Ci się lub pamiętasz tylko jedną postać – np. lecącego czy spadającego ptaka – to druga postać niech będzie związana z tym, co Ty robisz we śnie. Jeśli na przykład latasz, to drugim obrazem może być niebo lub ziemia.

• *Czy te obrazy mogły być związane z matką oraz jej rodziną lub ojcem i jego rodziną (czy Twoim wyobrażeniem tych osób, jeśli nie miałeś okazji ich spotkać)?*

Na przykład samochód w moim śnie jest związany z ojcem i jego ojcem (podarował mu samochód), zaś niedźwiedź był związany z energią matki.

• *Naszkicuj lub narysuj kontury swojego ciała.* Poczuj teraz swoje ciało i zadaj sobie pytanie, które jego części kojarzą się z postaciami ze snu. Pomedytuj i poczuj organizm, a następnie naszkicuj te postaci na wspomnianym rysunku.

Czy w miejscach, gdzie umieściłeś postacie ze snu, występują jakieś symptomy?

Na przykład mój ojciec umiejscowiony jest na łokciach, gdzie mam za bardzo wysuszoną skórę (ponadto zawsze czułem napięcie w klatce piersiowej).

• *Kiedy dokończysz obrazek postaci, zacznij pracować nad snem z dzieciństwa.* Zadaj sobie pytanie; która z postaci ze snu sprawia Ci najwięcej trudności obecnie?

Jeżeli o mnie chodzi, to wciąż najtrudniej jest mi poradzić sobie ze zwierzęcą siłą niedźwiedzia.

• *Kiedy odnajdziesz tę energię lub postać, to odegraj jej rolę, przypominając sobie o swojej dziecięcej, skorej do zabaw naturze.* Wykorzystaj do tego przynajmniej jedną rękę. Ciesz się z zabawy. Bądź jak dziecko i odegraj tę rolę.

• *Kiedy poruszasz się i wydajesz z siebie dźwięki, głęboko wczuj się w tę postać, spróbuj dotrzeć do jej esencji oraz esencji jej energii.* W tym ćwiczeniu nie występuje żadna prawidłowa odpowiedź. Poszukujemy uczucia. Szukamy podstawowej tendencji tej energii, jeszcze zanim stała się obrazem, zanim stała się tak dramatyczna.

Na przykład moja niedźwiedzia energia była w swej esencji tendencją do swobodnego ruchu w jedności z naturą.

• *Kiedy będziesz gotów, stań się postacią ze snu i żyj w jej czasie oraz przestrzeni tej esencji.*

Na przykład wyobraziłem sobie życie w świecie, gdzie rzeczy wydarzają się w jedności z naturą, gdzie nie pojawiają się domysły, ocena, ważenie czy szacowanie.

• *Postaraj się doświadczyć tego świata na ile potrafisz.* Czy widzisz jakieś obrazy albo słyszysz dźwięki?

• *Ze świata esencji, w którym właśnie się znajdujesz, spójrz na swój sen z dzieciństwa (lub na wspomnienie) i pomyśl o tym, w jaki sposób stworzyłbyś na nowo ten sen lub część snu.* Ja na przykład sprawiłbym, żeby mój ojciec był w większym stopniu esencją niedźwiedzia, żeby na swój sposób był bardziej płynny, a mniej mechaniczny.

• *Po tym, jak esencja weszła w interakcję, zmieniła, wpłynęła na ten sen lub stworzyła go na nowo, śnij dalej albo stwórz nowe rozwiązanie czy też historię przy wykorzystaniu tych samych lub innych postaci.* Innymi słowy, spójrz na sen lub wspomnienie i zastanów się, w jaki sposób, będąc esencją, wpłynąłbyś na ten sen. Nie spiesz się i faktycznie opowiedz tę historię. Stwórz ją. Niech stwórcą będzie świat esencji.

• *Odegraj tę historię, a następnie zapisz ją.* Stwórz przedstawienie teatralne. Skorzystaj z muzyki, ruchu, rytmu, pieśni, poezji lub rysunku. Skorzystaj w wyobraźni, na podobieństwo dziecka miej otwarty, twórczy umysł.

Na przykład, kiedy odtwarzałem sen, goniący mnie niedźwiedź stał się tańczącym nauczycielem, który tańczył ze mną i z moim ojcem.

• *Nie ograniczaj się czasem.* Jest to nieprzewidywalne i twórcze działanie. W końcu spójrz na nową opowieść i zadaj sobie pytanie, dlaczego od razu nie stworzyłeś lub nie wyśniłeś tej historii? Nad czym pracował Twój pierwotny sen, sen z czasów dzieciństwa? Czy był on reakcją na Twoją tendencję do marginalizowania jednej z części i faworyzowania innych?

• *Jakie okoliczności nie pozwalały esencji rozwinąć się w taki sposób, jak to ma miejsce teraz?* W jaki sposób zmieniłeś się lub mógłbyś się zmienić? Czy zmienia się coś w głębi Ciebie? Któreś z podstawowych genów snu? Czy w jakimś aspekcie zmienia się postawa Twego umysłu?

• *Na zakończenie połącz sny i fantazje z ciałem.* Przez jakiś czas ponownie doświadczaj końcowego rozwiązania oraz uczucia, które pojawiło się w związku ze stworzoną właśnie historią. Poczuj je i wyraź całym ciałem za pomocą ruchu. Zatańcz to uczucie dłońmi, rękami i całym ciałem – jeśli to możliwe. Zauważ, w jaki sposób Twoje ruchy wpływają na obszar chronicznych symptomów, jakie efekty pojawiają się w okolicy tych ostatnich.

• *Jak ta opowieść mogłaby wpłynąć na to, co ostatnio czujesz i robisz?*

Na przykład ja poprawiam obecnie rękopis tej książki i potrafię sobie wyobrazić, że mogę to robić w bardziej taneczny sposób.

Refleksja nad efektami

W codziennym życiu prawdopodobnie uważasz symptomy za problemy wymagające rozwiązania.

Marginalizowanie elementu równoległego świata snu (na przykład niedźwiedzia) sprawia, że doświadczasz (lub projektujesz) go w postaci irytujących przyjaciół oraz symptomów cielesnych. Jeśli nie marginalizujesz tego szczególnego, równoległego świata, jesteś bardziej koherentny. Z punktu widzenia psychologii Twoje przywiązanie do codziennej tożsamości UR „prowokuje" falę pilotującą, która jest sumą światów równoległych, do zaakcentowania tego właśnie elementu z równoległego świata. Jeżeli podrażnisz jeden ze swoich równoległych światów, na przykład „niedźwiedzia", po to, żeby podtrzymać swoją tożsamość, to ów świat pojawi się w świadomości w formie symptomu. Gdy chodzi na przykład o mnie, to im bardziej marginalizowałem równoległy świat niedźwiedzia, tym większe odczuwałem skoki ciśnienia. Wraz z rozwojem świadomości i koherencji coraz rzadziej będziesz postrzegał „mutacje" jako odstawanie od normy, lecz zaczniesz je uważać za znaki wskazujące drogę do pełni siebie, do jaźni. Punkt widzenia krainy snów różni się od Darwinowskiej zasady „przetrwania najlepiej przystosowanych". W krainie snów wszystkie energie i esencje mają równe wartości.

Celem tego ćwiczenia było odkrycie odmiennych perspektyw oraz dostrzeżenie wartości każdej z nich. Wchodziłeś w interakcję z „genami snów", ze swoją mapą genetyczną, i być może dotarłeś do jej esencji, do siły starającej się współtworzyć Twój wszechświat. W pewien sposób marginalizacja oraz podrażnienie snu z dzieciństwa jest także związane z rodziną, doświadczeniami kulturowymi oraz energiami (wartościami, cechami, przymiotami), które w Twojej rodzinie były akceptowane lub marginalizowane.

Symptomy wyrażają sposób, w jaki siła Twojego śnienia reaguje na graniczne warunki, które stworzyłeś w celu podtrzymania określonej tożsamości. Koherencja zmienia te warunki. Z punktu widzenia śnienia związane z chorobami mutacje UR są potencjalnymi możliwościami oraz darami.

Działanie zwrotne i ścieżka serca

Z punktu widzenia esencji, z punktu widzenia siły ciszy, Twój mit osobisty jest reprezentowany w krainie snów po części przez zlepki postaci ze snów, a w biologii przez geny. Te wszystkie postaci nakładają się na siebie podobnie jak kolory tęczy, tworząc różnorodność możliwości w życiu. Wszystkie razem sumują się w jeden snop światła, w osobisty mit, którego esencją jest siła ciszy. Twoja bezczasowa jaźń, tak jak fala pilotująca, jest nielokalna. Jak już powiedziałem, marginalizowanie jednego z jej alikwotów „spłaszcza" ton (postać ze snu) i sprawia, że odpowiadający mu świat równoległy kreuje kłopoty oraz symptomy Twojego *ja* w świecie rzeczywistym.

Akceptując różne tony, tworzysz poczucie harmonii i nowy teatr, co moglibyśmy nazwać *ścieżką serca*. Gdyby założyć, że David Bohm i Richard Feynman żyją jeszcze, to potrafię sobie wyobrazić ich komentarze. Feynman powiada: „Tak, ścieżka serca jest sumą wszystkich możliwych historii, wszystkich wirtualnych rzeczywistości, wszystkimi możliwymi ścieżkami, które przemierzasz w równoległych światach. Słyszę też, jak Bohm mówi: „Oczywiście, kiedy skorzystałeś ze świadomości na swoim statku, to wytworzyłeś *działanie zwrotne* w relacji do swojej fali pilotującej. To właśnie miałem na myśli, kiedy mówiłem, że cząsteczka może wpłynąć na opisującą ją funkcję fali kwantowej. Ona kieruje Tobą, a Ty kierujesz nią".

Korzystając z koncepcji działania zwrotnego Davida Bohma, w której statek wchodzi w interakcję z informującymi go falami radiowymi wskazującymi drogę, możemy lepiej zrozumieć, w jaki sposób świadomość może oddziaływać na ciało. Bez udziału świadomości Twoje problemy cielesne są lokalnymi symptomami UR, prawdopodobnie spowodowane uwarunkowaniami genetycznymi. Wszystko ulega zmianie dzięki świadomości oraz wrażliwości na symptom postrzegany na poziomach esencji i krainy snu. Świadomość pozwala odkryć i „surfować" po swojej fali pilotującej, dzięki czemu całe ciało czuje się lepiej. Życie przeorganizowuje się dzięki lepszemu kontaktowi z pełnią Twojego *ja.* Inaczej współdziałają nie tylko części pochodzące z krainy snów, ale w zupełnie nowy sposób funkcjonują wszystkie elementy Twojego ciała. Bezpośrednio lub pośrednio, za pomocą innych części ciała, doświadczenie surfowania po krainie snów oraz esencji wpływa w nieprzewidywalny sposób na genetyczny problem zlokalizowany w przestrzeni i czasie Twoich komórek. W taki właśnie sposób sny wpływają na geny. Pierwotne zaburzenie genetyczne ulega poprawie lub staje się mniej znaczące w miarę, jak pojawiają się nowe, wielowymiarowe doświadczenia życia.

Część III

STARZENIE SIĘ: CHEMIA, BUDDYZM I ENTROPIA

Biologia, fizyka i psychologia starzenia się

ROZDZIAŁ 15.

Starzenie się i buddyzm

Wszyscy ludzie są przenikliwi, tylko ja wydaję się tępy.

Lao Tsy, „Tao Te Ching”

Kiedy miałem dwadzieścia cztery lata, zacząłem praktykę terapeutyczną w Zurichu. Jeden z moich pierwszych klientów szybko odkrył, jak mało wiedziałem. Był pierwszym pacjentem po sześćdziesiątce. Poskarżył się na poważną depresję i zapytał: „Czy wie pan, jak wyleczyć depresję?”. Odpowiedziałem, że nie. Zasugerowałem, że może udałby się do kogoś innego lub dokładnie mi opowiedział, czego doświadcza.

„Mam depresję!” – wrzasnął wściekły z powodu mojej ignorancji. „Jak to jest mieć depresję?” – nalegałem łagodnie. Na szczęście dla mnie, klient podążył za sugestią i zaczął odpowiadać przeciągłym jękiem „o-o-o-ch”, po czym ciężko oparł głowę na dłoniach. Po kilku minutach jęczenia spojrzał do góry i, widząc przed sobą własne dłonie, nagle zesztywniał. Wpatrując się we wnętrze jednej z nich wydusił z siebie: „O, nie! *M*! Przecież to *memento mori!*”.

Zaskoczony tym stwierdzeniem i zupełnie nie wiedząc, o co chodzi mojemu klientowi, wystękałem: „Co oznacza to słowo na *m*?”

„Pamiętaj o śmierci!” – wykrzyknął. Zanim zdołałem cokolwiek powiedzieć, kontynuował: „Tak, śmierć, śmierć, śmierć!”. Następnie, jakby mu się stało coś strasznego, gorzko zapłakał. Po kilku minutach wyjaśnił mi, że tam, gdzie mieszka (przy granicy szwajcarsko-włoskiej) *m* na dłoni oznacza „pamiętaj o śmierci”. Śmierć jest zawsze obecna, zauważył szlochając. Ku mojemu zdziwieniu, po kilku minutach płaczu i wspomnień, oświadczył, że depresja minęła. Dodał, że nagle zrozumiał lepiej księży, których nie znosił od dzieciństwa, i stwierdził, że „wydarzyło się coś duchowego”, po czym wyszedł.

Potrzebowałem wielu lat, żeby zrozumieć, co się stało. Kiedy później czytałem nauki Don Juana, zacząłem to lepiej rozumieć. Don Juan mówił „Śmierć jest twoim najlepszym sprzymierzeńcem”. Kiedy nic nie ma sensu, śmierć informuje nas o tym, że jej dotyk ma znaczenie ostateczne. Nic nie jest równie ważne. Uwolnij się od reszty.

Pamiętanie o śmierci, pamiętanie o starzeniu, jest oznaką upływającego czasu. Zbliż się do tego, co najistotniejsze. Ciało UR starzeje się i w końcu umiera. Brzmi to jak coś oczywistego, ale większość ludzi stara się o tym zapomnieć, tak jakby czas nie istniał. Jednocześnie upierają się przy trwaniu w tożsamości, która już minęła. Kiedy trwasz przy starej tożsamości, mówiąc: „O, nie, ja się nie starzeję”, to marginalizujesz ten aspekt swojej natury, który jest zdolny do zmiany kształtu. Jednostronne spojrzenie na życie jest toksyczne dla ducha. Porzucenie poglądu, że będziemy istnieć wiecznie, budzi strach, jednak z drugiej strony pamiętanie o śmierci może prowadzić do wolności od ograniczeń czasu, przestrzeni i wszelkich pozostałych uwarunkowań świata UR.

Patrzyliśmy na symptomy z różnych perspektyw. W pierwszej części tej książki skupiłem się na pracy z symptomami jednostki, w drugiej zająłem się związkami ze światem i wzorcami genów naszych przodków. W części trzeciej chcę zbadać, w jaki sposób świadomość wpływa na proces starzenia. W tej części, która dotyczy starzenia się i śmierci, nie będziemy się już zajmować pojedynczymi symptomami, ale zespołami symptomów, które są związane z procesem starzenia. Będziemy w istocie zgłębiać, jakie somatyczne efekty wywołuje nasz pogląd na mijający czas.

Cielesne aspekty starzenia

Poniżej przedstawiam listę zmian fizjologicznych, które są związane ze starzeniem się, a także wskazuję na niektóre mające swe źródło w doświadczeniach z krainy snów towarzyszących tym symptomom. Opisy stanów psychologicznych są wyłącznie propozycją; są doświadczeniami osób, z którymi pracowałem nad procesem starzenia. Pozwolę sobie raz jeszcze powtórzyć – przedstawiony materiał psychologiczny jest wyłącznie propozycją. Co więcej, psychologiczne opisy nie są faktami, które pasują do wszystkich, jest to jedynie średnia statystyczna. Nie wszyscy doświadczają starzenia w taki sam sposób.

Na przykład starzenie się wpływa na mózg; z biegiem lat większość ludzi traci w pewnym stopniu zdolność zapamiętywania. Zdolność uczenia się jest osłabiona, choć stopień utraty tej zdolności jej przedmiotem dyskusji. Typowa osoba mająca problemy z pamięcią zapomina o innych, a w końcu o sobie.

Kiedy studiowałem psychologię, poznałem określenie „starcza depresja", będące terminem dotyczącym starszych osób, które stają się spokojniejsze i wykazują małą potrzebę ruchu. Jednak w tamtych czasach większość badań przeprowadzano w domach opieki

Aspekty starzenia

Organ lub system	Naturalne efekty starzenia
Skóra	Traci grubość i elastyczność (pojawiają się zmarszczki). Łatwo pojawiają się siniaki, ponieważ naczynia krwionośne tuż pod powierzchnią są slabsze.
Mózg i system nerwowy	Zmniejsza się zdolność zapamiętywania i uczenia się w miarę, jak umierają komórki. System wolniej odpowiada na bodźce (odruchy są zwolnione).
Zmysły	Zmniejszenie ostrości postrzegania wraz z utratą komórek nerwowych i osłabieniem krążenia.
Płuca	Mniej efektywne w miarę utraty elastyczności.
Serce	Pracuje z mniejszą efektywnością, zmniejsza się wytrzymałość.
Krążenie	Pogarsza się. Wraz z twardnieniem naczyń krionośnych wzrasta ciśnienie krwi.
Stawy, kości	Utrata mobilności (kolana, biodra), zwyrodnienia spowodowane zużyciem i naciskiem (zanikanie chrząstek między kręgami powodujących kurczenie się na starość).
Mięśnie	Utrata masy i siły.
Wątroba	Mniej efektywnie filtrowanie toksyn z krwioobiegu.

Czynniki przyspieszające	**Proces śnienia**
Palenie i nadmierne wystawianie się na promienie słoneczne.	Zmienia się i słabnie poczucie *ja* i granic.
Nadmierne spożywanie alkoholu i innych używek; uderzenia w głowę.	Zapominanie o czasie, uwolnienie się od siebie, a nawet całego dziedzictwa ludzkości.
Palenie, częste przebywanie w hałasie.	Przestań słuchać i patrzeć na siebie i innych; nawiąż kontakt z wiecznością.
Palenie, zła jakość powietrza, zbyt mało ćwiczeń fizycznych.	Przestań oddychać, wstrzymaj oddech i zatrzymaj czas.
Nadmierne używanie alkoholu i tytoniu, nieprawidłowe nawyki żywieniowe.	Stawanie się słabszym i bardziej wrażliwym na zmiany.
Urazy, otyłość.	Mniejsze przystowanie społeczne, chęć postępowania według „własnej woli".
Uszkodzenia, otyłość.	Odkrywanie szkieletu, tej części ciała, która jest stara i odwieczna. Zanikanie poczucia *ja*.
Niedobór ćwiczeń, głód.	Jeśli odżywianie nie jest problemem – pozwolenie na to, by „rzeczy same się działy".
Alkohol, narkotyki, infekcje wirusowe.	Nietraktowanie życia jako oczywistości; świadomość tego, co się dzieje, zamiast marnowania życia.

społecznej, nie badając osób prowadzących aktywne, niezależne życie. Obecnie jest dla mnie zrozumiałe, że osoby starsze mogą być w depresji nie tyle z powodu biologicznych zmian cechujących proces starzenia, ile z powodu problemów psychologicznych, takich jak pozrywane związki (co dotyczyło wspomnianego wcześniej klienta) lub dlatego, że nie zrozumieli znaczenia starzenia się i śmierci.

Wiele problemów związanych z sercem wytwarza zauważalne symptomy. Kiedy serce ulega osłabieniu, wielu ludzi śni o tym, żeby robić mniej lub wcale. Niektórzy mają sny o tym, żeby zacząć robić coś zupełnie nowego. To przypomina mi o starzejącym się szamanie Don Juanie, który pędząc przez góry wraz ze swoim młodym uczniem (Carlosem Castanedą), wyjaśniał, że jego siła pochodziła z „nie-działania".

Problemy z krążeniem mogą być spowodowane zwężeniem naczyń krwionośnych. Stopniowe zwężanie się tętnic jest trudne do wykrycia aż do czasu, gdy zablokowana arteria wytworzy symptom w niedostatecznie ukrwionym organie. Wiele osób, które zetknęły się z problemem zablokowania krążenia (np. zator), mówiło o tym, że doświadczali w ciałach sygnału „STOP". Wielu słyszało przekaz: „Przestań robić to, czym do tej pory się zajmowałeś".

Starzejąca się wątroba odfiltrowuje z biegiem lat coraz mniej toksyn krwioobiegu. Ludzie, którzy mają różnego rodzaju problemy z wątrobą, często mówią o zmianie stylu życia oraz historii osobistej. Opowiadali o tym, jak beztrosko traktowali życie, uważając je za coś trwałego, a nie chwilowo otrzymany dar. Wielu poddawało się tendencjom uzależnieniowym oraz odmiennym stanom świadomości wywołanym narkotykami w celu uzyskania dostępu do duchowych doświadczeń. Problemy z wątrobą przekierunkowują świadomość w taki sposób, żeby mieć dostęp do hiperprzestrzeni bez stosowania toksyn.

O ile tradycyjna medycyna skupia się głównie na zachowaniu formy fizycznej, to medycyna tęczowa postrzega śmierć jako jeszcze jeden z wielu równoległych światów. Z kwantowego punktu widzenia, z punktu widzenia siły ciszy, stanowimy kombinację śmierci i życia. W codziennym życiu możemy marginalizować śmierć do tego stopnia, że napawa nas strachem i jest obecna we wszystkim, czym się zajmujemy. Jednak z perspektywy krainy snów śmierć jest jedynie końcem naszej identyfikacji z pewnymi cechami oraz początkiem nowych, pełnych mocy perspektyw.

Definiowanie procesu starzenia

Takie terminy, jak *życie, miłość, natura* i *starzenie* odnoszą się do doświadczeń wielowymiarowych. Kontekst UR związany ze starzeniem się niesie w sobie zazwyczaj ułomność ciała. Wygląd zmienia się; jesteśmy niżsi, przygarbieni, posiwiali, łysi, pomarszczeni, pogarsza się słuch, wzrok i dotyk. Pamięć nie jest już tak dobra jak dawniej. Starzenie się oznacza postępujący psychologiczny upadek. Z psychologicznego punktu widzenia ta część w nas, która uważała, że może żyć wiecznie, podlega nieustannym wstrząsom spowodowanym degeneracją organizmu. Jednocześnie starzenie się może oznaczać wolność od własnego *ja* i społecznych ograniczeń.

Niekonsensualna definicja starzenia się brzmi następująco: starzenie się to świadomość postępującego obumierania tego, kim jesteś. *Starzenie to śmierć tego, który marginalizuje*, tej części w Tobie, która ignoruje śnienie, flirciki i minimalne wrażenia. Ostatecznie całość życia staje się jednością z tymi dziwnymi flirtami lub wrażeniami, których dalej nie można unikać.

Choć wyda się to niewiarygodne, nikt naprawdę nie wie, dlaczego zachodzi proces umierania na poziomie UR. Większość biologów uważa, że starzenie się jest częścią ewolucji. Zgodnie z tym poglądem, ewolucją kieruje dobór naturalny; ludzie, którym geny zapewniły długie życie, żyją dłużej.

Medycyna tęczowa, podobnie jak w przypadku symptomów, podchodzi do procesu starzenia się jak do procesu związanego ze świadomością, a także jak do sytuacji UR, której można częściowo zapobiegać i leczyć ją.

Starzenie się i siła ciszy

W rozdziale 6 pisałem o życiu w kategoriach fizjologii: „Życie jest tym, co oddycha i porusza się". Metaboliczna definicja życia połączona była z posiadaniem tożsamości UR związanej z przenikalną granicą. Definicja genetyczna dodała biochemię i środowisko, czyniąc z życia proces ewolucyjny, w którym świat wybiera preferowane przezeń mutacje. W biofizyce życie to porządek, natomiast entropia pokonuje porządek, w ostateczności niszcząc życie.

Definicja życia medycyny tęczowej uwzględnia siłę ciszy, czyli subtelne intencje natury łączące życie z mechaniką kwantową i światami równoległymi. Z punktu widzenia medycyny tęczowej starzenie się w UR oznacza degenerację ciała. Jednak w krainie snów jest to indywidualne, subiektywne doświadczenie. W świecie esencji starzenie się jest niczym innym, jak tylko jeszcze jednym obliczem siły ciszy.

Na przykład wiele osób, mówiąc o starzeniu się, określa je w kategoriach zmęczenia i opadania części ciała. Zaczyna obwisać żołądek, ramiona, piersi, jądra i inne organy. Bez ruchu ciało wiotczeje. Zamiast zwalczać zwiotczenie – czemu służą na przykład ćwiczenia fizyczne – doświadczanie zwisania może przynieść sporą ulgę.

Pamiętam, że kiedy na prowadzonych przeze mnie zajęciach spytałem pewną kobietę w średnim wieku o to, jak doświadcza starości, odpowiedziała, że jest to związane ze „zwisaniem". Zaproponowałem, żeby zamiast omawiać to zagadnienie, spróbowała doświadczyć tego, co opisała, osuwając się. Dodałem, żeby wykorzystała świadomość i podążała za tym, co chce się wydarzyć. Osunęła się trochę i zatrzymała na chwilę, mówiąc, że jeśli będzie dalej za tym podążać, to będzie musiała poddać się sile grawitacji. Następnie, upadając na podłogę, dokonała odkrycia. Czekała na nią ziemia, żeby ją podtrzymać. Wyjaśniła, że „ziemia była jak Bóg". Zwisanie zamieniło się w doświadczenie duchowe w chwili, gdy pozwoliła osunąć się na ręce Boga. Kiedy przestała samą siebie podtrzymywać, kiedy pozwoliła dziać się rzeczom, to poczuła, że jest coś więcej. Obwisanie jest mechanicznym problemem związanym ze starzeniem się, ale w krainie snów starzenie zamienia się w coś boskiego.

Proponuję korzystać ze świadomości. Takie słowa, jak *starzenie się* i *depresja* są kolektywnymi określeniami mającymi swoje znaczenie w kategoriach UR, ale negują doświadczenia z krainy snów, które mogą być transformujące. Drogi Czytelniku, powinieneś zastanowić się nad własną definicją starzenia. W jaki sposób doświadczasz starzenia się właśnie teraz? Zamiast poprzestawać na samym jego opisie (tak jakby się coś wyjaśniało), przez chwilę i bez pośpiechu *wczuj się* w to doświadczenie. W ramach eksperymentu zsuń się do krainy snów i pozwól, by owładnęło Tobą doświadczenie starzenia się.

Zmień kształt i niech wydarzy się starzenie. Niech Twoje ciało doświadcza go i bada w tej chwili.

Kiedy to doświadczenie ujawniło pełnię swego wyrazu, wyobraź sobie osobę, która tego właśnie by doświadczała. Jeśli na przykład jesteś zmęczony i odkryłeś, że relaksujesz się, wyobraź sobie zrelaksowaną osobę. Pozwól sobie być tą osobą po to, żeby odkryć siłę ciszy, która właśnie teraz stara się zamanifestować. Ciesz się z tego doświadczenia i odkryj jego znaczenie.

Starzenie się jest kolektywną nazwą dla doświadczenia, które w swej istocie nie zostało poznane. Doświadczenia, które próbuje przekazać Ci wiedzę o Twojej naturze! Z punktu widzenia rzeczywistości nieuzgodnionej, istnieje śnienie, a nie starzenie się. Ten pogląd jest bliski największym duchowym tradycjom, takim jak buddyzm.

Podstawy buddyjskiego podejścia do starzenia się

Starzenie się jest ważne dla takich tradycji duchowych jak buddyzm. Mój krótki opis głównych idei buddyzmu pozostawia wiele do życzenia, ale muszę je tu zamieścić, ponieważ niektóre są blisko związane z duchowymi i naukowymi wymiarami medycyny tęczowej[1].

Według przekazów Budda spędził pierwsze 29 lat życia w uprzywilejowanych warunkach. W wieku trzydziestu lat zerwał z takim życiem i wkroczył w zwykły świat. Pierwszą rzeczą, którą zobaczył, były „cztery znaki". Pierwszym z nich była „stara osoba", drugą „chora osoba", trzecią „zmarła osoba", a czwartą „święta osoba".

Pierwszym krokiem ku oświeceniu po opuszczeniu pałacu było zobaczenie „starej osoby". Później nadeszły choroba, śmierć i święta osoba. Ta opowieść mówi o czterech rzeczach, ale jeśli chodzi o kontekst niniejszej książki, chronione miejsce, w którym początkowo żył Budda, można symbolicznie rozumieć jako naiwną młodość. W wieku trzydziestu lat „przebudził się", otwierając oczy na starzenie się, kwestie społeczne oraz istnienie bólu.

Budda podążał ścieżką czwartego znaku „świętej osoby". Medytując pod drzewem Bodhi, uwolnił się od uzgodnionej rzeczywisto-

[1] Zobacz: Thich Nhat Hahn, „The Heart of Buddha's Teaching".

ści, zdając sobie sprawę z faktu, że wszystkie rzeczy są współzależne i „puste".

Budda zrozumiał, że życie jest cierpieniem spowodowanym przywiązaniem do przedmiotów oraz miłych stanów umysłu. Budda odkrył, że problem cierpienia i pożądania można rozwiązać dzięki właściwemu działaniu, właściwemu życiu i właściwej koncentracji (przy zastosowaniu „ośmiorakiej ścieżki"[2]).

Medytacja oraz podążanie za powstającymi i zanikającymi doświadczeniami wewnętrznymi doprowadziło Buddę do sformułowania kilku podstawowych zasad uwalniających od cierpienia. Pierwsza z nich dotyczy nietrwałości. Nic nie trwa wiecznie. Wszystkie doświadczenia powstają i zanikają, przychodzą i odchodzą. *Wszystko jest procesem.* Formy fali będące podstawą fizyki kwantowej również wskazują na to, że wszechświat jest zasadniczo ruchem fali. Wszystko jest w ruchu.

Druga buddyjska zasada mówi, że wszystko w UR jest pustką – *sunyatą*. Słowo *pustka* można rozumieć na wiele sposobów. Lubię interpretację mistrza zen z Kyoto, Fukushimy Roshiego, który określa pustkę w kategoriach otwartości i kreatywności. Pustka zakłada, że wydarzenia na poziomie esencji są pełne kreatywnej iskry, ale pozbawione jakiejkolwiek trwałej formy czy treści. Na przykład krzesło jest puste w tym sensie, że jest uzgodnioną ideą, która marginalizuje esencję tego krzesła, które jako obiekt UR podlega transformacji z upływem czasu. W tym ujęciu uzgodniona rzeczywistość zawiera w sobie „pustkę".

[2] Ośmioraka ścieżka to: (1) właściwy pogląd – wiara w buddyjski pogląd na życie; (2) właściwa intencja – praktykowanie buddyzmu; (3) właściwa mowa – unikanie kłamstwa czy wyrażania się w sposób obelżywy lub ordynarny; (4) właściwe działanie – powstrzymanie się od zabijania, kradzieży czy niewłaściwych relacji seksualnych; (5) właściwy sposób życia – unikanie podejmowania pracy sprzecznej z buddyjskimi zasadami; (6) właściwy wysiłek – rozwijanie pozytywnych stanów umysłu i unikanie negatywnych; (7) właściwa uważność – świadomość ciała, uczuć i myśli; oraz (8) właściwa koncentracja – medytacja.

Kolejny przykład: prawdopodobnie myślisz o sobie jako o „jednostce” istniejącej w codziennej rzeczywistości. Ale nadawanie nazw neguje podskórny ruch danego obiektu, jego dynamiczną płynność i przyporządkowuje go do jednej rzeczy. Jednak nawet nauka w UR pokazuje, że nie istnieją określone rzeczy czy obiekty, które byłyby stałe i nieprzemijające. W tym sensie wszystko jest puste. Taoiści korzystają z innego opisu pustki. Mówią o niej jak o „tao, którego nie można wyrazić słowami”.

W buddyzmie rzeczy stają się obiektami znanymi nam z rzeczywistości UR dzięki zasadzie współzależnego powstawania. Wiemy na przykład, że symptom jest symptomem wyłącznie z uwagi na współzależność rzeczywistości z historią, nauką, bólem i cierpieniem. Każdy symptom jest powiązany ze wszystkimi elementami łańcuchem współzależności. Bez któregokolwiek z tych elementów byłby czymś innym. Na przykład w kulturze, która nie posiada koncepcji symptomów w naszym rozumieniu (jako sygnału, że coś jest nieprawidłowe), symptomy nie istniałyby. To, co nazywamy rakiem, istnieje tylko dlatego, że przyporządkowujemy pewną konfigurację właściwości przyspieszonemu procesowi wzrostu. Przyporządkuj temu zjawisku inny zestaw atrybutów, a otrzymasz całkiem inne doświadczenie. „Pustka”, z której wyrasta UR, odzwierciedla zasadę mówiącą, że *znaczenie zostaje przyporządkowane; nic nie posiada swoistego znaczenia.*

Trzecia buddyjska zasada, doktryna *anatmana*, znaczy brak „duszy-jaźni”. Jako jednostki nie mamy trwałego ego albo tożsamości. Najprościej mówiąc, tożsamość UR dorasta i umiera.

Starzenie się jako świat równoległy

Medycyna tęczowa postrzega starzenie się jako mieszankę idei naukowych i duchowych, realiów mierzalnych i niemierzalnych. Wszyscy się starzejemy, a jednocześnie starzenie się jest „pustym" określeniem na nieznany i tajemniczy proces. W krainie snów, bez względu na wiek w UR, jesteś zarówno dzieckiem, jak i starszą osobą, żywą i martwą, sobą i wieloma innymi postaciami. Jesteś konstelacją licznych wszechświatów. W UR wydajesz się jednostką wyłącznie dlatego, że zostały zmarginalizowane inne wszechświaty. Wyłącznie suma po* *wszystkich* Twoich potencjalnych historii, życia, śmierci, dzieciństwa i starzenia się – i wszystkiego innego – jest pełnią Ciebie. Suma po historiach wszystkich Twoich części ma sens. Jeden świat to za mało. Taka sytuacja sprawia, że odczuwasz nerwowość, jakby czegoś Ci w życiu brakowało.

Poniższa ilustracja sumująca fale obrazuje dodawanie do siebie wszystkich różnych światów, sumę, która składa się na bezczasową ścieżkę serca.

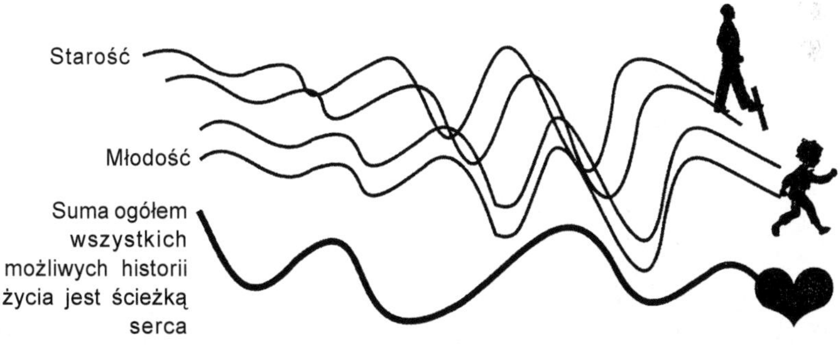

Rys. 15.1. Sumowanie się fal. Suma świata starzenia się oraz młodości i wszelkich innych równoległych doświadczeń lub rytmów fali pilotującej

* Suma po – termin stosowany przez Feynmana – przyp. tłum.

Ćwiczenie: Praca z symptomami starzenia się

Jako dodatek do pracy z całościowym doświadczeniem starzenia się, dla niektórych osób bardzo pomocna może być praca z jednym z konkretnych symptomów związanych ze starzeniem. Który z Twoich symptomów mógłby się wiązać ze starzeniem? Zastanów się przez chwilę i spróbuj go odkryć. Jeśli jest ich kilka, niech Twój nieświadomy umysł dokona wyboru któregoś z symptomów ciała lub doświadczeń (najlepiej wynikających ze starzenia), nad którymi można by teraz popracować.

Esencja symptomów związanych ze starzeniem się:

• *Poczuj ten symptom lub zauważ jego efekty.* W jaki sposób pogarsza on wcześniejszy stan fizycznego zdrowia?

Na przykład, czy osłabia się Twój wzrok? Czy ciało wiotczeje na tyle, że jesteś słabszy? Czy zmienia się skóra? Czy serce, żołądek albo seksualność są w jakiś sposób mniej żywotne?

• *Zamiast zwalczać ten symptom, analizować go lub brać lekarstwa, po prostu zauważ go.* Nie myśl o nim wyłącznie w sposób racjonalny. Raczej *wczuj się* w niego (albo wyobraź sobie, co byś odczuwał, gdyby symptom wzmocnił się). Pozwól teraz, żeby odczuwanie przez Ciebie doświadczenia trochę wzmogło się. Pozwól samoistnie rozwinąć się procesowi symptomu starzenia się. Zauważ, w jaki sposób zmieniasz się wraz z upływem czasu. Nie chodzi o użalanie się nad tymi zmianami, ale żeby je dostrzegać i pozwolić, aby zmiany następowały wraz z rozwojem doświadczeń i fantazji.

Na przykład jeśli pogarsza się wzrok, wyobraź sobie, jak to jest widzieć jeszcze mniej. Jak to jest być mniej zdolnym do skupienia się na otaczającym Cię świecie.

• *Skorzystaj ze świadomości i podążaj za tym, co dzieje się, kiedy zagłębiasz się w proces starzenia.* Skup uwagę na tym, co w Twojej fantazji pogarsza się i jednocześnie doświadczając tego, odkryj podstawową tendencję, niezwykle subtelną intencję poprzedzającą rozwój tego doświadczenia. Niech pojawią się dotyczące tego delikatne myśli. Złap je.

Na przykład esencją pogarszającego się wzroku może być chęć dostrzegania wewnętrznych tendencji i podążanie za nimi, zamiast rozglądania się dookoła. Ta esencja pogarszania się wzroku może być związana z mniej poważnym traktowaniem świata i – podobnie jak w przypadku ociemniałego Jacquesa Lusseryrana – nowym sposobem odczuwania go.

• *Badaj świat tej esencji.* Za każdym razem, kiedy pomyślisz o starzeniu się, zauważ ją, przypomnij sobie o śmierci i że na swój sposób zarówno *starzenie się*, jak i *śmierć* są „puste" – są niczym więcej niż nazwami przypisanymi do nieznanych doświadczeń. Porzucając osiągniętą stabilizację życiową, pozwól zaistnieć starości. Niech nietrwałość prowadzi Cię przez „pustkę" ku ścieżce serca nieograniczonej czasem i przestrzenią.

Czy to doświadczenie esencji, ścieżki serca, jest w jakimś stopniu sumą starości i pewnej esencji młodości?

Pamiętaj o sugestii szamana Don Juana. Jego zdaniem ścieżka serca to droga, którą obiera bardzo mądra i stara osoba. Jest to ścieżka wolna od ambicji oraz idei innych ludzi. Ta ścieżka uszczęśliwia Cię. Inne ścieżki sprawią, że w końcu przeklniesz swe życie. Jeśli nie znajdujesz się na ścieżce serca, to ani sobie, ani nikomu innemu nie zrobisz krzywdy porzucając to, czym się obecnie zajmujesz w celu odnalezienia ścieżki serca. Kiedy postrzegasz starzenie się jako pustkę i badasz jego tajemnicę, to staje się ono częścią ścieżki serca.

ROZDZIAŁ 16.

Dlaczego wolne rodniki zabijają?

Obecnie wiemy, jak zachowują się elektrony i światło. Ale czy mógłbym to jakoś nazwać? Jeśli powiem, że zachowują się jak cząsteczki, nie będzie to właściwe, podobnie gdybym powiedział, że zachowują się jak fale. Zachowują się w swój własny, niepowtarzalny sposób, który technicznie można by nazwać sposobem mechaniki kwantowej. Zachowują się inaczej niż wszystko, co do tej pory widzieliście. Zachowanie się obiektów w bardzo małej skali jest po prostu czymś innym... Jest to w rzeczywistości trudność psychologiczna, a jej istotą jest zamieszanie wywołane ciągłym pytaniem: »Jak to możliwe?«, które odzwierciedla niekontrolowane i całkowicie niemożliwe do zrealizowania pragnienie osadzenia spostrzeżeń w jakimś znanym kontekście.

Richard Feynman, „The Character of Physical Law"

Twoje podejście do starzenia się, problemów genetycznych, komórkowych oraz symptomów zależy częściowo od stosunku do leczenia. Jeśli na przykład myślisz o starzeniu w kategoriach chemicznych, możesz je porównać do rdzewienia i degeneracji ciał. Będziesz wówczas musiał zażywać przeciwutleniacze, ponieważ zapobiegają one „rdzewieniu" (co pokrótce omówię).

Jeśli jednak postrzegasz starzenie nie tylko z punktu widzenia chemii i biologii, ale włączasz w to również psychologię, to nagle rdzewienie i odpadanie części nie wiąże się wyłącznie z utlenianiem. Z tego nowego, tęczowego punktu widzenia, który zostanie zaraz przedstawiony, starzenie się, rdzewienie i oksydacja nie są jedynie faktami UR, ale obrazami myślowymi, wyobrażeniami i metaforami związanymi z niespełnionymi pragnieniami! Jeśli sądzisz, że brzmi to podobnie do buddyjskich nauk mówiących, że cierpienie wynika z przywiązań, masz rację. Świat chemicznych wiązań, to kolejne miejsce, gdzie zbiegają się fizyka, psychologia oraz duchowe tradycje.

Z punktu widzenia biologii jesteśmy dynamicznym zbiorem 1 000 000 000 000 000 komórek. Niewątpliwie jest to świat 10 000 rzeczy, którymi taoizm określa uzgodnioną rzeczywistość. Pod soczewką mikroskopu jesteśmy zbiorem komórek, których genetyczny zapis różni się tylko o 3% od kodu genetycznego banana! Fakt, że podstawowy składnik życia – to, co czyni nas ludźmi – różni się nieznacznie od banana, może sprawić, że poczujesz się nieswojo, albo przekonać Cię o tym, że jednak jesteś „kimś innym"! Jesteśmy współzależni z bananami, małpami i wszystkim.

Czynnik starzenia się – SF

Jak wiadomo z poprzednich rozdziałów, przy pomocy DNA komórki nieustannie dzielą się, podtrzymując życie. W procesie mitozy dzieli się jądro komórki. Gdyby nie zachodziły żadne wypadki, to proces replikacji mógłby trwać nieskończenie, a my bylibyśmy nieśmiertelni.

Amerykański mikrobiolog Leonard Hayflick z Pennsylvania University odkrył w 1961 roku, że ludzkie komórki replikują się 50 razy, po czym przestają się dzielić i starzeją się. Do dziś nikt nie jest w stanie odpowiedzieć, dlaczego komórki zatrzymują replikację po 50 razach. Ten nieznany czynnik ograniczający reprodukcję do 50 razy nazywają czynnikiem SF (od *senescence factor – czynnik starzenia się*).

Istnieje kilka teorii SF. Pierwsza to teoria autoimmunologiczna, według której reakcja autoimmunologiczna pojawia się, kiedy nasz system odpornościowy zazwyczaj atakujący wnikające do organizmu czynniki zewnętrzne zaczyna atakować ciało. W kategoriach psychologicznych – bronimy własnej indywidualności przed atakiem, ale idziemy w tym zbyt daleko i zaczynamy atakować również samych siebie! Reakcje autoimmunologiczne są podobne do autoagresji w psychologii!

Drugim czynnikiem są wolne rodniki. Jak wiadomo z poprzednich rozdziałów, toksyny oraz wypadki stymulują powstawanie mutacji. Wolne rodniki są jednymi z wewnętrznych toksyn, które przyczyniają się do genetycznych wypadków i starzenia się. Najprościej mówiąc, rodniki są substancjami o niezrównoważonym ładunku elektrycznym. Posiadają „wolny" lub dodatkowy elektron. Niezrównoważone rodniki atakują genom, odbierając z DNA ładunek elektryczny i zaburzając przez to chemię komórki i chromosomów. Na skutek tego DNA nie replikuje się już tak dobrze. Tak więc wolne rodniki wytwarzają mutacje i stanowią część czynnika SF. Uważa się, że wolne rodniki przyczyniają się do wielu chorób, włącznie z cukrzycą, artretyzmem, chorobą Alzheimera i chorobami krążenia.

Utlenianie wolnych rodników

Na poniższym rysunku molekuła wolnego rodnika po lewej stronie posiada dwa „niesmarowane" elektrony i w wyniku tego ładunek ujemny. Wyobraź sobie, że jesteś takim rodnikiem i poszukujesz ładunku potrzebnego do uzyskania równowagi. Będziesz odczuwać głód pozytywnego ładunku, który poprawiłby Twoje samopoczucie. Możliwe, że złamałbyś nawet prawo, żeby zaspokoić pragnienie. Rodniki są jak złodzieje.

Wolne rodniki kreują proces, który został nazwany utlenianiem, gdzie jeden lub więcej elektronów zostaje usuniętych z substancji. Molekuła wolnego rodnika nie jest już negatywnie naładowana. „Oddała" swoje elektrony materiałowi genetycznemu, który wskutek przejęcia ładunków nie działa już poprawnie.

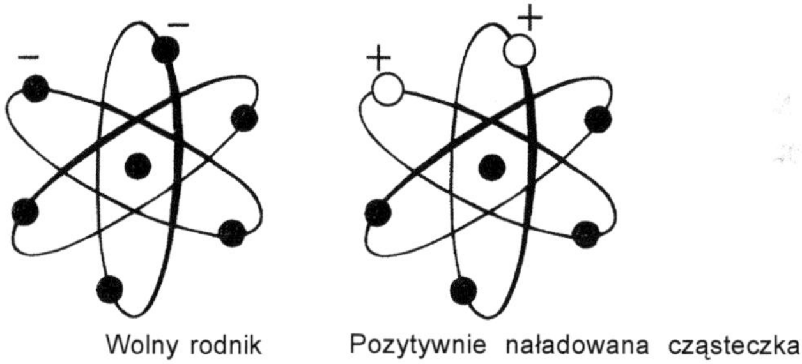

Rys. 16.1. Utlenianie wolnych rodników

Kiedy wolne rodniki tracą elektrony, powodują utlenianie. Ten proces jest znany, ponieważ dotyczy także pożywienia. Na skutek utleniania jełczeją olej i masło, a żelazo zamienia się w rdzę. Przeciwutleniacze przeciwdziałają utlenianiu, neutralizując wolne rodniki. Spożywanie witamin C, E, A powstrzymuje wolne rodniki, które w ich obecności łączą się z witaminami zamiast z cząsteczkami DNA.

Wolne rodniki i buddyzm

Buddyzm i biochemia zgadzają się pod jednym względem: przywiązanie wytwarza cierpienie. Jeśli pamiętasz o tym, że wolne rodniki „pragną" pozytywnego ładunku, to chemiczna metafora czy symbol odpowiada tej części nas, która potrzebuje tego, czego jej brakuje. Jednym ze sposobów zrozumienia chemii wolnych rodników jest myślenie o nich jak o pragnieniach, przywiązaniu, tęsknocie i „głodnych duchach". Przypomnij sobie na przykład, jak się zachowujesz, gdy jesteś bardzo głodny. Albo jeszcze lepiej – przypomnij sobie chwile, kiedy coś jadłeś nie dlatego, że byłeś głodny, ale z powodu pragnienia o nieznanej przyczynie. Bez świadomości Twoje pragnienie sprawia, że zapominasz o agonii żywych istot, jak zjadane przez Ciebie zwierzęta. Przetrwają najsilniejsi! Tęsknota, która pozostaje niezauważona i niezaspokojona, obniża poziom świadomości i sprawia, że stajemy się potencjalnie niebezpieczni dla siebie oraz innych.

Wolne rodniki podobnie jak nałogi są składnikami czynnika SF. Uzależnienia niszczą ciało. W im większym stopniu jesteś osobą jednostronną, tym szybciej galopuje Twoje serce, tym więcej kwasu wytwarza żołądek, tym bardziej wypalasz się i czekasz na *coś*, większy staje się poziom stresu i gorzej się czujesz.

Nacechowane niezależnością duchowe podejście do tego problemu jest rodzajem psychologicznego przeciwutleniacza przeciwdziałającego uzależnieniom, tak jak witamina C jest przeciwutleniaczem na poziomie fizjologicznym. Buddyzm, taoizm oraz inne tradycje są „przeciwutleniaczami" w tym sensie, że właściwe im zasady ukierunkowane są na neutralizowanie pragnień, osiągnięcie niezależności i równowagi. Wśród lekarzy zaczyna nawet panować moda „przepisywania" medytacji jako środka łagodzącego stres.

Ćwiczenie: Przekraczając pragnienia

Jeśli uznamy teorie chemiczne (tak jak było w przypadku fizyki) za metafory i wzorce z krainy snów, wolne rodniki okażą się postawami stresogennymi i jednostronnymi tendencjami uzależnieniowymi. Na przykład postawa pracoholika może sprawić, że będziesz pragnąć relaksu – lub, co bardziej prawdopodobne, zaczniesz poszukiwać środka, który pomoże Ci się zrelaksować. Jednostronne starania zmierzają do znalezienia własnych rozwiązań[1]. Niedopełniony, jednostronny styl życia pragnie równowagi. (Przywiązanie do dóbr cywilizacji często jest równoważone samobójczym niedojadaniem, łagodna odmiana depresji może być równoważona przejadaniem się). Dopóki nie zwróci się uwagi na te pragnienia, dopełnienie przydarza się w sposób nieświadomy, może być autodestrukcyjne i nigdy nie przynosi pełnej satysfakcji.

Medycyna tęczowa uważa, że uzależnienia są psychologicznym rodzajem „radykalnej chemioterapii". Jakkolwiek uzależnienia wskazują na istnienie nieznanych światów równoległych, to jednocześnie powiększają oddzielenie osoby uzależnionej od uzgodnionej rzeczywistości. Na swój sposób osoba uzależniona wpada w uzależnienie od wewnętrznego podziału polegającego na doświadczaniu świata „trzeźwego", które jest odseparowane od doświadczeń pod wpływem środków zmieniających stan świadomości. Docenia się albo jeden, albo drugi z tych obszarów, lecz nie docenia się ich razem.

---

[1] W celu znalezienia rozwiązania w sytuacji, w której występuje pragnienie na poziomie uzależnienia, tradycje duchowe proponują poddanie się sile wyższej. Ruch Anonimowych Alkoholików powstał w oparciu o ideę C. G. Junga mówiącą, że uzależnienia i tendencje uzależnieniowe wskazują na głębsze zagadnienie „związane z potrzebą relacji z siłą wyższą".

Z punktu widzenia tęczowej medycyny rozwiązanie takiego symptomu jak uzależnienie znajduje się w samym symptomie. Kolejne ćwiczenie wskazuje na to, że „lekarstwa" na uzależnienia ukryte są w doświadczeniach z równoległej krainy snów. Odnalezienie esencji uzależnienia może złagodzić tendencje uzależnieniowe. Na przykład esencją seksoholizmu może być postawa pełna miłości. Esencją alkoholu może być „odpuszczenie sobie" wszystkiego. Możesz odkryć, że do konkretnego ciastka przyciąga Cię jego słodki smak lub kremowa konsystencja. Możesz palić dlatego, że wydychanie pozwala Ci coś „wypuścić".

Poszukując esencji uzależnień, w kolejnym ćwiczeniu zbadasz psychologię pragnień. W doświadczeniu związanym z dowolnym pragnieniem zawiera się projekcja takich sił, jak „słodycz" lub „odpuszczanie" rzutowanych na daną substancję przy jednoczesnym przekonaniu, że sam nie posiadasz tych sił lub mocy. Skupienie się na idei mówiącej, że projektujesz coś własnego na obiekt bądź substancję, doprowadzi Cię do esencji danego uzależnienia.

- *Kiedy się zrelaksujesz i skupisz w stopniu pozwalającym na pracę nad sobą, nazwij jedną ze swoich tendencji uzależnieniowych.* Myślenie o uzależnieniach może być trudne, ale zrób to i nazwij tendencję sprawiającą, że być może nadużywasz jakiejś substancji lub określonego rodzaju pożywienia. Kiedy już określiłeś, co to jest, zadaj sobie pytanie: „Co jest najgłębszym, niespełnionym życzeniem ukrytym za tą tendencją?".

Przykładowo za uzależnieniem od słodyczy może ukrywać się potrzeba bycia kochanym. (Wiele osób uzależnionych od słodyczy czuje niedosyt miłości macierzyńskiej oraz poddaje się ustawicznej samokrytyce).

- *We właściwym momencie zacznij badać uważnie swoje pragnienie* i zadaj sobie pytanie: „Jakie cielesne uczucie wytwarza to jednostronne pragnienie, w jaki krańcowy sposób oddziałuje ono na ciało? Na które mięśnie może oddziaływać? Które części ciała podlegają zaburzeniu? Na przykład: czy są to płuca, głowa, żołądek, mięśnie, skóra, oczy, gardło, usta?

• *Poczuj pragnienie i wyobraź sobie osobę, która mogłaby reprezentować ten obiekt lub substancję, której pragniesz.* Kim jest ta osoba? Jaki jest jej świat? Niech twórczy umysł ujawni Ci obraz tej postaci albo nawet mitycznej istoty, która personifikuje upragniony obiekt.

Na przykład możesz zobaczyć jakąś postać związaną z duchowością lub z działaniami społecznymi, kogoś ekscentrycznego, kogoś o hipnotyzującej osobowości, słodkiego lub bardzo wrednego.

• *Pójdźmy dalej i odkryjmy naturę tego obrazu.* Jaka jest esencja tego symbolu lub wyobrażonej istoty? Co jest jej rdzeniem, najgłębszą esencją? Aby odnaleźć esencję tego pragnienia, pomocne może być wyobrażenie sobie, czym był ten obraz, zanim jeszcze stał się tak zadziwiający lub tak dramatyczny. Stań się personifikacją tego pragnienia i poczuj jej świat. Następnie zauważ, czym ono w istocie jest, jeszcze zanim stało się tak jednostronne bądź ekstremalne w swym zachowaniu. Oto jest esencja pragnienia. Z tej esencji stwórz nowy obraz. Nie przestawaj poszukiwać esencji, aż poczujesz ulgę.

Przykładowo, jeśli obiektem pragnienia jest ciastko, zaś jego personifikacją słodka, macierzyńska postać, to esencją tej postaci może być po prostu pełna miłości obecność. Może to być „zakonnica".

• *Badaj świat esencji, tej jakości, która daje satysfakcję.* Pozostań w tym świecie. Następnie spójrz z powrotem na swe zwyczajne *ja* i spróbuj docenić zarówno świat esencji, jak i *ja* z poziomu UR.

Włączona w codzienne życie esencja pragnienia jest swego rodzaju przeciwutleniaczem, który równoważy tendencje uzależnieiowe. Zauważ, jak ten „przeciwutleniacz" wpływa na poczucie ciała, skłaniając Cię do życia esencją zamiast poddawania się uzależnieniu.

Pomiędzy Tobą a uzależnieniem

Uzależnienia są związane z jednostronną tożsamością. W pewien sposób zdecydowałeś o tym, że nie posiadasz tych samych mocy, które przypisujesz pożądanej przez Ciebie substancji. Bez wątpienia posiadasz te właśnie moce, ale zamiast zaakceptować je, nieświadomie „oddajesz" je danej substancji. Choć trudno to zaakceptować, zarówno Ty, jak i substancja (bądź obiekt, od którego jesteś uzależniony) jesteście jednym, a dokładniej mówiąc, dzielicie ze sobą tę samą esencję. Esencja jest polem, które rozwija się, tworząc Twoją jednostronną naturę oraz istotę substancji, nie będąc zarazem ani jednym, ani drugim. Ta esencja sytuuje się poza polaryzacjami, poza przywiązaniem; po prostu jest. Nie jest związana z żadną rzeczą czy osobą.

Uzależnienia uwydatniają proces starzenia. Okradają Cię z wielowymiarowych mocy. To dlatego substancje uzależniające, choć dają chwilową satysfakcję, w dłuższej perspektywie pogarszają samopoczucie, zmniejszając poczucie własnej wartości.

To, co Twoim zdaniem było „pragnieniem", jest z bardziej poczuciowego punktu widzenia polem mocy wypełnionym tym, co fizycy mogliby nazwać „wirtualnymi cząsteczkami".

Magiczne siły w elektrodynamice kwantowej

Odnalezienie esencji uzależnienia poprawia samopoczucie i może wpłynąć na chemię wolnych rodników w Twoim ciele. Wytłumaczeniem tego efektu może być biochemia i elektrodynamika kwantowa.

Ojciec elektrodynamiki kwantowej – QED – Richard Feynman uważał, że przestrzeń (lub pole) pomiędzy dwoma przyciągającymi się obiektami jest wypełniona siłą magicznych cząsteczek. Stwierdził, że pola elektryczne, na przykład pomiędzy elektronami a protonami (lub pomiędzy dowolnymi obiektami o różnych potencjałach elektrycznych, na przykład pomiędzy wolnymi rodnikami a DNA) – mogą być postrzegane nie tylko jako pola elektryczne, lecz także jako przestrzeń wypełniona „wirtualnymi cząsteczkami"[2]. Być może wiesz o tym, że elektrony i protony atomu trzymają się razem dzięki polu elektrycznemu. Atom lub cząsteczka o ujemnym ładunku (wynikającym z utraty protonu) szuka połączenia z inną cząsteczką posiadającą dodatkowy proton.

W miejsce pola elektrycznego oddziałującego pomiędzy molekułami i atomami, Feynman zaproponował koncepcję wirtualnej wymiany cząsteczek[3]. Uczony wyjaśniał, że dwie cząsteczki z ładunkiem elektrycznym – jak na przykład dwa elektrony – odpychają się nie z powodu istniejącego pomiędzy nimi pola elektrycznego, ale z powodu pola wypełnionego trylionami cząsteczek wirtualnych lub fotonów, które „zderzają się" ze sobą. W jego ujęciu te cząsteczki wirtualne, fotony światła są absorbowane i emitowane przez każdy z elektronów. Cząsteczki wirtualne zderzają się ze sobą i dlatego elektrony się odpychają.

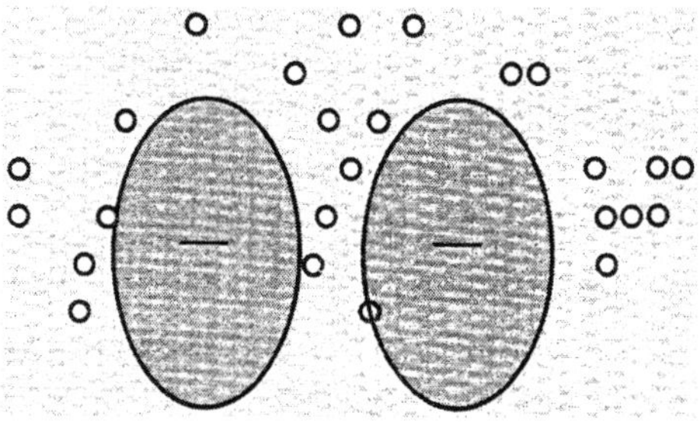

Rys. 16.2. Dwie cząsteczki tworzą, wysyłają i absorbują wirtualne fotony (małe kółka), które zderzają się z większymi cząsteczkami utrzymując je w pewnej odległości od siebie

Innymi słowy, z punktu widzenia Feynmana – czyli elektrodynamiki kwantowej

[2] O wirtualnych cząsteczkach piszę dokładniej w rozdziałach 33 oraz 34 książki „Quantum Mind".

[3] Koncepcja „wirtualnych cząsteczek" łączy ze sobą teorię względności, zasady mechaniki kwantowej oraz teorię pola elektrycznego. Nie jest doskonała, ale jak dotąd najlepsza. Nowsze hipotezy w rodzaju teorii superstrun mogą zastąpić QED, ale potrzeba jeszcze dużo czasu, żeby te teorie osiągnęły taki poziom jak QED.

(QED) – dwie cząsteczki posiadające ładunek elektryczny, jak na przykład dwa elektrony, nie odpychają się z powodu pola elektrycznego, ale dlatego, że ich wirtualne cząsteczki zderzają się ze sobą i elektronami[4]. Co więcej; uważa się, że wirtualne cząsteczki powstają z niczego; wydostają się z elektronów i zostają przez nie absorbowane, zanim można by je zobaczyć, zmierzyć lub zważyć.

Zgodnie z QED, cząsteczki wirtualne poruszają się w przód i wstecz w czasie. Nie jesteśmy w stanie określić, który elektron pierwszy wysłał wirtualną cząsteczkę mającą odbić się od drugiego elektronu. Wiadomo nam tylko tyle, że w świecie kwantów panuje nieoznaczoność dotycząca czasu, przestrzeni i pomiaru. Nieoznaczoność uniemożliwia dokonanie pomiaru cząsteczek wirtualnych z uwagi na zbyt krótki czas ich istnienia[5]. Obraz dużych, naładowanych cząsteczek, takich jak elektron, otoczonych chmurą cząsteczek wirtualnych, zastąpił ideę pola elektrycznego. Analogicznie można stwierdzić, że w biochemii koncepcja pól elektrycznych otaczających atomy może zostać zastąpiona koncepcją cząsteczek wirtualnych.

Uzależnienia są niczym pola elektryczne, pełne wirtualnej mocy, czymś, co możesz poczuć w głębi siebie lub zauważyć dzięki przyciągającemu pragnieniu. Esencja lub moc stojąca za pragnieniem czy

[4] Można to porównać do dwóch łyżwiarzy. Elektrony „wymieniają się” fotonami tak samo jak łyżwiarze, którzy „wymieniają się” lub rzucają do siebie piłką. (Piłka reprezentuje wirtualny foton, który przenosi pęd pomiędzy łyżwiarzami, co w efekcie sprawia, że łyżwiarze odpychają się od siebie.)

[5] Zasada nieoznaczoności Heisenberga Et>h (gdzie *E* to energia, *t* – czas, a *h* – stała Plancka) stwierdza, że cząsteczka o dowolnej energii może zaistnieć w czasie na tyle krótkim, na ile pozwala równanie. Im wyższa energia cząsteczki, tym krótszy czas jej istnienia.

uzależnieniem jest jeszcze jednym opisem siły ciszy, która łączy Cię ze wszystkim. Marginalizacja tej siły dzieli pole na części; dzieli Ciebie na dwoje. Jedna z Twych części pragnie czegoś, co wydaje się nieobecne.

Integracja uzależnień poprawia samopoczucie. Marginalizowanie siły kreuje dodatkową „elektryczność" pomiędzy Tobą a tym, czego pragniesz. Taka polaryzacja ma wpływ na Twoje pola wirtualne, chemię kwantową, ilość wolnych rodników we krwi, a nawet na proces starzenia.

Choć teorię wirtualnych cząsteczek i dodatkowych wolnych rodników powstających w wyniku uzależnienia można traktować jak metaforę odnoszącą się do psychiki, to nie ma potrzeby czekać na materialne dowody „wstecznego działania" świadomości, gdzie wpływa ona na funkcje fali kwantowej i elektrochemię. Już dzisiaj możesz odczuć natychmiastowe korzyści wynikające z kontaktu z esencją pragnienia i odkrycia Twoich największych mocy.

Dźwięk ciszy

Kiedy już posiedliśmy intuicyjne zrozumienie elektrodynamiki kwantowej Richarda Feynmana, chciałbym Ci, Drogi Czytelniku, Droga Czytelniczko, zadać pytanie. W jaki sposób Feynmann doszedł do sformułowania tak pełnej teorii, w której zakłada się istnienie wirtualnych cząsteczek? Gdybyś był fizykiem, odpowiedź stwierdzałaby, że rozważył możliwość zastąpienia pól elektrycznych cząsteczkami wirtualnymi, zaś wyliczenia nie sprzeciwiały się żadnym istniejącym prawom.

Jednak z punktu widzenia terapeuty odpowiedź mogłaby brzmieć inaczej. Myślę, że pomyślał o wirtualnych cząsteczkach oddziałujących pomiędzy obiektami posiadającymi ładunek elektryczny dlatego, że wszyscy czasem mamy subtelne odczucie, w którym obiekty przyciągające lub odpychające nas są w pewnym sensie „uderzające” (jak piękno na przykład).

Chodzi o to, że coś podobnego do wirtualnych cząsteczek „fruwa” pomiędzy Tobą a obiektami, które Cię przyciągają lub odpychają. Tymi cząsteczkami są pochodzące z krainy snów „buczenia” czy gwar, na które codzienny umysł zazwyczaj nie zwraca uwagi. Jednak nawiązanie kontaktu z tym bzyczeniem może Cię uwolnić nie tylko od nałogów, ale także zamienić codzienne życie w magię. Za każdym razem, kiedy coś Cię przyciąga lub odpycha, za każdym razem, gdy tylko dostrzegasz skłonność do zrobienia czegoś, zauważaj to esencjonalne brzęczenie niewielkich „uderzeń” będące wspólnym gruntem aktywności łączącej Ciebie z obiektem. Odczuwany gwar może być wspólną, uniwersalną dynamiką, która zespala świat i daje wrażenie, że kiedy sięgasz po coś, to owo „coś” również sięga po Ciebie. Innymi słowy: Twoja intencja jest nielokalna, nie należy wyłącznie do Ciebie.

ROZDZIAŁ 17.

Telomery zapowiadają koniec

Tylko twarz Boga się nie zmienia.
Koran

Biochemia i psychologia zgodnie stwierdzają, że brak równowagi jest destrukcyjny. Jednostronność sprawia, że pragniesz drugiej połowy, aż staniesz się „wolnym rodnikiem". W końcu rozwijasz tendencje uzależnieniowe ukierunkowane na te moce, których Twoim zdaniem nie posiadasz. W efekcie projektujesz te moce na innych ludzi oraz na substancje. Uzależnienia są szkodliwe dla zdrowia i przyspieszają proces starzenia, a przez to grożą zniszczeniem Twojej tożsamości.

Z punku widzenia biologii i psychologii jesteśmy nastawieni na afirmację, poszerzanie, a w końcu uwolnienie się od naszej historii osobistej. Kiedy poczucie historii osobistej oraz tożsamości zaczyna się zmniejszać lub przekształcać w niezależność od przeszłości, często pojawia się strach przed śmiercią.

Tak czy inaczej każdy się starzeje. W odniesieniu do czynnika SF biochemia odkryła – a moim zdaniem także zaprojektowała – umiejętność uniezależnienia się od historii osobistej w kontekście zjawiska nazwanego zniszczeniem telomeru. W niniejszym rozdziale wskażę na to, w jaki sposób czynnik starzenia się, który zaburza nasze genomy, został przedstawiony w słynnych 10 obrazach pasterskich pochodzących z tradycji zen. Buddyzm jest pomocny w wyjaśnianiu biochemii starzenia się.

Metody walki ze starością w obszarze uzgodnionej rzeczywistości

W rozdziale 16 wspomniałem o tym, jak biolog Leonard Hayflick odkrył, że ludzkie komórki przed obumarciem dzielą się 50 razy. Dlaczego pięćdziesiąt razy? To jakbyśmy byli genetycznie zaprogramowani na to, żeby umrzeć. Naszemu odejściu sprzyja nie tylko stres, uzależnienia, pragnienia, promieniowanie, toksyny zawarte w pożywieniu, ale także sam „program" genomu. Wiadomo, że możemy opóźnić starzenie poprzez unikanie promieniowania, toksyn i stresu, które pochodzą z naszego „przywiązania" do ludzi, substancji, efektów działań, stanu posiadania, itd. Jedz mniej, aby odtruć ciało. Gimnastykuj się, pracuj nad swoimi nałogami, eksploruj nowe podejścia do symptomów i prowadź zdrowy styl życia. Zgodnie z wynikami badań UR, wakacje i zmniejszenie poziomu stresu zmniejsza śmiertelność we wszystkich przypadkach zachorowań.

Telomery i osobista historia

Ostatnie badania sugerują, że do procesu starzenia przyczyniają się także „odpadki" DNA (małe kawałki chormosomu), które pozostają po replikacji. Odpadki DNA są fragmentami niepotrzebnych programów genetycznych. Kiedy pierwszy raz usłyszałem o tych odpadkach, przypomniałem sobie o odwiecznej psychologiczno-duchowej prawdzie: pozbądź się „śmieci", zostaw bagaż, którego już nie potrzebujesz.

Biochemicy twierdzą, że z upływem czasu starzenie niszczy telomery – czapeczki na chromosomach zawierających naszą osobistą, kulturową i gatunkową historię. Niszczenie tych białkowych czapeczek odsłania końcówki DNA, które zaczynają sklejać się z innymi chromosomami, co uniemożliwia całkowitą replikację chromosomu.

Chromosomy człowieka mają architekturę liniową, która wykazuje tendencję do strzępienia się na końcach. Także zwierzęta i rośliny posiadają genom w postaci linearnego zestawu cząsteczek, których końcówki łatwo mogą się strzępić. Nie wszystkie formy życia posiadają linearne genomy. Na przykład genomy bakterii mają postać okręgów.

Końce naszej substancji genetycznej

Nieosłonięte końcówki cząsteczek DNA są niestabilne. W procesie podziału komórki łatwiej ulegają zniekształceniom niż DNA posiadające osłonę. Żeby poradzić sobie z tym problemem, nasze ciała (i generalnie organizmy eukariotyczne) nauczyły się osłaniać oba końce chromosomów wyspecjalizowanymi strukturami noszącymi nazwę telomerów.

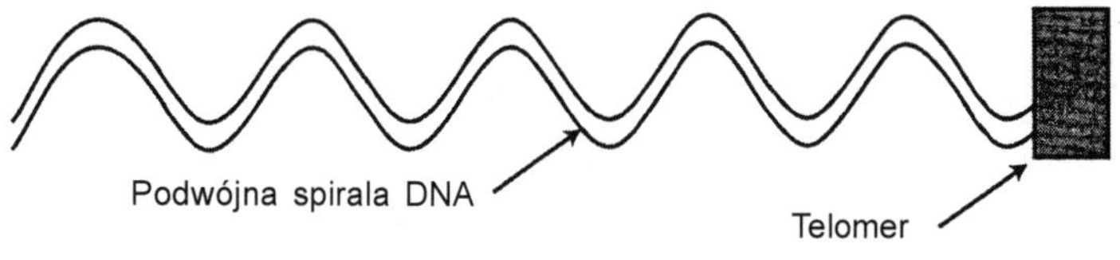

Rys. 17.1. Linearne DNA (które zwija się w podwójną spiralę) zakończone jest czapeczką telomeru

Polimeraza DNA, enzym przeprowadzający replikację, ma trudności z replikacją końca nici DNA, ponieważ pozostaje na niej puste miejsce. Żeby opóźnić proces skracania materiału genetycznego, natura nałożyła „czapeczki". Jednak w związku z trudnością w utrzymaniu tychże „czapeczek", po wielu podziałach komórkowych telomery (czapeczki) skracają się nadmiernie, co wywołuje szereg reakcji prowadzących do obumarcia komórki. Uogólniając, można stwierdzić, że skracanie telomerów przyczynia się do starzenia.

Jak już zostało powiedziane, aktywność fizyczna, zdrowa żywność, witaminy i odtruwanie ciała poprzez zmniejszanie ilości pożywienia pomaga spowolnić ten proces. Ponadto dodanie do starzejącej się komórki znajdującego się w ciele enzymu zwanego „telomerazą", może ją odmłodzić. Uważa się, że telomeraza jest czynnikiem spowalniającym starzenie się. Chromosomy ludzi młodych są dłuższe niż chromosomy osób starszych, mają więcej nienaruszonych telomerów wspomaganych telomerazą[1].

Telomeraza, podobnie jak wszystkie katalizatory, jest czymś w rodzaju chemicznej starszyzny. Enzym o cechach katalizatora zbliża do siebie dwie strony biorące udział w reakcji chemicznej. Enzym czyni to bardzo szybko poprzez stworzenie takiego środowiska, w którym może zajść reakcja z szybkością setki razy większą niż bez udziału enzymu. Jednak sam katalizator nie ulega żadnym zmianom w trakcie reakcji – jest niczym idealny mediator. Pozostaje niezależny i samą obecnością w korzystny sposób przyspiesza proces.

[1] Ponieważ telomeraza przyczynia się do dłuższego życia komórek, możesz stwierdzić, że w przypadku raka, gdzie komórki bezustannie się rozmnażają, występuje *nadmiar* telomerazy. Jest to prawidłowy tok myślenia: w przypadku raka występuje nadmierne wydzielanie tego enzymu.

Po wielu latach pracy terapeutycznej wydaje mi się, że psychologiczną paralelą skracającego się DNA jest zmniejszanie się znaczenia naszej historii osobistej. Z jednej strony każdy potrzebuje historii osobistej i tożsamości, to prawdziwa przyjemność osłaniać naszą tożsamość. Ale z drugiej – utożsamianie się tylko z jednym obrazem samego siebie ogranicza nasz potencjał.

Skracanie się telomeru ma, podobnie jak wszystkie naukowe sformułowania, znaczenie symboliczne dla psychiki. W tym przypadku mamy do czynienia z psychologiczną pracą polegającą na porzucaniu historii osobistej. Porzucając ją, uwalniasz się od tego, kim byłeś. Po ukończeniu dwudziestego piątego roku życia psychologia staje się koherentna z biochemią starzenia się. Twoje geny zawierają „oprogramowanie", które określa, kim jesteś (lub byłeś), ten kod staje się jednak z upływem lat coraz mniej istotny.

W poprzednich rozdziałach zobaczyliśmy, w jaki sposób formuły genetyczne mogą się odzwierciedlać w snach z dzieciństwa, mitach osobistych oraz symptomach cielesnych. W rozdziale 15 opisałem związki symptomów chronicznych z rodzicami oraz przodkami. Zbadajmy teraz, w jaki sposób skracanie historii osobistej pozwala nie tylko na zmniejszenie wagi mitu osobistego, lecz także pozwala na zredukowanie poczucia utozsamiania się z symptomami cielesnymi związanymi z przodkami oraz starzeniem się.

Twoja historia osobista

Kim jesteś? Odpowiedź na to pytanie określa znaczną część Twojej historii osobistej. W jaki sposób definiujesz sam siebie? Czy Twoimi przodkami są członkowie rdzennych plemion, Afrykanie, Latynosi, Koreańczycy, Japończycy, Chińczycy, Euroejczycy...? Jaka jest Twoja rasa, Twój kolor?

W co wierzysz? Czy potrafisz określić swoją tradycję religijną lub duchową? Jeśli tak, to spróbuj ją nazwać, choćby własnymi słowami.

Spróbuj określić własną tożsamość w inny sposób (albo zaprzecz konieczności identyfikacji – co również jest rodzajem tożsamości). Jaka jest Twoja orientacja seksualna, stan posiadania i zdrowia? Czy jesteś kobietą, mężczyzną, biseksualistą, transseksualistą, homoseksualistą, członkiem klasy pracującej, wyższej klasy średniej itd. Ile masz lat?

Historia osobista jest splotem bardzo szczególnych cech. Pierwsza osoba (lub nawet dwie pierwsze osoby), z którymi wchodzisz w głębsze związki, stanowią część Twojej historii osobistej (ponieważ one często przypominają któregoś z Twoich rodziców czy opiekunów). W codziennym życiu możesz popadać w konflikty wynikające z tego, że wybrałeś partnera o „niewłaściwej" płci lub rasie czy w „nieodpowiednim" wieku. Kiedy postępujesz w sposób sprzeczny z historią osobistą, wszystko jest przeciw Tobie.

Kiedy jesteś coraz bardziej świadomy siebie i otoczenia, to najprawdopodobniej lepiej uświadomisz sobie historię osobistą we wszystkich jej aspektach. Być może świadomie poszukasz sposobu na uniezależnienie się od niej. Może zauważysz, jak obrona dotychczasowej tożsamości podtrzymuje starą lub tworzy nową historię. Jedynie śmierć, strach przed nią lub utratą pamięci wyciąga na światło dzienne cały proces tworzenia i podtrzymywania historii osobistej.

Porzucanie historii osobistej jest częścią nauczania szamana z plemienia indian Yaqui, Don Juana Matusa[2]. Don Juan opowiada o życiu i śmierci rodziców. Los ciężko się obszedł zarówno z nimi, jak i z ich plemieniem. Jednak zdaniem Don Juana najsmutniejsze

[2] Zob. np.: „Podróż do Ixtlan" Carlosa Castanedy.

było to, że nie potrafili uznać siebie za prawdziwych ludzi, wolnych od chęci zemsty, która towarzyszyła ich silnemu utożsamieniu się z określoną grupą osób. Don Juan powiada, że życie jest zbyt krótkie, by trwać w jednej tożsamości, zaś śmierć jest jedynym prawdziwym doradcą.

Dziesięć obrazów pasterskich – jak usunąć historię osobistą

Cykl dziesięciu obrazów pasterskich z tradycji zen, które można spotkać w świątyniach Chin, Korei i Japonii, pokazuje, w jaki sposób tworzymy i pozbywamy się historii osobistej. Te rysunki są ilustracjami ludowych przypowieści prezentujących aspekty uniezależniania się od historii osobistej w kontekście praktyki zen. Reprezentują one typowe etapy życia i moim zdaniem mają szersze znaczenie niż ilustracja praktyki zen.

Choć postrzega się je za kolejne etapy uspokojenia umysłu, obrazy pasterskie symbolizują także proces pracy nad doświadczeniami psychosomatycznymi – z końcowym porzuceniem historii osobistej. (Dziękuję za pozwolenie wykorzystania obrazów ze strony www.buddhanet.net).

1. Czego mi w życiu brakuje? Jak mogę rozwiązać swoje problemy?

Na pierwszym z obrazów ilustrujących tę legendę widać osobę, która wyrusza w drogę i poszukuje właściwej ścieżki. Wyobraź sobie, że jesteś tą osobą. Być może stawiasz takie pytania, jak: „Kim jestem? Jak się tu dostałem? Jaki jest sens życia?”.

Na tym obrazie jesteś zagubiony w naturze, zagubiony w samym sobie, w środowisku „wegetatywnym”. Być może szukasz czegoś, co medytujący nazwałby zgubionym snem, utraconym ciałem, brakującym, śniącym ciałem. Na tym etapie odczuwasz zamęt i rozglądasz się za ścieżką wiodącą w przyszłość.

2. O! Jakieś ślady na ziemi!

Na drugim rysunku odnajdujesz tropy, może nawet ścieżkę wskazującą na to, że ktoś lub coś przed Tobą tędy szło. Na ziemi widać ślady z przeszłości. Być może odkryłeś subtelne sygnały ciała lub inne wskazówki.

Jeśli podążysz za tymi sygnałami, możesz spotkać się z siłami, które funkcjonowały dotąd bez Twego udziału. Osoba praktykująca zen nazwałaby te siły „niespokojnym umysłem”.

3. Aha! Jest moja moc!

Na kolejnym obrazie widzisz wołu, który znika za wielkim drzewem. Dlaczego widać tylko jego tył? Czy tył jest najmniej świadomą częścią Twojego śniącego ciała? Czy wół jest obrazem nieświadomych instynktów? (A może jest telomerem, czapeczką nałożoną na historię osobistą?).

Niewątpliwie wół jest obrazem śniącego ciała, symbolem wrażeń, które wymknęły się spod kontroli i są ukryte pomiędzy drzewami – czyli w autonomicznym układzie nerwowym. Na przykład w biciu serca lub w jego zmiennych rytmach spoczywa wielka moc, z którą straciłeś łączność. To samo dotyczy wszystkich pozostałych doświadczeń ciała. W symptomach – Twoim drzewie, dorastaniu i starzeniu się spoczywa ogromna siła życia. Na obrazie nr 3 zlokalizowałeś brakujące siły.

4. Uchwycenie talentów

Na kolejnym rysunku nie tylko odnalazłeś wołu, ale trzymasz go w ręku. Podążałeś za sygnałami i skorzystałeś z uwagi, żeby z nimi nawiązać kontakt. Dzięki praktyce uważności symbolizowanej sznurem znajdujesz się w kontakcie ze swoją mocą. Kolejnym zadaniem jest oswoić się z tą siłą. Początkowo moc podąża za Tobą.

5. O! Moc nie chce współpracować!

Jeśli jednak sądziłeś, że łatwo będzie zintegrować moc ciała z codziennym życiem, byłeś w błędzie. Odkrywasz, że

Twoja moc odmawia współpracy. Chce pozostać wolna – i podążać własnymi ścieżkami.

Zen w tym punkcie kładzie nacisk na dyscyplinę i wytrwałą praktykę. (Podobnie jest w szamanizmie. Szaman Don Juan mówi, że musimy odnaleźć, a potem „zmagać się" z naszymi sprzymierzeńcami duchami, które niepokoją ciało lub umysł). Możesz odpocząć dopiero po odkryciu tajemnicy sprzymierzeńca. Nie możesz ustawać w wysiłkach zmierzających do rozwinięcia nieustannej czujności pozwalającej transformować codzienne życie.

Za każdym razem, kiedy pojawia się symptom, ćwicz się w dyscyplinie śledzenia sygnałów i podążania za nimi. Następnie kieruj się mocami, znajdź ich przekaz, ukrytą w nich esencję.

6. W harmonii z energią

Jako pasterz wołu znajdujesz się teraz na takim etapie, że dość pewnie jedziesz na swojej niestałej, nieprzewidywalnej mocy – czynisz to bardziej koherentnie. Jest to czas, gdy jesteś w jedności ze swoim ciałem. Współpracujecie z wołem, działając bez wysiłku. Rzeczy dzieją się i nie trzeba nad nimi pracować. W miarę jak coraz bardziej dostrajasz się do swojej siły, Twoje symptomy zamieniają się w energię potrzebną do działania.

7. Co za rozkosz!

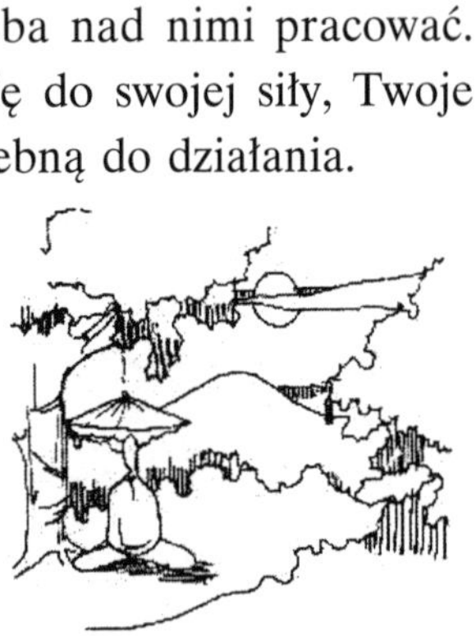

W tym punkcie odczuwasz jedność z naturą, siedzisz pod drzewem w ciszy i spokoju. Po pracy ze swoim ciałem poczucie bólu i utrata mocy pozwoliło pojawić się harmonii ze wszystkim. Teraz ciało nie stanowi już problemu, umysł nie zajmuje się nim, ciała nie ma już na rysunku. Wół zniknął.

Rzeczy dzieją się naturalnie, ale Ty jesteś tylko świadkiem. Czujesz związek z siłami natury, jesteś wypoczęty i zwiększa się Twoje poczucie bezpieczeństwa. Dla wielu osób byłby to koniec skupiania się na symptomach. Ale zmniejszenie symptomów dzięki osiągnięciu dostępu do ich mocy było dopiero pierwszym krokiem.

8. Pustka, siła ciszy

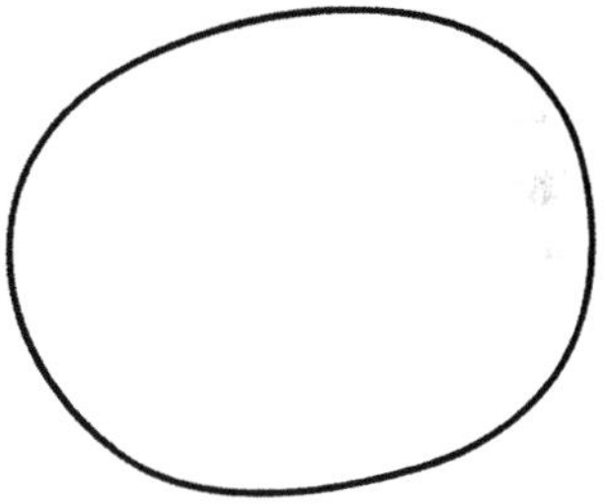

Kolejnym etapem jest kreatywność. Czasami na ósmym rysunku nic się nie pojawia. Ale zazwyczaj jest to prosty okrąg namalowany jednym pociągnięciem pędzla, co przedstawia pojawiający się nie-umysł lub pustkę. Przy pomocy komputera próbowałem narysować takie spontaniczne maźnięcie.

W każdym razie, w tym stanie posiadasz pusty umysł, co oznacza, że masz twórczy umysł otwarty na wszelkie możliwości. Nie ma malarza, a jednak coś się dzieje – twórczość po prostu podąża za siłą ciszy. Paradoksalnie stan pustki pozwala na wypełnienie najsubtelniejszymi siłami, z którymi rzadko bywasz w kontakcie. Na tym polega kreatywność pustki.

9. Życie – bez ciała, bez problemu, bez historii osobistej

Po redukcji historii osobistej pozostaje tylko natura, nie ma już *ja*.

Na tej ilustracji Ciebie już nie ma, pozostały kwiaty, drzewa, krajobraz i chmury. Zniknął obraz Ciebie, zniknęła historia osobista. Dopóki posiadałeś tylko określoną tożsamość i upierałeś się, by wszystko działo się tak, jak Ty chcesz, dopóty marginalizowałeś swoją największą moc. Nielokalność siły ciszy rozlewała się po całym świecie. Moc była ukryta w utraconej energii, w procesie starzenia się oraz w postaciach z równoległych wszechświatów, które identyfikowałeś jako symptomy ciała.

Dzięki zbliżeniu się do mocy zawartych w symptomach uwolniłeś się od historii osobistej, a przez to od lęku związanego z symptomami oraz opinii publicznej, które jednocześnie były przeciw i za Twoją starą tożsamością. Teraz, gdy świat powrócił w swej formie, czasie i przestrzeni, warto zapytać: „A co z przyszłością?".

10. Powrót do życia i do świata

Na ostatnich obrazach znowu się pojawiasz, nie jest to dokładnie ta sama inkarnacja, jesteś szczuplejszy, straciłeś na wadze... A może bagaż, który kiedyś dźwigałeś, znajduje się teraz pod kontrolą, co symbolizuje worek na końcu kija? Zazwyczaj na tym rysunku jest się osobą starszą, okrąglejszą i mądrzejszą. W naszej wersji wkraczasz na nowo w czas i świat uzgodnionej rzeczywistości, która spoczywa przed Tobą w dolinie.

Twoja ścieżka kieruje się do góry i na dół, do przodu i tyłu, w prawo i w lewo, bez końca. Twoje życie jest tutaj przedstawione w postaci fali, może jest to ścieżka serca, którą zaaranżowała siła ciszy. Teraz masz latarnię i ścieżkę – proces świadomości oraz przegląd terenu. Twoje zwyczajne ciało powróciło co prawda, lecz na tym obrazie nie zajmuje już tyle miejsca.

Znowu jesteś w świecie, ale Twój obraz uległ zmianie. Gdziekolwiek pójdziesz i cokolwiek zrobisz, najważniejsza jest świadomość.

Trudno jest przewidzieć, jaki proces został zobrazowany na obrazie nr 10. Kiedy zanika historia osobista, niektórzy ludzie całkowicie porzucają stare *ja* i stają się otwarci na świat lub wielość światów. Przypominam sobie słowa 104-letniego chłopaka babci Amy. Ostatnio tak mówił do nas: „Tajemnicą mojego życia jest znajomość Boga, wiara w Boga. Kiedy jesteś blisko Niego, to odkrywasz, że jesteś jednym z jego dzieci. Kiedy masz wątpliwości i nie wiesz, czy właściwie postępujesz, porozmawiaj z Bogiem, a On powie, co masz robić. Wszystko, co robisz, pochodzi od Boga, a nie od Ciebie... Zawsze powiadam: «Boże, niech dzieje się Twoja wola». Czasami Bóg przemawia do mnie i mówi, żebym poszedł do ludzi, którzy są samotni. No i oni lepiej się czują. To moje zajęcie... o, teraz kwiaty kwitną".

Ćwiczenie: Osobista historia jak doświadczenie ciała

Poniższe ćwiczenie polega na badaniu doświadczenia zmniejszania związku Twojej historii osobistej z ciałem. To ćwiczenie może stanowić wyzwanie, ponieważ jest w stanie sięgać nieco dalej niż Twój obecny etap rozwoju. Myślę jednak, że warto dowiedzieć się, w jakim kierunku zmierza Twoje życie. Ćwiczenie może dać Ci dostęp do jednej z mocy, a następnie pokazuje sytuację, w której ta moc nie jest już potrzebna.

- *Kiedy będziesz gotowy, weź głęboki oddech i zrelaksuj się.* Pomyśl o swoim dzieciństwie. Przypomnij sobie pierwsze wspomnienie z dzieciństwa lub pierwsze znaczące wspomnienie z młodości. Podobnie jak w innych ćwiczeniach, jeśli masz liczne wspomnienia, wybierz to, które akurat pierwsze przyjdzie Ci na myśl.

Na przykład jedna z moich czytelniczek z grupy „mniejszościowej" swojego kraju wybrała wspomnienie dwojga bawiących się dzieci.

• *Następnie zidentyfikuj dwie główne części, postaci lub elementy tego wspomnienia.* Kto lub co było w tym wspomnieniu? Oznacz te postaci jako *A* i *B*.

Na przykład kobieta powiedziała: „*A* to ja. *B* to towarzysz zabawy".

• *Teraz pojawia się pytanie wymagające zaangażowania wyobraźni.* Co jeszcze *należałoby* do tego wspomnienia? Co, zgodnie z Twoją intuicją, powinno być częścią tego wspomnienia, lecz nie jest obecne? Kiedy będziesz już wiedzieć, kto lub co jest tą postacią, przyporządkuj jej literę *C* i wykorzystaj jedno słowo, które najwierniej oddawałoby naturę *C*. Nazwij *C* tym słowem.

Kobieta powiedziała, że *C* było łagodną, boską, rodzicielską istotą. Pojedyncze słowo, które opisywało tę istotę brzmiało: *rodzicielski.*

• *W jaki sposób cechy C wiążą się z czasami, w których dorastałeś?* W jaki sposób cechy Twoje oraz *C* zostały ukształtowane nie tylko pod wpływem rodziców, ale także narodu, rasy, kultury i historii, których jesteś częścią?

Czytelniczka powiedziała, że kiedy bawiła się w dzieciństwie z innymi dziećmi, to brakowało jej *C*. W jej fantazji *C* było bardzo kochającą osobą, kimś, kogo brakowało w tamtych czasach w jej kraju. Tam nikt nie lubił jej grupy etnicznej.

• *Wybierz najsilniejszą cechę należącą do C i zadaj sobie pytanie, z którą częścią ciała kojarzy Ci się ta cecha?* Poczuj, gdzie może być zlokalizowana? Co jest naturą tego obszaru? Czy mieszczą się tam jakieś symptomy, czy też jest to okolica wolna od nich?

Na przykład: czytelniczka zlokalizowała rodzicielską oraz współczującą naturę w okolicy serca, po czym zauważyła, że odczuwała w tym miejscu bóle.

• *C jest niczym wół, jest czymś. czego poszukujesz, czymś ukrywającym się za drzewem, być może w obszarze symptomu.* Poczuj teraz ten obszar ciała i wzmocnij odczucie *C*, skupiając swój oddech na tym właśnie obszarze. Poczuj tam moc *C*. Wyobraź sobie, że korzystasz z tej energii w konstruktywny sposób w swoim życiu. Co dobrego możesz dzięki niej zdziałać? W jaki sposób stosowałeś tę energię do tej pory? Czy miałeś trudności z powstrzymaniem lub wykorzystaniem tej energii?

Moja czytelniczka powiedziała, że współczucie zawsze było jej celem. Przesadziła w byciu dobrą dla innych i czasami nie potrafiła powstrzymać się, nawet gdy działo się to kosztem jej niespełnionych potrzeb.

• *Teraz zajmiemy się redukowaniem Twojej historii osobistej.* Ponieważ cechy *C* są częściowo związane z historią osobistą, zbadamy, co stanie się, kiedy zredukujesz siłę tej cechy oraz związanej z nią historii osobistej.

Wyobraź sobie, że skorzystałeś z energii *C* w takim stopniu, w jakim było Ci to potrzebne. Teraz posiadasz tę moc. *C* może stać się mniej znaczące. Wykorzystując oddech i utrzymując postawę otwartego umysłu, wyobraź sobie, że krok po kroku redukujesz tę cechę do tego stopnia, że nie jest już potrzebna. Równocześnie postaraj się zredukować cielesne wrażenia, których doświadczasz w tym obszarze ciała, gdzie zlokalizowane jest *C*. Obserwuj, co i w jaki sposób zmienia się w Twoim ciele i uczuciach, w miarę jak próbujesz zredukować ten fragment historii osobistej.

• *Kiedy redukujesz to wrażenie cielesne oraz ważność C, zauważ obecność subtelnych i nowych doświadczeń.* Co dzieje się z ciałem? Jakie uczucia zanikają? Jakie pojawiają się nowe uczucia? Kiedy redukujesz poprzednie cechy, możesz zauważyć powstawanie nowych form istnienia.

Na przykład, moja czytelniczka początkowo opierała się przed zrezygnowaniem ze swej współczującej natury, ale kiedy po jakimś czasie jej się to udało, poczuła ulgę w rejonie serca. Niespodziewanie zorientowała się, że mogła być bardziej bezpośrednia w kontaktach z ludźmi, a nawet – w miarę doznawania nowej jakości – uznała, że mogłaby pozwolić sobie na złość!

• *Wyobraź sobie teraz, że faktycznie żyjesz w czasie i przestrzeni tego nowego stanu.* Jak możesz z niego skorzystać? Wyobraź sobie, że wprowadzasz go w życie. Kim możesz się stać?

Moja czytelniczka była podekscytowana perspektywą większej bezpośredniości w kontaktach z ludźmi.

• *Na koniec wprowadź stan zredukowanej historii osobistej do tych części ciała, które cierpią lub gorzej funkcjonują z powodu starzenia się.*

Problemy związane z historią osobistą przymuszają Cię do osiągnięcia określonych celów, mocy i sposobu działania. Ten „popęd" wprowadza ciało w stres, ponieważ nieświadomie czujesz się zmuszony do zdobycia tych celów. Dzięki odkrywaniu mocy i realizowaniu celów historii osobistej uniezależniasz się od nich. Ta niezależność zmniejsza poziom stresu, dając pusty, a nawet kreatywny umysł.

Nie redukując naszych historii osobistych, nieustannie kompensujemy to, czego brakowało nam w życiu. Co więcej, możemy nie tylko odkrywać, ale także projektować potrzebę oraz tendencję do redukowania historii osobistej na biologię, na destrukcję czapeczek DNA. Jeżeli biochemia życia i starzenia się ma jakiś sens, to jest nim mądrość tworzenia, a następnie redukowania nie tylko genomu, ale i historii osobistej.

W każdym razie wolność od przywiązań do naszej osobistej historii daje pustkę potrzebną do tego, by przekroczyć tę kompensację, nawet jeśli była wartościowa, lub osiągnąć głębszy wgląd. Wynikająca z tego łatwość stawia nas na nieprzewidywalnej ścieżce – na której poruszamy się wraz z siłą ciszy. Na tej ścieżce nie jest ważne uzdrowienie symptomów czy osiągnięcie światowych celów, ale świadomość podróży, krok po kroku.

ROZDZIAŁ 18.

Demony świadomości kwantowej

Świadomość jest częścią wszechświata, a zatem każda teoria fizyczna, która nie przewiduje dla niej miejsca, z fundamentalnych powodów nie może być uznana za prawdziwy opis świata. Twierdzę, że żadna teoria fizyczna, biologiczna lub obliczeniowa nie dostarcza nawet przybliżonego wyjaśnienia świadomości.

Fizyk i matematyk Roger Penrose
we wstępie do „Cieni umysłu”[1]

W roku 1867 szkocki fizyk James Clark Maxwell (1831–1879) założył prawdopodobieństwo zaistnienia demona, który potrafiłby odwrócić bieg czasu. Jak dotąd nikt nie umiał udowodnić efektywności działania demona w uzgodnionej rzeczywistości. Wydaje mi się, że jest on projekcją świadomości, która jest jeszcze bardziej

[1] W przekładzie Piotra Amsterdamskiego, Zysk i S-ka, Poznań 2000.

niewiarygodna, niż Maxwell mógłby przypuszczać. Uważam, że ten demon reprezentuje świadomość operującą na niemierzalnych, subatomowych poziomach, potrafiącą powstrzymać, a przynajmniej złagodzić efekty starzenia się.

Wszystkie wspomniane do tej pory metody pracy z symptomami można zmieścić pod nagłówkiem medycyny tęczowej, rozumianej jako *wielopoziomowa praca ze świadomością*. Każdy symptom jest potencjalnym krokiem w kierunku zwiększonej świadomości i kreatywności. W pierwszej części książki mówiłem o zawartej w symptomach sile ciszy. W części drugiej była mowa o związkach pomiędzy symptomami a życiem społeczności. W trzeciej skupiamy się na wewnętrznych doświadczeniach, które wiążą się z genetyką, neutralizacją wolnych rodników oraz na redukcji uzależnień.

Wszystkie interwencje w medycynie tęczowej wymagają świadomości różnych wymiarów oraz subtelnych sygnałów związanych ze światem kwantowym. Na swój sposób każdy z symptomów jest wezwaniem budzącym większą świadomość. Kiedy minimalny sygnał staje się mocniejszy i trwa dostatecznie długo, nie możesz udawać, że nie istnieje. Tak więc medycyna tęczowa w każdej ze swych form jest pracą nad świadomością.

W tym rozdziale opisuję, jak wzrost świadomości przyczynia się do zwiększenia witalności. Wzrost świadomości zawsze prowadzi do poczucia lepszego dostępu do zasobów energii. Zwiększona dostępność energii w fizyce wiąże się z drugą zasadą termodynamiki, tak zwaną zasadą entropii, o której mówi się czasem jako o „cieplnej śmierci wszechświata".

Zgodnie z tą zasadą we wszystkich zamkniętych systemach wzrasta stopień nieuporządkowania, zaś zasób dostępnej energii zmniejsza się. Inne sformułowanie tej zasady wykorzystuje słowo *entropia* w miejsce określenia *nieuporządkowanie*. Prawo to mówi wówczas, że z upływem czasu wzrasta poziom entropii w systemach zamkniętych. Zamknięte systemy (patrz opis poniżej) mają z upływem czasu coraz mniej dostępnej energii potrzebnej do pracy.

Jednak z punktu widzenia medycyny tęczowej prawo to opisuje nie tylko systemy fizyczne, ale także zamknięte i pozbawione świadomości stany umysłu, w ramach których doświadczamy starzenia się i zmęczenia. W tym ujęciu druga zasada termodynamiki może ulec odwróceniu, przynajmniej na poziomie doświadczalnym. Wykażę, w jaki sposób świadomość zmniejsza entropię, poczucie degeneracji i zwiększa ilość dostępnej energii. Świadomość może również odwracać niektóre formy fizycznej degeneracji.

Prawo entropii

Naukowcy, mówiąc o prawie entropii, często równoważą je z „cieplną śmiercią wszechświata". Jest to druga zasada termodynamiki[2], która znajduje powszechne uznanie w świecie nauki. Zasada ta powiada, że z upływem czasu dostępność energii w systemach zamkniętych (jak nasz wzechświat) zbliża się do zera.

Pierwsza zasada termodynamiki powiada, że ilość energii w zamkniętym systemie jest stała. Druga odnosi się do „dostępnej" energii, co oznacza energię, która zdolna jest wykonać pracę. Energia systemu może zamienić się w ciepło, lecz wraz ze wzrostem entropii nie ma możliwości zamiany na pracę.

Kiedy jako student MIT uczyłem się o tej zasadzie, zacząłem się zastanawiać, w jaki sposób można ją zmienić. Wiedziałem, jak się ją stosuje w fizycznym wszechświecie (przy założeniu, że

[2] Termodynamika bada zasady rządzące przekształcaniem się form energii, ruchem ciepła i dostępnością energii. „Dostępna" energia fizyczna może zostać bez trudu przekształcona w pracę. Ten rodzaj energii określa się także jako energię użytkową lub „uporządkowaną" w przeciwieństwie do energii niedostępnej lub „nieuporządkowanej" (jak np. ciepło), która nie może zostać bezpośrednio przekształcona w pracę.

jest to nieświadomy system zamknięty), ale interesowało mnie, czy zasada ta dotyczy także naszych ciał, symptomów i procesu starzenia się. Pomyślmy o entropii.

Entropia jest miarą (nie)dostępności energii, a także nieuporządkowania danego systemu. Kiedy wzrasta nieuporządkowanie – wzrasta entropia. Druga zasada termodynamiki powiada, że materialny wszechświat UR, jako system zamknięty, zmierza w kierunku nieuporządkowania.

Założenia termodynamiki mówią, że zamknięty system nie dopuszcza do wymiany ciepła, materii i światła z obszarem zewnętrznym. W przeciwieństwie do tego, w systemie otwartym światło, ciepło i materia mogą dowolnie wchodzić do niego oraz opuszczać system.

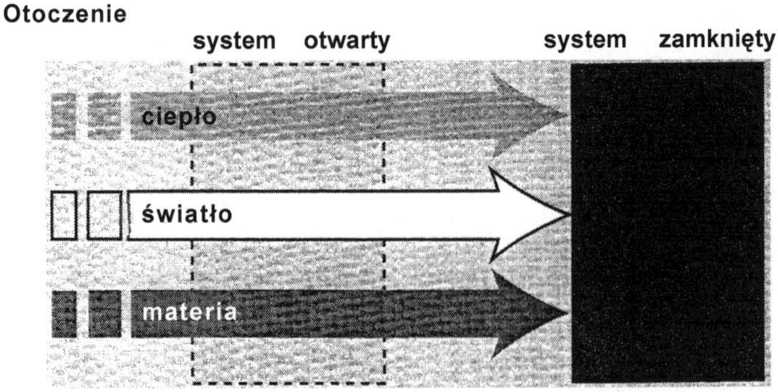

Rys. 18.1. Otwarty oraz zamknięty system wymiany ciepła, światła i materii

Z punktu widzenia fizyki nasze ciała są systemami otwartymi (nawet jeśli jesteśmy „zamknięci" na nowe idee). Zamknięte systemy z czasem degenerują się. Pomyśl o filiżance czarnej herbaty jako o systemie zamkniętym. Kiedy wlewasz do niej mleko, to początkowo obserwujesz śliczne, białe esy-floresy w herbacie. Jednak bardzo szybko w filiżance wzrasta entropia i piękne wzory mieszają się z resztą herbaty, zaś porządek w filiżance zmniejsza się. Nie formułując definicji porządku, pozwól swojej intuicji, żeby powiedziała, co rozumie przez słowo „porządek".

Prawo natury powiada, że z biegiem czasu herbata stanie się nieuporządkowana. Statystyczne obliczenia pozwalają stwierdzić, że istnieje minimalne prawdopodobieństwo, że porządek zostanie przywrócony i zaistnieje pierwotny wzór. Jednak nawet gdybyś wypił miliard filiżanek herbaty, szanse zaobserwowania takiego cudu są mało prawdopodobne.

Druga zasada mówi: *wraz z ewolucją zamkniętego systemu w czasie zmniejsza się ilość informacji*. Mniejsza jest ilość konsensualnej informacji oraz porządku.

Zauważ, że w ostatnim zdaniu dodałem słowo *konsensualnej* z uwagi na to, że prawa fizyki dotyczą uzgodnionego lub mierzalnego porządku. Jednak jak wiadomo terapeutom, co dla większości ludzi może być porządkiem, dla niektórych jednostek oznacza stan nieuporządkowania.

Z punktu widzenia nauki wszechświat uważa się za system zamknięty (włącznie z podsystemami oraz ich otoczeniem[3]). Druga zasada termodynamiki stwierdza, że *entropia zamkniętego wszechświata zwiększa się; rośnie wielkość entropii bądź konsensualnego nieuporządkowania. Z upływem czasu wzrasta stopień nieuporządkowania.*

Wszystko, co dzieje się w zamkniętych systemach, prowadzi do wzrostu entropii. Jeżeli rozpatrzymy to pod względem uporządkowania, zgodnie z drugą zasadą termodynamiki suma uporządkowania we wszechświecie (lub dowolnego systemu zamkniętego) nie może rosnąć, ale wyłącznie maleje. Rozpadają się znane wzorce!

[3] Na przykład jeśli Twoje miasto stanowi system zamknięty, to każdy budynek oraz otaczające go ciepło, światło i przenikająca go materia będą podsystemami.

Możliwe, że wszystko w Tobie buntuje się przeciw tej zasadzie i rzeczywiście, od czasu gdy Rudolf Claussius ją sformułował, wielu uczonych buntowało się przeciw temu prawu, jednak nikomu nie udało się go podważyć. Degeneracja i starzenie się występuje we wszystkich zamkniętych wszechświatach! Druga zasada termodynamiki jest zgodna ze zdrowym rozsądkiem. Jeśli pozostawisz samochód wewnątrz zamkniętego garażu, to po stu latach będzie przerdzewiały. Jest to przykład działania drugiej zasady termodynamiki.

Jednak zawsze pojawi się buntownik, który nie będzie chciał się zgodzić z tą zasadą. „Przecież *musi* istnieć lokalny i chwilowy porządek; życie ma swój porządek oraz sens! Ludzkość jest przykładem wzrastającego uporządkowania. Ewolucja wytwarza porządek! Już Darwin stwierdził, że ewoluujemy!".

Jednak fizyk odpowie: „Nie! Miejscowy porządek jest jedynie chwilowy. Lokalny porządek na Ziemi odbywa się kosztem wzrastającego nieuporządkowania reszty wszechświata. Ty, ja oraz reszta ludzkości, ewolucja nasza i pozostałych gatunków odbywa się kosztem zmniejszającego się uporządkowania Słońca!".

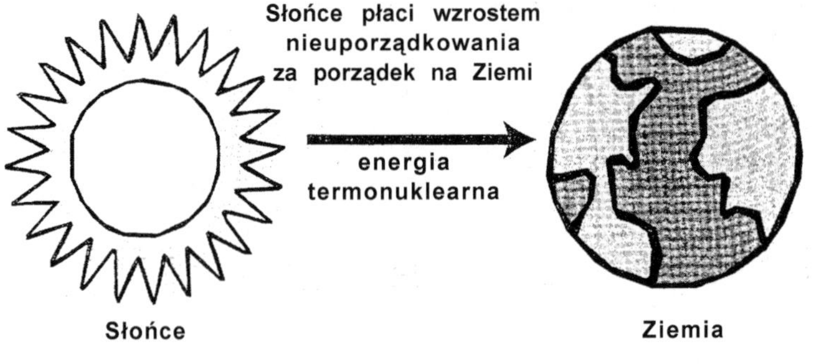

Rys. 18.2. Porządek na Ziemi ma miejsce kosztem Słońca

Ziemia jest systemem otwartym, do którego dociera z zewnątrz energia cieplna Słońca (a także pozostałych części wszechświata). Ziemia korzysta z energii Słońca, żeby zwiększyć swoje uporządkowanie.

Jeśli założymy, że Ziemia i Słońce stanowią razem zamknięty system, to druga zasada termodynamiki powiada, że porządek na Ziemi jest podtrzymywany kosztem wypalania się Słońca. Nasza ewolucja, rozwój, idee i nowe narzędzia istnieją dzięki zmniejszającej się termonuklearnej sile Słońca. Jesteśmy jedynie enklawą porządku. Oszczędzanie energii i mniejsza konsumpcja jedynie oddalą nieuniknioną śmierć cieplną Słońca. Nasze życie jest zdeterminowane śmiercią Słońca.

Czy prawo entropii odnosi się także do ludzi?

Oczywiście, że tak. Podobnie jak wszystko w zamkniętym systemie, ulegniemy po pewnym czasie degeneracji w kategoriach pomiaru energii UR oraz zdolności do pracy. Nawet jako systemy otwarte, które przyjmują pożywienie i inne rzeczy z zewnętrznego świata, z upływem lat podlegamy degeneracji.

Jeśli jednak obecna jest świadomość, to możliwa jest fantazja Maxwella dotycząca demona, który potrafi odwrócić drugie prawo. W poniższym ćwiczeniu postaram się pokazać, że poziom energii dostępnej w danej chwili zależy od stopnia świadomości. Innymi słowy, druga zasada termodynamiki jest prawdziwa dla wszystkich zamkniętych materialnych i psychologicznych systemów, które nie posiadają świadomości. Wszystkie prawa fizyki są pozbawionymi świadomości wzorcami naszego wszechświata.

Rozważmy zagadnienie systemów zamkniętych i otwartych. Często mówimy, że niektórzy ludzie są otwarci lub zamknięci, co odnosi się do ich osobowości. Zarówno w fizyce, jak i psychologii systemy zamknięte są systemami – ludźmi lub obiektami – które są nieelastyczne i nie potrafią przyjąć niczego nowego z zewnątrz. Prawo entropii opisuje nieprzenikliwy wszechświat uzgodnionej rzeczywistości. Jest kwestią przyszłości, czy nowe koncepcje dotyczące grawitacji lub wszechświatów równoległych zmienią ten pogląd. Jednak dziś, w obecnej formie fizyka uważa, że utrata zasobów informacji wszechświata – z punktu widzenia psychologii – rodzaj nieświadomości – powiększa się z czasem. Nieświadomość ostatecznie prowadzi do utraty świadomości, gdzie i kim jesteś oraz dokąd zmierza Twój proces.

Demon Maxwella – demon kwantowy

Przemyślenia Maxwella doprowadziły go w 1867 r. do odkrycia siły, która mogłaby odwrócić czas. Był to „demon" świadomości, który potrafiłby odwrócić prawo entropii dzięki śledzeniu minimalnych ruchów molekuł gazu. Dzięki temu demon, przynajmniej w fantazji Maxwella, był w stanie odwrócić chaos w systemach zamkniętych.

U Maxwella demon znajdował się w zamkniętym pudełku i odwracał przepływ cząsteczek w celu rekreowania zmniejszającego się uporządkowania[4].

Ten demon jest prototypem świadomości zaistniałej w materii. Zauważa on, co się dzieje i może mieć wpływ na przebieg zdarzeń

[4] Maxwell wyobraził sobie dwie, oddzielone przegrodą, objętości gazu w zbiorniku. Początkowo gazy mają tę samą temperaturę. Demon, zauważając cząsteczki poruszające się szybciej, otwierałby zawór w przegrodzie, pozwalając przedostawać się im do jednej z części zbiornika. W ten sposób w jednej części wzrastałaby temperatura dzięki szybszemu ruchowi cząsteczek. Tak demon mógłby kreować porządek ze stanu nieuporządkowania cechującego środowisko gazowe znajdujące się w zrównoważonym stanie o stałej temperaturze.

poprzez dokonywanie wyborów. Po jednej stronie zbiornika utrzymuje ciepło, zaś po drugiej – niższą temperaturę. Dzięki temu początkowy porządek (ciepła i zimna) nie ulega destrukcji. Demon kieruje biegiem spraw, dzięki czemu nie zmniejsza się zasób dostępnej energii. W tym zamkniętym systemie nie zanika również informacja. Demon odwrócił drugą zasadę termodynamiki dzięki zastosowaniu świadomości i otwieraniu w odpowiednim momencie przegrody dzielącej dwie objętości gazu. Dotychczas nikt jeszcze nie odkrył takiego demona, ani nie stworzył niczego podobnego w realiach UR.

A jednak fantazja Maxwella może być trafniejsza od przypuszczeń jej twórcy. Wydaje mi się, że mógł on projektować naszą umiejętność zastosowania przejrzystej świadomości, zdolność dostrzegania mikronowych sygnałów czy błysków. To prawie niemierzalne kwantum świadomości jest świadomą umiejętnością pozwalającą na dokonywanie wyborów w krainie snów.

Demon Maxwella jest w istocie potencjalnym bohaterem psychoterapii. Jest to ta część w nas, która porządkuje chaos, dostrzegając wzorce tam, gdzie zaginęły dotychczasowe sposoby postępowania (zapomniane, wyparte, zignorowane, zmarginalizowane itd.). Druga zasada termodynamiki jest dla mnie projekcją typowego stylu życia w UR, które w minimalnym stopniu wykorzystuje świadomość. Demon Maxwella reprezentuje przejrzystą świadomość, która operuje na niemierzalnych subatomowych poziomach mikrozdarzeń i jest w stanie co najmniej nieść ulgę w procesie starzenia się.

Przypominając demona Maxwella psychologiczna zasada brzmi następująco:

Dostrzeżenie porządku ukrytego w nieuporządkowanej UR kreuje większą dostępność energii.

Ignorowanie lub wypieranie subtelnych sygnałów pochodzących z symptomu prowadzi do depresji i jest wyczerpujące. Rozpoznanie symptomów jako sygnałów domagających się uwagi pozwala na stworzenie porządku ze stanu nieuporządkowanego, co daje większy zasób dostępnej energii, którą można zamienić na pracę. Marginalizowanie doświadczenia sprawia, że czujesz się jak wszechświat o wzrastającej entropii.

Nazywam demona Maxwella demonem świadomości kwantowej, przejrzystym promieniem świadomości, który śledzi ruchy atomów i cząsteczek, a także wydarzeń na poziomie subatomowym. Za życia Maxwella nie znano jeszcze mechaniki kwantowej; pojawiła się dopiero pięćdziesiąt lat później. Gdyby jednak żył w naszych czasach, na pewno zainteresowałby się takim rodzajem świadomości, która potrafi dostrzegać i śledzić subtelne tendencje, fale kwantowe z krainy snów oraz przewodnictwo oferowane przez nie. Wyobrażam sobie, że mógłby stwierdzić, że ignorowanie tych wszystkich subtelnych uczuć, które iskrzą na skraju świadomości, przyczynia się do wyczerpania i sprawia, że czujemy się starsi niż w rzeczywistości.

Ćwiczenie: świadomość neg-entropii

Poniższe ćwiczenie pozwoli Ci odkryć i zbadać zdolność demona do zwiększenia zasobu dostępnej energii. Zajmiemy się w szczególności „zamkniętymi" obszarami Twojego życia.

• *Znajdź wygodną pozycję i zastanów się nad swoim stosunkiem do starzenia się.* Co jest w nim pociągającego? Co Ci się nie podoba w procesie starzenia się?

Na przykład; wiele osób ceni sobie możliwość realizowania swojego potencjału, ale nie lubi utraty energii i tego, co nazywa fizyczną atrakcyjnością. Niektórzy wyrażają pogląd, że życie się kończy.

• *Kiedy będziesz gotowy/a, rozejrzyj się dookoła, szukając czegoś, co można by podnieść lub popchnąć.* Jeśli znajdujesz się w pomieszczeniu, podnieś krzesło lub popchnij ścianę i zauważ, jaką posiadasz ilość dostępnej energii. Popychając lub podnosząc coś, zadaj sobie pytanie: „Jaki procent energii jest mi teraz dostępny?". Zanotuj swoje spostrzeżenie. Czy jest to 85, 50 a może 15%? Na ile czujesz się lat?

Przykładowo, kiedy podniosłem dzisiaj krzesło, to wydawało mi się cięższe niż zazwyczaj. Powiedziałbym, że ilość dostępnej mi energii wynosiła 50%.

• *Ilość dostępnej energii zależy w wielkiej mierze od Twojego poczucia uporządkowania wewnątrz siebie.* Pomyśl zatem o obszarze swojego życia, w którym czujesz się „nieuporządkowany/a". Jeśli to możliwe, wybierz jakiś nowy obszar, niekoniecznie związki czy symptomy, ponieważ nad nimi już pracowaliśmy.

Na przykład: praca, finanse, może bałagan na biurku lub to, jak zarządzasz czasem. Być może sposób, w jaki odnosisz się do krytyki, jest „nieuporządkowany".

• *Nie przegap obszarów ignorowanych, które być może potrzebują uporządkowania.* Jeśli dostrzegasz wiele takich obszarów, na razie wybierz jeden z nich. Każdy będzie odpowiedni. Jak Ci się udaje unikać tego obszaru? W jakim sensie jest on „zamknięty"? Czy zapominasz bądź unikasz zagadnień kojarzących się z tym obszarem? Na czym polega zapominanie o tych zagadnieniach? Czy starasz się spać dłużej, czy też po prostu skarżysz się na pewne rzeczy? Czy starasz się usunąć związane z tym myśli? Czy oglądasz telewizję albo chodzisz do kina, zamiast uprzątnąć ten obszar?

• *Kiedy myślisz o tym nieuporządkowanym obszarze, wyobraź sobie rodzaj wypełniającej go przestrzeni.* Jakie zachodzą w tej przestrzeni ruchy i jaki jest tam kolor? Opisz własnymi słowami cechy przestrzeni obejmującej nieuporządkowany obszar życia.

Na przykład, czy jest szary, czy też przybrudzony? Czy wiruje, czy też panuje tam zamieszanie?

• *Jeśli potrafiłbyś zidentyfikować miejsce poza ciałem, w którym mógłby ten „nieuporządkowany obszar" występować, gdzie by to było?* (np.: przed czy za Tobą, itp.). Narysuj ten obszar w pobliżu Twojego ciała.

Jak czuje się ta część ciała, która znajduje się najbliżej opisywanej przestrzeni? Czy w jej pobliżu występują jakieś symptomy? Wybierz do pracy jeden z symptomów, być może ten, na który zwracasz najmniej uwagi. Czy może on być związany z Twoim poczuciem starzenia się?

• *Skup się na symptomie związanym z tym obszarem ciała i wybierz dwa z jego aspektów.* Sprawdź na przykład, czy potrafisz stworzyć obraz jego energii, która – wyobrażasz sobie lub podejrzewasz – mogłaby być przyczyną tego symptomu. Następnie zrób to samo z odbiorcą tej energii czy działania. Innymi słowy, wyobraź sobie „twórcę" i „odbiorcę symptomu".

Jednym ze sposobów wyobrażenia sobie tych postaci jest *wczucie się* lub *wyobrażenie sobie, że wczuwasz się* w symptom na tyle, na ile to możliwe. Następnie wzmocnij to uczucie, zwiększając jego intensywność. Wykorzystaj świadomość i pozostań z tym uczuciem, aż pojawi się postać, która mogłaby ucieleśniać tę intensywność.

Na przykład, jeśli cierpisz na pulsujący ból głowy, możesz zwiększyć to uczucie, odczuwając pulsowanie, aż pojawi się uderzająca w stół, rozzłoszczona postać oraz ktoś lub coś (być może nawet sam stół), czemu to uderzanie sprawia ból.

• *Spróbuj dowiedzieć się, co wyraża każda z tych postaci.*

Rozzłoszczona postać mogłaby powiedzieć: „Muszę się przebijać", na co druga odpowiada: „Proszę, nie rób tego w tak brutalny sposób, bo sprawia mi to ból!".

• *Wyobraź sobie dwie postaci, z których jedna cierpi, a druga wywołuje symptom – nawet je narysuj.* Następnie niech Twoja wyobraźnia spontanicznie stworzy istotę, która swoją świadomością wkracza w pole konfliktu i pokazuje rozwiązanie skonfliktowanym energiom. Może wymyśl jakiegoś mistrza rozwiązywania konfliktów, geniusza, ducha, postać z kreskówki – coś, co potrafiłoby zająć się tymi dwiema energiami. Opisz tę istotę. Narysuj ją.

Jedna z moich czytelniczek miała konflikt pomiędzy jej światowymi ambicjami oraz częścią, która była przytłoczona ogromem jej ambicji. Ku swemu zdziwieniu zobaczyła księdza, który pomógł odnaleźć rozwiązanie konfliktu. Błogosławił obu postaciom, dzięki czemu mogły się zrelaksować.

• *W którymś momencie możesz próbować stać się pomocnym duchem; demonem kwantowej świadomości.* Wejdź do psychologicznie zamkniętego systemu własnego śniącego ciała i podejmij interwencję; pomóż rozwiązać konflikt pomiędzy dwiema częściami obszaru symptomu.

• *Wyobraź sobie, co się wydarzy.* Pozwól demonowi zadziałać w magiczny sposób i znajdź rozwiązanie.

Czytelniczka stwierdziła ku swemu zdziwieniu, że obu stronom brakowało Boga, którego reprezentował ksiądz. Początkowo nie miała śmiałości utożsamić się z księdzem, aż odkryła, że na swój sposób poświęciła swoje życie „boskim kwestiom".

• *Skorzystaj z oddychania, żeby skupić się na odczuciu tego rozwiązania*, a jeśli to możliwe, także odczuć rozwiązanie w obszarze symptomu.

• *Wyobraź sobie, jak można by wykorzystać to rozwiązanie w nieuporządkowanym obszarze życia, od którego zacząłeś ćwiczenie.* Przypomnij sobie ten nieporządek – jego przestrzeń, kolory oraz ruchy – i zauważ (lub nawet narysuj) transformację tej okolicy. Nie „pracuj" nad tym, ale po prostu pozwól, żeby coś się działo we wnętrzu do czasu, aż pojawi się rozwiązanie.

• *Na koniec podejdź do ściany lub krzesła i ostrożnie sprawdź, jaki efekt mogła wywrzeć wykonana przez Ciebie praca, aby poczuć potrzebną w życiu, dostępną energię.* Jakie dostrzegasz zmiany w energii?

Demony kwantowej świadomości

Powyższe ćwiczenie miało kilka celów. Jeden z nich to zauważenie obszarów, gdzie występuje nieporządek i jak one oddziałują bądź odnoszą się do Twojego życia. Drugi cel to wiedza o tym, że kiedy czujesz, iż „uszła" z Ciebie energia, możesz być po prostu zmęczony, ale również możesz cierpieć z nadmiaru entropii – nieporządku i utraty energii.

Obszary nieuporządkowane są niczym systemy zamknięte; rządzą nimi nieświadomość i konflikty. Wnoszenie świadomości do tych obszarów odwraca poczucie starzenia się dzięki dostępowi do większych zasobów dostępnej energii. Poczucie zmierzania wzdłuż osi biegnącego czasu jest podkreślane konfliktami wewnętrznymi, które zostają zignorowane lub „zamknięte". Dzięki świadomości skonfliktowane energie w zamkniętym obszarze stają się bardziej koherentne. Można powiedzieć, że zamiast pracować ze sobą, pracowałeś przeciwko sobie. Skupianie świadomości na wewnętrznych konfliktach zwiększa poczucie dobrostanu dzięki odwróceniu konfliktu i zwiększeniu wewnętrznej koherencji.

Każdy obszar nieporządku odzwierciedla zignorowanie przez Ciebie potencjału świadomości. W zwyczajnym świecie możesz czuć, że gwałtownie starzejesz się lub tracisz siły z powodu wewnętrznych konfliktów oraz nieuniknionej degeneracji. Jednak dostęp do świadomości może odwrócić to odczucie dzięki większemu uporządkowaniu oraz dostępności energii i wynikającego z tego dobrego samopoczucia[5].

Innymi słowy, każdy obszar nieuporządkowania jest jak symptom: występują w nim dwie skonfliktowane energie, ale brakuje intencji rozwiązania. Występuje wówczas sytuacja, w której dwa

[5] Wydaje się prawdopodobne, że w spontaniczne przypadki uzdrowienia zaangażowana jest przejrzysta świadomość, która rozwiązuje wewnętrzny konflikt.

„konie", zamiast zgodnie ciągnąć wóz w jedną stronę, ciągną go w przeciwnych kierunkach. Bez udziału świadomości nazwiesz tę wynikającą z ukrytego konfliktu sytuację „zmęczeniem i starzeniem się". Dzięki świadomości dodajesz hiperprzestrzeń i odwracasz kierunek upływu czasu. Poznaj pochodzącego z innego obszaru demona świadomości, dla którego żaden z systemów UR nie jest zamknięty na zawsze.

ROZDZIAŁ 19.

Śmierć – czy to koniec?

W życiu nie ma się czego lękać. Trzeba je zrozumieć.

Maria Curie

Stwierdzić, że duch znika po śmierci, to tak samo, jakby powiedzieć, że po zniszczeniu klatki umrze również ptak, który w niej mieszkał. Przecież ptak nie ma powodów, żeby się obawiać zniszczenia klatki.

Nasze ciało jest jak klatka, a duch jest jak ptak. Widać to po tym, że ten ptak fruwa w świecie snu; a zatem po zniszczeniu klatki ptak nadal będzie istnieć. Jego uczucia będą jeszcze potężniejsze, jego zmysły ostrzejsze, a szczęście większe.

Abdul-Baha, „Some Answered Question"

Gdy śmierć zapuka do drzwi, niektórzy przyjmują to z ulgą. Coś wewnątrz powiada: „Co za szczęście; w końcu uwolnię się od ograniczeń!". Ale śmierć jest pełna paradoksów. Kiedy zdajesz sobie sprawę z tego, że umierasz, zazwyczaj boisz się. Na początku możesz nawet nie powiedzieć o tym swoim przyjaciołom, bo mogłoby to przysporzyć większych kłopotów. Podobnie jak Ty, żyją oni w świecie uzgodnionej rzeczywistości i w śmierci widzą głównie utratę fizycznej formy.

Dla umysłu UR oraz przyjaciół śmierć jest z reguły złodziejstwem, a nie darem. Jeśli się jednak nad tym zastanowić, dla umierającej osoby śmierć może oznaczać wolność od wszystkiego, włączając w to samą koncepcję śmierci, a przynajmniej śmierci jako końca. Kiedy będziesz blisko śmierci, to prawdopodobnie będziesz śnić o dalszym życiu. Wielu ludzi, najwyraźniej ignorując ideę końca, śni o kolejnych krokach prowadzących do częstokroć dobrze znanych hiperprzestrzeni . Niektórzy śnią o uczeniu się w „szkołach", które nie są znane na ziemi; inni śnią, że stają się ptakami i przychodzi im to z taką łatwością, jakby przez całe życie fruwali.

W tej książce życiowe zaburzenia traktowane są jako problemy do przepracowania, jako obszary, w których ukryte są inne światy, inne rodzaje porządku i znaczeń. Teraz jednak chciałbym spojrzeć w nowy sposób na nieuporządkowanie, tak jakby w procesie chaosu zawierał się sens. To, co wygląda na śmiertelny proces entropii, jest tylko końcem Twojej tożsamości w UR. To już nie jest wyłącznie pojedynczy problem z nerkami lub sercem, chorobą płuc lub żołądka, guzem jajnika, piersi lub prostaty. Teraz całe ciało znajduje się w stanie nieuporządkowania. Starzenie się prowadzi do zwiększającej się entropii ciała, ale w krainie snów nie jest to koniec. Śmierć często przejawia się w snach jako ścieżka uwalniania się od starego *ja.* Dzięki temu możliwe jest coś nowego.

Fazy umierania

Istnieje wiele faz umierania. Na początku strach przed śmiercią pojawia się w formie podobnej do łajania nauczyciela. Weź się w garść! Po wstępnym okresie walki starasz się dopełnić tego, co w Twoim odczuciu jest najważniejsze. Śmierć powiada: „Przestań się wahać w relacjach. Zrealizuj swoje największe wizje, stań się pełnią siebie". Być może przez całe życie zatrzymywałeś się na licznych progach i obawiałeś ruszyć naprzód. Teraz śmierć Cię popycha we właściwym kierunku.

W kolejnym etapie strach przed śmiercią staje się strachem przed pełnym rozwojem odmiennego (zamglonego lub spokojnego) stanu, który wydaje się dopiero pojawiać. Ale na swój sposób pełnia tego stanu stara się właśnie teraz objawić i nie chce czekać do końca życia. Śmierć jako odmienny stan grozi tym, że będzie częścią życia, bynajmniej nie dlatego, że zbliża się śmierć, ale dlatego, że jesteś zbyt jednostronny, światły, ekstrawertyczny, za bardzo zainteresowany tym, co sobie ludzie pomyślą. Doświadczanie codziennego życia bez równoczesnej albo paralelnej świadomości istnienia odmiennych stanów związanych ze śmiercią jest niczym przebywanie na słońcu bez rzucania cienia.

Szaman don Juan powiada: „Śmierć jest twoim największym sprzymierzeńcem". Zainteresowany równoległymi światami fizyk kwantowy mógłby powiedzieć, że nie istnieje życie bez śmierci[1]. W obszarze określanym przez medycynę kwantową mianem krainy snów, a w fizyce matematycznymi podstawami fizyki, życie i śmierć są równocześnie obecne (w światach równoległych). Nic nie może

---

[1] Mam tu na myśli przede wszystkim kwantowy paradoks nazywany „kotem Schroedingera", według którego kot może być zarówno żywy, jak i martwy, zanim zostanie dokonany akt obserwacji. Chodzi o to, że oddzielne stany życia i śmierci są obecne w postaci światów równoległych, chociaż obserwowany w UR stan życia (lub śmierci) wyklucza te światy.

żyć, jeśli nie jest zarazem martwe i nic nie może być martwe w UR, jeśli nie jest jednocześnie żywe w krainie snów.

Niebezpieczna bliskość śmierci w UR otwiera świadomość na hiperprzestrzenie krainy snów w codziennym życiu. Śmierć wymaga rozwinięcia zdolności do nawigacji poprzez wizje i cierpienia określane jako *bardo* w „Tybetańskiej księdze zmarłych". W tych odmiennych stanach wiele osób na krótko spotyka się z nierozwiązanymi za życia problemami, nigdy niezaspokojonymi pragnieniami i starą, usztywnioną tożsamością być może tym razem z założoną na twarz makabryczną maską. Na tym etapie życia strach przed śmiercią powiada, żebyś zaznajomił się z kwantowym światem wizji, śniącym światem potworów i *bardo*[2]. Zgodnie z moim doświadczeniem te wizje szybko przemijają, a nawet mogą się nie pojawić – szczególnie w przypadku, gdy ktoś zmagał się już z tymi potworami za życia.

W ciągu życia śmierć jest surowym mistrzem zen, nauczycielem świadomości, który stoi przed Tobą, trzymając kij. Bez świadomości środki przeciwbólowe mogą być najlepszą opcją poradzenia sobie z trudnymi stanami *bardo*. Nie obwiniam nikogo, kto chce spędzić ostatnie dni życia pod wpływem środków znieczulających. Jednak doświadczenia z osobami umierającymi mówią mi, że nie ma nic cudowniejszego niż możliwość poznania technik pracy z fantazjami i medytacją, które pozwalają doświadczyć jednych z najbardziej wstrząsających stanów pod koniec życia. Jeśli nauczysz się pracy z odmiennymi stanami świadomości, ostatnie chwile życia mogą wydawać się cudem[3].

---

[2] *Bardo* to tybetańskie słowo oznaczające stan pośredni. Odnosi się zarówno do faz codziennego życia, jak i stanów bliskich śmierci („światło", „głodne duchy" itp.), a ponadto do doświadczeń pojawiających się po fizycznej śmierci. Zob.: „Tybetańska księga życia i umierania" Sogyala Rinpoche.

[3] Zob. moją książkę „Śpiączka. Klucz do przebudzenia."

Kiedy śmierć puka do drzwi, na poziomie UR ustępuje pragnienie uzdrowienia starego ciała. Ktoś, kto zbyt długo walczy ze śmiercią, może pominąć świadome doświadczenie wewnętrznej prawdy i najbardziej autentycznego wzorca działania. Ci, którzy potrafią otworzyć się na doświadczenia związane ze śmiercią, znajdując się w pobliżu chaosu zamiast bezsensu, odkryją starego przyjaciela. Sufijski poeta Rumi sformułował tę ideę w dwunastym wieku następującymi słowami:

Nie przejmuj się, jeśli sam tego nie dokonasz.
Nie musisz nawet podejmować decyzji tu czy tam.
Przyjaciel, który wie o wiele więcej od ciebie,
potraktuje trudności, żałobę i chorobę
jak lekarstwo, jak szczęście,
jako esencję chwili, w której przegrałeś
słysząc szach-mat
i powie na koniec głosem Allaha
z ufnością, odbierz mi życie.

Żeby zobaczyć, co się stanie, kiedy poddaje się Twój umysł, proponuję dwa ćwiczenia. Pierwsze bada kreatywność, a drugie zajmuje się nawigacją w stanach podobnych do śpiączki.

Chaos i kreatywność

Żeby cokolwiek zrozumieć z przerażającego chaosu oraz kreatywności doświadczeń z pobliża śmierci, a także żeby przygotować się na takie stany, spójrz na rysunek. Poeksperymetujmy z procesem świadomości, korzystając z tej ilustracji. Możemy zaczynać?

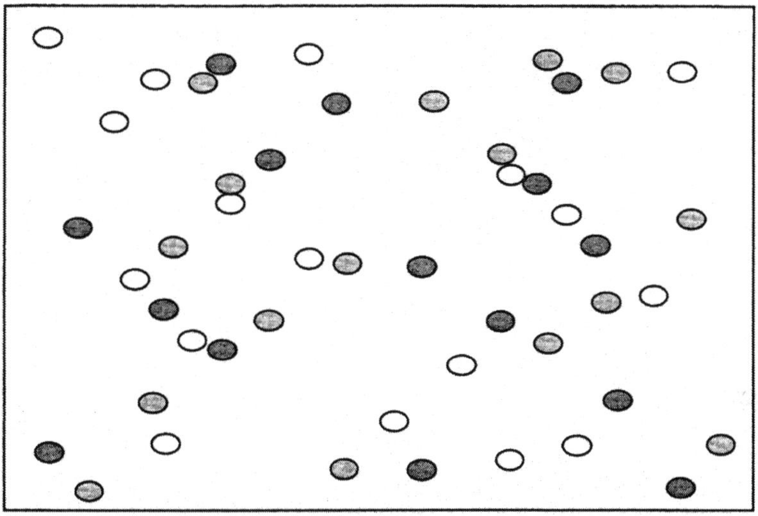

Rys. 19.1. Gdy poczujesz gotowość, zrelaksuj oczy i weź głębszy oddech. Wejdź w senny i marzycielski stan na ile potrafisz i pozwól, żeby rysunek „zaflirtował" z Tobą – to znaczy nie spiesząc się, pozwól, aby coś niespodziewanie zwróciło Twoją uwagę, coś irracjonalnego. Zapamiętaj, co to było?

Początkowo większość ludzi oglądających ilustrację nie potrafi nic zobaczyć, a także odczuwa dyskomfort spowodowany chaosem. Następnie, dzięki cierpliwości, wielu widzi liczne elementy absorbujące uwagę. Niektóre osoby widzą na przykład symetryczne gwiazdy lub obraz wszechświata; inni pustą przestrzeń, nuty, deszcz i słońce, roje motyli i papier do pakowania. Ktoś zobaczył nawet znak stopu!

Jeśli wykonałeś ten eksperyment, być może dostrzegłeś, że siła ciszy kreuje nowe rzeczy, jeśli zaakceptujesz chaos i poddasz się. To, co wydaje się chaosem i nieuporządkowaniem w jednym ze światów, w innym stanowi wzorzec wypełniony potencjalną informacją. Wraz ze śmiercią lub w pobliżu śmierci, kiedy chaotyczne stany nieuporządkowania załamują nasz uzgodniony porządek, często pojawia się nowy wszechświat i sposób życia. Życie nie odnosi się wyłącznie do egzystencji fizycznego ciała; to także spontaniczność i kreatywność świadomości. Śnienie odtwarza wszechświat[4].

Realność śmierci może być przerażająca, kiedy sprawi jednak, że się na nią otworzysz, odpada stara tożsamość i powstaje możliwość zmiany. Przypomina mi to ostatnie słowa Piotra, z którym pracowaliśmy przed laty razem z Amy. Był to odważny, młody mężczyzna umierający na białaczkę (opowiadam o nim w mojej książce o śpiączce). Przy naszej pomocy wybudził się ze śpiączki i na jakiś czas powrócił do życia, po czym spokojnie umarł. Przed śmiercią w szpitalnym pokoju w Zurichu ekstatycznie krzyczał:

Znalazłem... to. Znalazłem... to..., czego... zawsze szukałem. Klucz... do... życia... kluczem jest nowy plan linii... tramwajowych... Wszystko jest na tym planie... Wszystko... było w nim... jeszcze zanim zaczęliście ze mną pracować[5].

Prawie do końca życia Piotr pracował dla poczytnej zurichskiej gazety „Tages Anzeiger”, pisząc o wydarzeniach w Szwajcarii. Można powiedzieć, że realną postacią był tylko w uzgodnionej rzeczywistości. Plan, który mu się pojawił pod sam koniec życia, był swego rodzaju falą pilotującą – mapą miasta z siecią linii tramwajowych Zurichu. Jego intencjonalną falą była nowa mapa miasta. Uświadomił sobie, że jego poczucie współzależności ze wszystkim, co go otacza, jest jednocześnie strukturą „nowego” Zurichu.

---

[4] Związana ze starzeniem się utrata pamięci często jest utratą tego, co zamierzałeś zrobić. Zapomniałeś, „dlaczego” coś robiłeś. Z punktu widzenia psychologii zorientowanej na proces taka utrata pamięci wynika z faktu, że „potrzebujesz” nie wiedzieć, dlaczego zamierzałeś coś zrobić, a zarazem pozwolić, żeby *to* poruszało Tobą, żeby subtelne „tendencje” siły ciszy tworzyły życie.

[5] W: „Śpiączka, klucz do przebudzenia”.

Z najszerszego punktu widzenia wszyscy jesteśmy mapami; składamy się z linii pól intencjonalnych, których fizycznie doświadczamy w postaci siły ciszy. Kiedy nieuporządkowanie staje się nieuniknione na skutek choroby, straty lub jakiegoś wstrząsu, uzgodniona ścieżka ulega zniszczeniu. A jednak może pojawić się na nowo uporządkowany plan, bo zawsze istniał. Jeśli rozluźnimy tożsamość UR – osoby zlokalizowanej w ciele, to nasze rzeczywiste *ja* pojawi się jako rodzaj nieśmiertelnej intencji, jako nielokalny plan rozprzestrzeniający się wszędzie i włączający każdego, kto ma podobną intencję.

Laureat nagrody Nobla, fizyk Wolfgang Pauli musiał to także zauważyć, ponieważ stwierdził tuż przed śmiercią: „Śnienie to podłoże fizyki". Wcześniej cytowałem mądrość australijskich aborygenów: „Możesz zabić kangura, ale nie jego śnienie". Wspomiałem Lewisa O'Briena, członka aborygeńskiej starszyzny, który wskazywał na to, że miasto Adelaide zostało zbudowane na planie Czerwonego Kangura, choć nikt świadomie do tego nie nawiązywał[6].

Stany śpiączki

Bałem się śmierci w różnych okresach życia. Obecnie, po pracy z wieloma osobami, które przechodziły odmienne stany świadomości podczas umierania, nie mam już takich odczuć. Stany podobne do śpiączki, które towarzyszą umieraniu, nieodmiennie ujawniają w namacalny sposób ważne kierunki, nowe fazy, plany i mapy obrazujące pole intencjonalne, które wówczas staje się najwyraźniej widoczne[7].

---

[6] Wywiad Davida Nankervisa z Lewisem O'Brienem, „We're Built Like a Giant Kangaroo", w „Adelaide Times", listopad 1996 r.

[7] Zob.: „Śpiączka. Klucz do przebudzenia", gdzie znajdują się opisy przypadków.

Stanami zbliżonymi do śpiączki, które pojawiają się w pobliżu śmierci, nie rządzą jedynie degeneracja i chaos. Śpiączka nie oznacza końca świadomości. Sądząc po doświadczeniach ludzi, którzy przeżyli śpiączkę, a także po przekazach i odnotowanych faktach związanych z tybetańskimi mistrzami, którzy *zmarli* w szpitalach cywilizacji zachodniej i przez kilka dni po *śmierci* utrzymywali niespotykanie wysoką temperaturę ciała[8], musimy wziąć pod uwagę taką możliwość, że świadomość trwa po śmierci.

Obecnie diagnozuje się śmierć z chwilą zaniku aktywności mózgu i układu nerwowego, jednak wkrótce taka diagnoza będzie niewystarczająca. Wraz z rozwojem nanotechniki, aktywność układu nerwowego będzie mierzona na poziomie atomowym, co skomplikuje współczesną definicję śmierci w kategoriach UR. Życie będzie mierzone na poziomie kwantowym.

Eksperymentowanie z mocno odmiennymi stanami świadomości jest jednym z najprostszych, a zarazem najdramatyczniejszych sposobów odkrywania siły ciszy. Poniższy materiał może pomóc w pracy nad sobą oraz z innymi w stanach bliskich śmierci[9].

Poniższa praca łączy wykorzystanie przejrzystej świadomości pozwalającej podążać za sygnałami z UR (takimi jak oddychanie, drobne ruchy ręki i powiek), jak również za subtelnymi sygnałami niekonsensualnymi (jak flirty, wizje czy intuicje). Kluczem jest świadomość na wszystkich poziomach. Żeby badać potencjalną kreatywność zawartą w stanach pobliża śmierci, pamiętaj o demonie Maxwella! Kiedy znajdujesz się w stanie przypominającym śpiączkę, korzystaj z wyobraźni.

---

[8] Zob. wspaniałą pozycję „Indestructable Truth" napisaną przez Reggie Ray.

[9] Zob.: Amy Mindell; „Coma, A Healing Journey". W tej książce zostały opisane techniki pracy z osobami umierającymi.

Ćwiczenie: Śpiączka – chwila przebudzenia

• *Przez kilka minut relaksuj się, zauważając rytmiczny przepływ wdechu i wydechu. Niech ten rytm ukołysze Cię i doprowadzi do poczucia komfortu.* Kiedy poczujesz gotowość, to wyobraź sobie, że jesteś w stanie podobnym do śpiączki. Nie spiesząc się, pozwól sobie na to, żeby badać wyobrażone doświadczenie. Kiedy tak „odpływasz", być może dostrzegasz również, że niektóre ze stanów związanych ze zmęczeniem były próbami dotarcia do odmiennego stanu świadomości.

Kiedy się zrelaksujesz i znajdziesz w stanie podobnym do śpiączki, podążaj za oddechem uważnie i ze świadomością.

• *Wykorzystaj swoją zrelaksowaną oraz przejrzystą świadomość.* Kiedy po chwili coś zwróci Twoją uwagę, być może poruszenie lub drgnięcie ciała, zauważ to i podążaj w tę stronę. Skorzystaj z przejrzystej świadomości i zaufaj swoim minimalnym doświadczeniom.

Przede wszystkim dostrzegaj „tendencje do przebudzenia". Na przykład Twoje powieki mogą same spontanicznie otwierać się albo poruszą się palce lub dłoń. Być może Twoją uwagę przyciągnie dźwięk. Zauważaj chwile, w których pojawia się tendencja do zaistnienia dźwięku lub ruchu.

• *Jest to bardzo twórcza chwila.* Po jej uchwyceniu przez kilka minut podziwiaj spontaniczną naturę siły Twojego śnienia. Niech ta siła rozwija się przy pomocy rytmu oddechu. Być może pojawią się wizje, fantazje, a nawet historie. Bądź świadkiem własnego doświadczenia, nawet gdy początkowo wydaje się zupełnie irracjonalne.

• *Kiedy Twoja fantazja skorzystała z czasu potrzebnego na pojawienie się i dopełnienie, być może odkryjesz, że czujesz się bardziej „rozbudzony" i odczuwasz potrzebę ruchu.* W takim przypadku nadszedł czas zastanowić się nad znaczeniem fantazji i doświadczenia. Czy ścieżka Twego serca mogła w jakiś sposób mieścić się w tej fantazji lub być przez nią symbolicznie przedstawiona?

Przykładowo – nieśmiała, starsza kobieta, która początkowo bała się umierania, wykonała powyższe ćwiczenie i to, co ją obudziło, nazwała „ptakiem". Kiedy leżała w swoim ogrodzie i wykonywała w ciszy ćwiczenie, delikatnie „wybudził" ją z tego stanu śpiew ptaków. Początkowo trudno jej było uwierzyć, że ptaki były istotne, z uwagi na to, że często zwracały jej uwagę. Ale tym razem pozwoliła rozwinąć się fantazji i odkryła, że fruwa swobodnie jak one, spogląda z góry na domy należące do jej rodziny i udziela porad!

„Cóż to za niespodzianka – opowiadała. – Odkryć, że udzielanie rad jest dla mnie tak ważne".

Po tym doświadczeniu porzuciła nieśmiałość i pozwoliła rodzinie korzystać w większym stopniu ze swej mądrości.

To doświadczenie dało Ci nie tylko poczucie „bliskości śmierci", ale również spontanicznych energii i twórczości, które pojawiają się z chwilą, gdy zmniejsza się Twoje zainteresowanie UR. W takich chwilach najlepiej można „usłyszeć" siłę ciszy i zdać sobie sprawę z tego, że jest ona zawsze obecna. Być może dotarłeś tak daleko, że odkryłeś część szerszego i głębszego wzorca cechującego Twoje życie. Takie wzorce mogą być następstwem tego, co tacy fizycy, jak Werner Heisenberg nazwali tendencjami fal kwantowych – predyspozycjami uzgodnionej rzeczywistości.

Ścieżka poza czasem

Doświadczenie mówi mi, że wrażenia i zdarzenia, które pojawiają się w zredukowanych stanach świadomości, jakich prawdopodobnie doświadczyłeś w poprzednim ćwiczeniu, są typowe dla doświadczeń okolic śmierci, pomimo faktu, że nasze ciała funkcjonują zupełnie inaczej, gdy się umiera. Opisane doświadczenia zapomnianych map i fruwającego ptaka mogą skłonić Cię do wzięcia pod uwagę nowych części Ciebie, które mogą sprawić, że staniesz się kimś innym – osobą z wielopoziomową świadomością, uwzględniającą perspektywy globalne oraz hiperprzestrzenne. Osoba, która przeżyła doświadczenie bliskości śmierci, zawsze wydaje mi się kimś bardziej ludzkim i świadomym, zdolnym do utożsamiania się z nieskończonością, a jednocześnie z ludzkością i życiem ziemskim.

Taka nowa osoba kroczy ścieżką znajdującą się poza wszelkimi ścieżkami. Ta droga ukryta jest za wszystkim, co robisz i czego dokonałeś, a także za wszystkim, o czym marzyłeś, że możesz to zrobić. Tak jak fala pilotująca jest sumą wszystkich światów równoległych, w której może się ona zamanifestować, tak wszystkie możliwe ścieżki, którymi zmierzasz, są różnymi składnikami większej ścieżki poza czasem.

Na przykład, jednym z Twoich równoległych światów lub szlaków może być tożsamość UR, Twoje zwykłe *ja*. Kolejna ścieżka to ludzie, których najbardziej kochasz; na jeszcze innej są ludzie, od których stronisz. Pozostałe ścieżki mogą być pełne złodziei, uzdrowicieli, kochanków i wrogów, ambicji, szczodrości, a nawet śmierci.

Z punktu widzenia teorii kwantowej cząsteczka może być postrzegana jako obiekt, który jednocześnie podąża każdą z prawdopodobnych ścieżek. Podobnie jest ze snem. Śniąc, możesz odkryć, że danej nocy przemierzasz każdą ze ścieżek, nawet gdy w rzeczywistości wybierasz zazwyczaj tylko jedną z tych dróg.

Carlos Castaneda opisuje swojego niesamowitego szamańskiego nauczyciela Don Juana Matusa w książce „Podróż do Ixtlan". Kiedy szaman rozważa mnogość ścieżek, podsumowuje to stwierdzeniem: „Każda ścieżka jest tylko ścieżką". Z esencjonalnego punktu widzenia Don Juana „wszystkie ścieżki prowadzą donikąd". Ponieważ każda z nich jest tylko ścieżką, mądry człowiek wybiera szczególną ścieżkę serca, która jest „wolna od strachu i ambicji. Jest to ścieżka, którą wybierasz jako bardzo stara lub bardzo mądra osoba". Ta droga sprawia, że czujesz się dobrze i radośnie. Na wcześniejszej ilustracji ciemna linia reprezentuje szczególną ścieżkę serca. Jest to suma i esencja wszystkich pozostałych ścieżek, ścieżka, którą widać wyraźniej w pobliżu końca Twojego życia w UR lub głębokich odmiennych stanach.

Aborygeńskie przekonania powiadają, że związek pomiędzy dwoma różnymi światami rzeczywistości i śnienia jest niczym dwie strony księżyca. Jasna strona reprezentuje rzeczywistość, podczas gdy ciemna jest „śnieniem", tą częścią, której nie widzisz, gdy obserwujesz księżyc[10]. W pewien sposób ciemna strona księżyca jest kolejnym obrazem siły stojącej za śnieniem, siły ciszy. Nawet gdy nie widać jasnej strony, ciemna jest obecna i przygotowuje się na kolejną fazę jasności. Porządek i nieuporządkowanie są częściami naszego ludzkiego wzorca, a także częściami wzorca wszechświata.

Ostatnio zaskoczyło mnie odkrycie, że podobne idee dotyczące księżyca obecne są w taoizmie. Według sinologa dr. Franka Fiedelera „koncepcja przemiany (w „Księdze Przemian", czyli *I Ching*) opierała się pierwotnie na przemianie światła i ciemności zgodnie z fazami księżyca. Piktogram *yi*, oznaczający przemianę, w swej najstarszej formie przedstawiał ciemną i jasną stronę księżyca[11].

Symbolizując najwyraźniej ciemną i jasną stronę księżyca, piktogram *yi* reprezentuje jego przemiany. Stoi za tym idea mówiąca, że gdy jedna z części życia staje się widoczna, to zmniejsza się niewidzialność i na odwrót. Kiedy coś staje się świadome, zmniejsza się nieznane.

Ten sposób myślenia reprezentują enigmatyczne i tajemnicze starożytne wyrocznie chińskiego *I Ching*, które starają się wyjaśnić zasady przemian. Według *I Chingu* „Odliczanie biegnące w prze-

---

[10] Omawiam mitologię aborygenów w pierwszym rozdziale książki „Śnienie na jawie".

[11] Frank Fiedeler: www.lunarlogic.de/Frank/introduction.htm

szłość zależy od ruchu w przód. To co ma się zdarzyć, zależy od ruchu w tył."

Te idee pojawiają się również w symbolu *Tai Chi*, który reprezentuje zmieniające się formy światła i ciemności. W symbolu tao można zauważyć ruch fali[12].

W dziele „Tao Te Ching" legendarny założyciel taoizmu Lao Tsy stwierdza, że „tao, które można wypowiedzieć, nie jest prawdziwym (odwiecznym) tao". W tym stwierdzeniu Lao Tsy kładzie nacisk nie na widzialne, ale na niewidoczne – ukryte motywacje lub tendencje. Fizyk David Bohm powiedział coś bardzo podobnego na temat funkcji falowej, określając ją jako uniwersalny, lecz niewidzialny przepływ oddziałujący na funkcjonowanie dostrzegalnych zdarzeń: „... istnieje uniwersalny przepływ, którego nie można zdefiniować otwarcie, ale który można poznać wyłącznie w ukrytej formie. Otwarcie ujawnia się poprzez określone formy oraz kształty, mniej lub bardziej trwałe i one mogą zostać wyodrębniane z uniwersalnego przepływu. W tym przepływie umysł oraz materia nie są oddzielnymi substancjami. Są raczej różnymi aspektami całościowego i nierozdzielnego ruchu."

Poza grą o sumie zerowej

Siła ciszy, ścieżka serca, tao, którego nie można wyrazić, *Tai Chi*, śnienie, fala pilotująca Bohma – są aspektami podstawowego wzorca będącego podłożem tego, co w uzgodnionej rzeczywistości uważamy za naszą psychofizyczną naturę. W codziennym życiu z łatwością pomijasz tę ścieżkę, która tworzy wzloty i upadki – równowagę w życiu.

Subtelnej ścieżki nie można zmierzyć ani obliczyć; można powiedzieć, że z punktu widzenia UR jest niczym. A jednak z uwagi na

[12] Na swoje sześćdziesiąte urodziny Niels Bohr otrzymał taki medalion, który później często nosił.

swoją nielokalność i bezczasowość jest ona centralnym lub esencjonalnym doświadczeniem życia. Bez niej życie jest przygnębiająco jednowymiarowe.

W latach trzydziestych dwudziestego wieku jeden z najwybitniejszych matematyków naszych czasów, John von Neuman – człowiek, który stworzył matematyczne podstawy fizyki kwantowej[13] – pokazał, że matematyka wywodzi się z umysłu. Umysł był pierwotną rzeczywistością pozwalającą zaistnieć matematyce, a z matematyki powstała fizyka. Stojąca za tym idea stwierdza, że fizyczny świat UR jest manifestacją matematyki (jak na przykład funkcja falowa). Innymi słowy, świat UR jest manifestacją głębszych rzeczywistości, a nie fundamentalną rzeczywistością.

Codzienna rzeczywistość jest przygnębiająca, ponieważ przypomina „grę o sumie zerowej", by użyć sformułowania von Neumana. Mamy tylko tyle do przeżycia, ile zostało określone w UR. Cokolwiek byś zrobił, to w dzisiejszych czasach nie przekroczysz w znacznym stopniu wieku stu dwudziestu lat. Nie możesz pokonać śmierci.

W takich okolicznościach masz jednak wybór; pozostań w „grze" UR lub przesuń się do bardziej „prymarnej rzeczywistości", do świadomości siły ciszy. Pochodzące z innego czasu i przestrzeni nielokalne wzorce manifestują się w minimalnych, mikrofizjologicznych ruchach i pozornie nic nieznaczących, podobnych do flirtów idei. Zauważ te tendencje, żyj bliżej prymarnej rzeczywistości, intencji, która przekracza Twój indywidualny wymiar życia. Ta intencja wykracza poza czas. W takich okolicznościach wiesz, że koncepcje UR dotyczące czasu i przestrzeni, życia i śmierci, osoby i cząsteczki są niewystarczające, żeby opisać pozaczasowo bezprzestrzenną ścieżkę, na której się znajdujesz – i na której być może zawsze będziesz.

---

[13] Zob.: John von Neuman, „The Mathematical Foundation of Quantum Physics".

Część IV

STYL ŻYCIA KWANTOWEGO DEMONA: CIAŁO UWOLNIONE OD CZASU

ROZDZIAŁ 20.

Medycyna nielokalna w praktyce

Dla człowieka oświeconego... którego świadomość obejmuje cały wszechświat, wszechświat staje się „ciałem", a faktyczne ciało staje się manifestacją Uniwersalnego Umysłu.

Lama Anagarika Govinda[1]

Demon Maxwella jest projekcją takiego rodzaju świadomości, która odwraca stan nieuporządkowania dzięki zachowaniu świadomości nawet w stanach chaosu i bliskości śmierci. Druga zasada termodynamiki okazuje się bajką mówiącą o tym, co stanie się, kiedy zabraknie świadomości w zamkniętym systemie. Ta zasada jest typową projekcją cechującą nowoczesny styl życia o minimalnej dozie świadomości, co w efekcie prowadzi do niepewności, dokąd zmierza i skąd przychodzi dostępna energia. Demon Maxwella

[1] W: Lama Anagarika Govinda, „Podstawy mistyki tybetańskiej".

zmienia tę sytuację, oświetlając ciemności, wnosząc przejrzystość do niemierzalnych mikrozdarzeń – przejrzystość, która odnajduje dostępną energię znajdującą się niemal wszędzie.

Dla medycyny tęczowej pojęcie osoby jest tożsame z pojęciem cząsteczki z punktu widzenia fizyki. Jak określone, punktowe cząsteczki nie istnieją w uzgodnionej rzeczywistości, tak nie istnieją poszczególne istoty nazywane ludźmi. W swej esencji jesteśmy polami opisywanymi siłą ciszy, która porusza nami po określonej ścieżce. Rozpościeramy się wszędzie, gdzie dociera nasza intencja.

Nielokalność odgrywa centralną rolę w życiu, a więc także w koncepcji i praktyce tęczowej medycyny. Jak wszystkie zjawiska, tak i symptomy nie są zlokalizowane wyłącznie w ciele fizycznym. Jakkolwiek pojawiają się głównie w postaci dających się zaobserwować cech wymagających lokalnego oddziaływania na ciało, symptomy posiadają także niekonsensualne, przestrzenne umiejscowienie wymagające leczenia w tej okolicy, gdzie się pojawiają – a więc w związkach, społeczności, świecie, przeszłości i przyszłości.

O ile współczesna medycyna skupia się raczej na uzdrawianiu lokalnego objawu związanego z ciałem pacjenta, o tyle szamani od zawsze byli zorientowani na społeczność. Od stuleci korzystali z fenomenu nielokalności w celu niesienia pomocy na odległość. Podejrzewam, że głębsze zrozumienie nielokalności oraz jej efektów zmieni postępowanie medyczne, które pełniej włączy doświadczenia społeczności – i oczywiście lekarza – do sytuacji zdrowotnej pacjenta. Dzisiaj większość lekarzy została nauczona tłumić swoje uczucia i emocje pojawiające się w kontakcie z pacjentami.

Teoretycznie oraz doświadczalnie Ty i ja „pływamy" w podobnych do snu polach, które sprawiają, że praca z symptomami staje się lokalna i nielokalna – fantastyczna. Bez takiej poszerzonej perspektywy jesteśmy zmuszeni do praktykowania pewnej formy jednowymiarowej, lokalnej medycyny przy jednoczesnym oddzieleniu od żywotnych doświadczeń oraz projekcji, które łączą nas ze sobą w wielowymiarowym wszechświecie.

Komunikacja i wszechświaty równoległe

Zanim zajmiemy się sposobami wykorzystania nielokalności oraz związku lekarza z pacjentem w praktyce uzdrawiania, pozwolę sobie podsumować idee, które zostały dotychczas przedstawione w tej książce.

Pojęcia medycyny zorientowanej na proces

FALE INTENCJONALNE LUB PILOTUJĄCE. Fale pilotujące są wywodzącą się z równania funkcji falowej koncepcją Bohma. Pole takich fal jest doświadczane w postaci subtelnych tendencji lub siły ciszy. Fale oraz ta siła są informacjami doświadczanymi jako nadawanie kierunku. Intencja sił jest zawsze niejasna, aż do chwili, gdy doświadczenia rozwiną się.

KWANTOWY DEMON ŚWIADOMOŚCI. Maxwellowski demon jest projekcją świadomości rzutowaną na materię. Jest to projektowanie tendencji do autorefleksji, tendencji, jakie posiada zarówno człowiek, jak i cały wszechświat. W życiu prywatnym demon kwantowej świadomości przejawia się w wyjątkowej zdolności do dostrzegania i reagowania na „flirty". Choć większość fizyków uważa, że wydarzenia na poziomie kwantowym są rzeczywistościami wirtualnymi niedostępnymi codziennej świadomości, to jednak przejrzysta świadomość demona otwiera pozornie zapieczętowaną naturę świata UR i wyczuwa tendencje oraz siłę ciszy ukrytą za tym, co mierzalne czy przewidywalne w UR (zgodnie z drugą zasadą termodynamiki).

Innymi słowy, dla umysłu świadomość zdaje się być oddzielona od subtelnych mikrowydarzeń. Ale podobnie jak demon Maxwella, świadomość potrafi odwrócić codzienne, zwyczajne zdarzenia. Demona nie można odnaleźć w uzgodnionej rzeczywistości, bynajmniej nie dlatego, że nie istnieje, ale dlatego, **że może on rezydować w odzwierciedlającej zdolności niemierzalnych zdarzeń kwantowych**. Jeżeli chodzi o teorię kwantową, wskazują na to jej podstawy matematyczne[2]. Tak w Tobie, jak i we mnie demon przejawia się w postaci świadomości flirtów. Demon jest naturalnym dziedzictwem każdego człowieka, przejrzystą świadomością pojawiającą się wszędzie, gdzie naturalne samoodzwierciedlenie kreuje powstanie realnego świata zjawisk. Ów demon potrafi wyśledzić najsubtelniejszy przejaw siły ciszy i utrzymuje świadomość nawet wówczas, gdy śpi umysł.

Autorefleksyjne tendencje demona kreują prawdopodobieństwa egzystencji i życia. Demon jest personifikacją zdolności siły ciszy do autorefleksji.

OBSERWACJA I MARGINALIZACJA. Zawarte w sile ciszy tendencje samoodzwierciedlające kreują rzeczywistość UR. Z drugiej strony nasza świadomość może marginalizować światy równoległe oraz siłę ciszy, jakby ona nie istniała. Ignorowanie pochodzących z krainy fantazji aspektów życia pozwala nam tworzyć uzgodnioną rzeczywistość, która skupia się głównie na mierzalnych obiektach oraz ideach. Rzeczywistości zmarginalizowane pojawiają się wówczas w postaci obiektów nazywanych przez nas problemami, ludźmi i symptomami.

[2] Omawiany demon jest opisem brakującej w fizyce kwantowej cechy potrzebnej do wyjaśnienia, dlaczego w teorii fali kwantowej pojawia się autorefleksja. Wszechświat mógłby nie zaistnieć bez swej zdolności do samoodzwierciedlania. W znakomitej książce „Self-Aware Universe" objaśnił to Amit Goswami.

NIELOKALNOŚĆ. Nielokalność jest pozaprzestrzenną i bezczasową właściwością pojawiających się tendencji (nielokalność w obliczeniach matematycznych dotyczących fizyki oraz w wewnętrznym doświadczeniu może posiadać jakość podobną do przestrzeni i czasu). Informacje nielokalne manifestują się w snach, fantazjach, intuicjach, niewyraźnych polach oraz splątanych flirtach – jednostkach oraz krótkotrwałych przejawach uzgodnionej rzeczywistości (zbyt szybkich, niepowtarzalnych lub zanadto irracjonalnych, by poddać je pomiarowi).
ROZWINIĘCIE I SUPERPOZYCJA. Siła ciszy samoodzwierciedla się, rozwija oraz manifestuje w UR dzięki mnogości podobnych do snu fragmentów oraz umykających spostrzeżeń porozrzucanych na przestrzeni dnia i nocy. Te fragmenty oraz spostrzeżenia pozostają oddzielone od uzgodnionej rzeczywistości; istnieją w światach równoległych, tak jakby były oddzielnymi wszechświatami. *Superpozycja* oznacza, że każdy z fragmentów jest częścią składającą się na sumę tego, co metaforycznie nazywam ścieżką serca. Każdy oddzielny świat jest zobrazowaniem siły ciszy.

Nielokalność opisuje wiele subtelnych uczuć, które łączą nas ze wszystkimi czującymi istotami. Medycyna tęczowa na różne sposoby włącza nielokalne rzeczywistości w pracę z symptomami. Na przykład w poprzednich rozdziałach wskazywałem na nielokalne związki pomiędzy Twoim ciałem, osobistymi relacjami oraz problemami społeczności. Teraz chciałbym skupić się na na nielokalnych światach relacji międzyludzkich, które są dostępne w chwili pracy z symptomami.

Podobnie jak wszelkie zdarzenia, komunikacja pomiędzy ludźmi jest zjawiskiem wielopoziomowym. Każda wymiana sygnałów niesie ze sobą wielość rzeczywistości. Na pierwszym planie wysyłamy do siebie sygnały UR, z którymi możemy się utożsamiać – co znaczy, że komunikujemy się w zakresie tego, co wypowiedziane i dostrzegalne. Co mówimy, może zostać zarejestrowane i sfilmowane przy pomocy kamery wideo. Identyfikujemy się z niektórymi spośród dostrzegalnych sygnałów UR, podczas gdy najwyraźniej jesteśmy nieświadomi pozostałych, widocznych, wysyłanych przez nas sygnałów. Sygnały, które wysyłamy (które można zobaczyć w zapisie wideo), ale z którymi się nie utożsamiamy, nazywam sygnałami wtórnymi lub podwójnymi. Nie zdajemy sobie sprawy z tego, że je wysyłamy[3]. Odkryłem, że przekaz zawarty w tych sygnałach można dostrzec w snach. Możesz na przykład nie uświadamiać sobie tego, że jesteś podekscytowany i że wysyłasz entuzjastyczne sygnały oraz śnisz o wspaniałych postaciach (zobacz ramkę o podwójnych sygnałach).

Sygnały i podwójne sygnały

Jako przykład ilustrujący zagadnienie sygnałów i podwójnych sygnałów wyobraź sobie swoją „klientkę", która mówi, że czymś się martwi. W odpowiedzi odpowiadasz: „Nie przejmuj się".

Tym, czego jednak nie dostrzegłeś, jest nieznaczny ruch głowy klientki skierowany w dół, który w powiązaniu ze smutnym wyrazem twarzy zdaje się mówić: „Jestem przygnębiona". Na taśmie wideo zauważasz jej sygnały i jednocześnie dostrzegasz, że Twoje ramiona podnoszą się do góry, jak gdyby mówiły: „Nie wiem co robić" – w odpowiedzi na jej wyraz przygnębienia. Poniższa ilustracja obrazuje ten przepływ informacji.

Sygnały z obszaru UR są intencjonalne i można się zgodzić co do ich istnienia, podczas gdy sygnały podwójne nie są intencjonalne, a ich znaczenie bez udziału świadomości jest trudne do

[3] O wymianie sygnałów piszę w książce pt. „Śniące ciało w związkach".

wychwycenia i uzgodnienia. (Na przykład wszyscy mamy zwyczaj uśmiechać się do siebie nawzajem przy jednoczesnym ignorowaniu pozostałych subtelnych sygnałów).

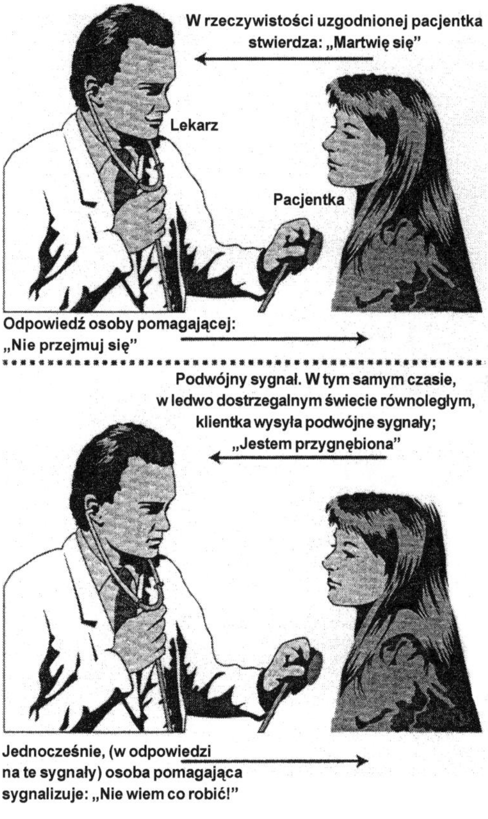

Rys. 20.1. Sygnały z dwóch światów

Jak na to wskazuje dolna część rysunku, podwójne sygnały są wzajemnie splątane. Nieintencjonalne sygnały wywołują subtelne odpowiedzi naznaczone dyskomfortem, które przy udziale świadomości można rozwinąć i wyrazić jako komunikat typu: „Nie wiem co robić", „Pomogę ci!" lub „Co mnie to obchodzi!". Badając nagraną na wideo sytuację, gdzie wysyłane są podwójne sygnały, nie zawsze jesteśmy w stanie stwierdzić, kto zainicjował podwójną komunikację. Podobnie jak wszystkie zdarzenia z krainy snów, zarówno sygnały Twoje, jak i Twojego klienta są nielokalne, co znaczy, że są powiązanymi ze sobą, splątanymi procesami.

Ponadto należy dodać, że oprócz widzialnych i podwójnych sygnałów, które można zaobserwować na kasecie wideo, istnieje szereg presygnałów, które wyczuwasz, ale które jeszcze się nie

> pojawiły na powierzchni UR. Presygnały są często doświadczeniami podobnymi do flirtów, zbyt subtelnymi, aby zobaczyć je na kasecie, choć dla naszej przejrzystej świadomości mogą być dostrzegalne w postaci flirtów i przebłysków. Po pewnym czasie przybierają wyraz widocznych sygnałów.

Podwójne sygnały z krainy snów, subtelne flirty oraz uczucia z głębokiej esencji splątują nas ze sobą, czyniąc z relacji wielowymiarowe i zadziwiające zdarzenie. Relację można zdefiniować jako sumę Waszych tożsamości na poziomie UR (np. doktor-pacjent, uczeń-uczeń, rodzic-dziecko, przyjaciel-przyjaciel, kochankowie, itp.) plus wszelkie zazębiające się ze sobą sygnały oraz doświadczenia pochodzące z krainy snów i esencji. Ty i ja z UR jesteśmy tylko dwiema z pośród licznych cech wyrażających siłę ciszy w naszym związku.

Światy esencji i krainy snów są zasadniczo nielokalne. Trudno byłoby wyraźnie stwierdzić, że wywodzące się z nich sygnały i presygnały zostały wyrażone najpierw przeze mnie, a później przez Ciebie. Można powiedzieć, że są one wszędzie obecne. A jednak wszystkie z tych oddzielonych i częstokroć sprzecznych ze sobą sygnałów (jak np. mówienie „tak" przy jednoczesnym, mimowolnym kręceniu głową wyrażającym sprzeciw) składają się na liczne światy oraz relacje, w których razem uczestniczymy. To, co nazywamy relacją, jest tak naprawdę superpozycją, kompozycją wielu światów, z których większość zostaje zmarginalizowana w codziennym życiu. Możemy na przykład w jednym ze światów zgadzać się na coś, a w drugim temu zaprzeczać. W jednym ze światów możesz być lekarzem, a ja pacjentem, jednak w innym świecie możesz być dzieckiem, zaś ja rodzicem.

W związkach zawsze występuje wielorakość ról. Każda ich kombinacja stanowi cały świat! Oprócz na przykład roli osoby pomagającej i klienta, możemy odkryć w związkach również takie podwójne role, jak: przyjaciel-przyjaciel, guru-wyznawca, rodzic-dziecko, wykorzystywany-wykorzystujący, nauczyciel-uczeń, pracownik-pracodawca, kobieta-mężczyzna, gej-gej itd. Tak więc to, co nazywamy związkami, stanowi niewiarygodną tęczę kolorów, wirtualną superpozycję wszystkich ról lub światów. Jeśli w marginalizowanym, nierozpoznanym świecie występuje konflikt, to związek na poziomie UR wpada w kłopoty! Żeby rozwiązywać problemy dostrzegalne jedynie na poziomie snów, potrzebna jest przejrzysta świadomość ukierunkowana na subtelne flirty oraz ogólna świadomość wszelkiego rodzaju sygnałów i presygnałów.

Etyka relacji

Jak koncepcja wielowymiarowej tęczy przedstawia się w codziennej praktyce? Jak sobie poradzić z tymi rolami, kiedy już się o nich dowiedziałeś? W swojej pracy kieruję się następującymi wytycznymi[4]:

---

[4] W kontekście medycznym bądź terapeutycznym najbardziej prawdopodobną parą ról będzie lekarz/terapeuta-pacjent/klient. Określone role i światy, w które wspólnie wkraczamy, zależą od tego, kim jesteśmy, czym się zajmujemy oraz od cech danego czasu. Zatem „podwójne role" osoby pomagającej, to jakakolwiek relacja z klientem poza kontekstem terapeutycznym. Na przykład: podwójna lub wielokrotna relacja zachodzi wówczas, gdy oprócz tego, że jesteś czyimś terapeutą, jesteś także jego/jej superwizorem, nauczycielem lub przyjacielem.

Obecnie podwójne role są źródłem poważnych dyskursów w społecznościach terapeutycznych. Ogólnie mówiąc, każda rola poza relacją terapeutyczną jest postrzegana jako problem, ponieważ może wpłynąć na obiektywność terapeuty. Tęczowa świadomość wspiera w tej kwestii pogląd większości. Jednakże, tak przy stosowaniu się do zasad, jak i bez nich, nie może zaistnieć pełna obiektywność, ponieważ w nieuzgodnionej rzeczywistości obserwator jest *zawsze* „splątany" z obserwowanym (tak jak w fizyce kwantowej i pracy ze snami). Dlatego w związkach najistotniejsza jest świadomość równoległego świata.

- *Szacunek*: Szanuj zidentyfikowany i preferowany charakter relacji z punktu widzenia uzgodnionej rzeczywistości. Jeśli zawierasz kontrakt, w którym pełnisz rolę osoby pomagającej, niech to będzie Twoim głównym stanowiskiem. Zapytaj o inne potrzeby i szanuj je.

- *Dzielenie się rolami*: Ponieważ osobie pomagającej do pełnienia swej funkcji potrzebne są wszystkie role, należy je wnosić do świadomości i dzielić się nimi – o ile jest takie zainteresowanie ze strony osoby poszukującej pomocy i jeśli ta osoba wyraża na to zgodę. Jeśli nie uzyskasz zgody na dzielenie się świadomością zaistnienia tych licznych ról, skorzystaj ze swoich wglądów w życiu prywatnym. (O tym jak to zrobić, zobacz przykład poniżej.)

- *Różnice siły*: Z punktu widzenia określonej, społecznej rzeczywistości, w każdej relacji występują różnice sił – choćby pomiędzy dzieckiem a dorosłym, uczniami a nauczycielami, lekarzem a pacjentem, a nawet pomiędzy przyjaciółmi (jeden może być dominujący). Te różnice muszą być jasne, aby uniknąć cielesnych reakcji strachu, bólu czy obrony.

Jeśli na przykład czujesz się jak dziecko w chwili, gdy pojawia się Twój klient, powinieneś poprosić go o pozwolenie, zanim przedstawisz swoje odczucia. Jeżeli klient okaże najmniejszy wyraz dyskomfortu, należy kontynuować relację bez otwartego ujawniania równoległego świata, w którym jesteś dzieckiem. Jeśli nie udaje Ci się oddzielić „dziecka" od omawianej sytuacji – a klient nie jest z niej zadowolony – zaproponuj kogoś innego, kto mógłby mu pomóc.

Czasami klient może poprosić o pomoc, ale w innym świecie bardziej mu chodzi o przyjaźń. Dlatego pomysł, że masz mu pomagać, ponieważ zostałeś o to poproszony, może być nietrafny, podobnie jak Twoja pomoc, ponieważ dana osoba może się po prostu czuć samotna. Ponadto w nielokalnym wszechświecie, gdzie granice pomiędzy Tobą a innymi są niewyraźne, jako osoba pomagająca możesz marginalizować nie tylko samotność klienta, ale również swoją własną.

Jeśli jako osoba pomagająca odczuwasz wyczerpanie i wypalenie zawodowe, to często ma to związek z marginalizowaniem równoległych światów, w których jesteś odosobniony i wyciszony lub bardziej cieszysz się życiem prywatnym – albo jesteś na urlopie, albo pozwalasz sobie marzyć. O ile urlop to ważny fakt z punktu widzenia UR, jest to także równoległy świat, który pojawia się razem ze światem rzeczywistym. Żeby cieszyć się ze swej pracy i nie wypalić w jednowymiarowości Płaszczaków, pamiętaj o tym, żeby zaprosić świadomość innych światów i wnieść ją do swojej pracy na ile tylko jest to możliwe. (Na przykład przyjmij bardziej „wakacyjną" postawę w trakcie zajęć).

Świadomość wielorakich ról podczas pracy z symptomem

W poprzednich rozdziałach mówiliśmy o tym, że rozwiązania najtrudniejszych problemów często można odnaleźć w świecie równoległym, w hiperprzestrzeni, która została zmarginalizowana. Z powodu nielokalności światów równoległych Twoje ciało odczuje ten zmarginalizowany świat równoległy. Korzystając z przejrzystej świadomości, będziesz go bardziej świadomy i dokonasz w nim zmian, wpływając pośrednio na symptomy klienta (a także swoje).

Korzystając z demona przejrzystej świadomości, możesz wnosić hiperprzestrzenie w życie dla dobra wszystkich. Żeby to zrobić, skorzystaj ze świadomości ról wielorakich. Szanuj relację, na którą przystaliście i równocześnie korzystaj ze swojej świadomości, aby uwolnić się od zacieśniającej się przestrzeni rzeczywistości i wnosić fantazje z innych światów. Wyczuwaj nieuzgodnione odczucia oraz przejawy irracjonalności i pracuj z nimi bez względu na to, jak bardzo wydawałyby się niewiarygodne.

Jeśli przyjaciel lub klientka o srogim spojrzeniu mówi, że boli ją głowa, a Ty czujesz subtelny nacisk, to skup się na bólu głowy, a także na „swoim" odczuciu bycia naciskanym. W świecie, gdzie jesteś naciskany, możesz odkryć wyobrażonego krytyka, który wywiera presję na wszystkich. Stoi za tym taka idea, że nacisk „Twój" oraz wyobrażonego krytyka wytwarzają polaryzację w nieuzgodnionej rzeczywistości, która może być związana z bólami głowy klientki. Z powodu esencjonalnie nielokalnej natury rzeczywistości nieuzgodnionej, wszystko, czego doświadczasz, jest zarówno Twoje, jak i drugiej osoby.

W kolejnym ćwiczeniu skupisz się na rozwiązywaniu konfliktów z równoległego świata, tak jakby należały one w całości do Ciebie (np. odgrywając zmagania pomiędzy postacią naciskaną a krytykiem). Następnie podzielisz się rezultatem tego doświadczenia i samym procesem z klientem. Na koniec zobaczymy, jak ta praca odnosi się do obecnego symptomu.

Ćwiczenie: Terapia nielokalna

Ten sposób działania można praktykować z każdym i w dowolnej chwili, nawet w trakcie pogawędki. Wykonaj to ćwiczenie z rzeczywistym lub wyobrażonym klientem. (Ćwiczenie można również wykonać samemu, wyobrażając sobie, że jesteś zarówno klientem, jak i sobą).

- *Wyobraź sobie lub wykonaj następujący krok*: gdy będziesz gotowy do przeprowadzenia wywiadu z „klientką" (załóżmy, że w tym przykładzie chodzi o klientkę), poproś ją, żeby opowiedziała o problemie dotyczącym ciała. Gdy będziesz rozmawiać, skorzystaj ze swojej świadomości, żeby zaobserwować, co odczuwasz w danej chwili.

• *Następnie badaj doświadczenie związane z uczuciami, wyobrażając sobie, że jest to reakcja na drugą z ról.* Żeby to wykonać, wyobraź sobie dwie role. Wykorzystaj fantazję i zaobserwuj, co każda z ról ma do powiedzenia w stosunku do drugiej. Niektórym osobom wychodzi to najlepiej, gdy pozostają w zrelaksowanym, marzycielskim nastroju. W każdym razie skorzystaj z przejrzystej świadomości, przez cały czas zakładając taką możliwość, że klientka jest częścią Ciebie. Kiedy klientka mówi, zauważaj rodzaj ekspresji, a w szczególności Twoje reakcje będące odpowiedzią na jej obecność.

Na przykład: Sally skarżyła się na nawracające bóle pleców. Z jakiegoś powodu podczas jej wypowiedzi odnosiłem irracjonalne wrażenie „słoneczności", niczym niewywołanego dużego optymizmu. Pomyślałem, że to „słoneczne" odczucie jest tylko „mną". Ale później zauważyłem, że uczucie musi być zlokalizowane w świecie równoległym i że reagowałem na coś obecnego w „niej".

Kiedy mówiła, zauważyłem, że spojrzała na mnie w bardzo smutny sposób, jak gdyby była zasmuconym dzieckiem. Zacząłem podejrzewać obecność nielokalnego pola o dwóch rolach; jedna z postaci była słonecznym rodzicem, a druga zranionym dzieckiem.

• *Zrób takie założenie, że ekspresja drugiej osoby oraz Twoje reakcje są rolami, polaryzacją z równoległego świata.* Ta polaryzacja to jeden z zestawów wielokrotnych ról w relacji, który należy do obu osób. Jednak w tym ćwiczeniu odegraj początkowo role, *jakby należały tylko do Ciebie*. Uchwyć pole, zajmij się nim. Skorzystaj z fantazji oraz wyobraźni i niech Twoje ręce staną się lalkami odgrywającymi obie role oraz ich wzajemne interakcje. Niech role przemówią głośno do siebie. Następnie poproś swoją (wyobrażoną) klientkę o pozwolenie na ujawnienie tego, czego doświadczasz.

• *Odgrywając role przed klientką, patrz na jej reakcję.* Jeśli wygląda na zaintrygowaną lub zaczyna się śmiać, jest to wskazówka, że znajdujesz się na właściwej drodze. Odgrywaj interakcje pomiędzy rolami, aż pojawi się rozwiązanie.

W tej chwili wyobraziłem sobie słonecznego rodzica jako lewą rękę, a zasmucone dziecko – prawą. Dziecko skarżyło się: „Tak źle się czuję, boli mnie". Na co słoneczny rodzic (w drugiej ręce) odparł z miłością w głosie: „Nie martw się, jestem tutaj".

Zanim zdążyłem – a raczej zanim zdążył słoneczny rodzic – powiedzieć coś jeszcze, Sally przerwała, mówiąc: „Skąd wiedziałeś, że to mój największy problem? Zawsze myślałam, że nikt mnie nie kocha!". Nie przerywając, kontynuowałem dialog między moimi dłońmi. „Od tej pory, cokolwiek będziesz robić, zawsze będziesz czuła dużo miłości".

• *Jeśli problem nie został jeszcze rozwiązany w równoległym świecie rąk, kukiełek i fantazji, pójdź głębiej.* Tak szybko, jak tylko możliwe, dojdź do esencji najbardziej kłopotliwej postaci. Odnajdź lub odgadnij podstawową energię – esencję – postaci sprawiającej kłopot, energię, która była obecna w łagodniejszej formie, zanim ta postać stała się tak dramatyczna. (Żeby odnaleźć esencję tej postaci, *wczuj się* w nią i zwolnij ruch ręki).

Stwierdziłem, że najtrudniejszą postacią było tutaj skrzywdzone dziecko, które powiedziało: „Jestem mała! Nie mogę tak dużo robić w życiu i nie potrafię wszystkiego sama. Potrzebuję wsparcia i miłości!"

Kiedy dziecko przemówiło, zacząłem się zastanawiać, co jest jego esencją. Wykonywałem ruchy dziecka coraz mniej gwałtownie, żeby odczuć energię lub esencję. Poczułem je w ręce i jako dziecko poruszałem nią coraz wolniej. Mogłem wyczuć siłę jego śnienia. Esencją była spontaniczność, pełna otwartość na wszechświat i bieżącą chwilę.

Dziecko powiedziało: „Proszę mnie docenić, w istocie jestem esencją życia – spontanicznością i zabawą!".

Zanim zdążyłem dokończyć, moja klientka wybuchła śmiechem, mówiąc: „Tak, tak. Dziecięca radość i spontaniczność to prawdziwa ja!”.

• *Po kilku minutach zostaw fantazje w krainie snów i skup się na rzeczywistości klientki.* Zapytaj, gdzie dostrzeżone przez Ciebie postacie mogą być zlokalizowane w jej ciele. Poproś, żeby opisała doświadczenie, intuicję lub wyobrażenie przedstawionego przez Ciebie problemu.

Zapytałem Sally, w jakiej okolicy ciała umieściłaby zranione dziecko i słonecznego rodzica. Natychmiast odpowiedzała, że cierpiące dziecko to „plecy”. Po chwili namysłu stwierdziła, że słoneczna postać znajdowała się w sercu. Powiedziała też, że z jakiegoś powodu poczuła się lepiej, kiedy mówiłem, że dziecko jest radosne i otwarte. „Coś się rozluźniło” – stwierdziła.

• *Zastanów się, czy i jak role, nad którymi właśnie pracowałeś, odnoszą się do doświadczenia klienta związanego z twórcą symptomu i tą częścią, która jest podmiotem jego oddziaływania.*

Ta sugestia nie trafiła do doświadczenia mojej klientki. Nie potrzebowała iść dalej. Jej plecy rozluźniły się; skurcz mięśni na plecach najwyraźniej zniknął. Później nie miałem już okazji z nią pracować. To krótka opowieść; opuściła mój gabinet bez bólu pleców.

Jeśli Twoja tożsamość UR jest związana z pomocą psychologiczną, to kolejnym krokiem może być rozmowa o tym, jak klientka mogłaby wprowadzić te odkrycia do codziennego życia. Na przykład – jak rozwiązanie z równoległego świata może zaistnieć w rzeczywistości?

Osoba związana z medycyną mogłaby w tym miejscu zapytać, jakie allopatyczne, alternatywne lub komplementarne procedury medyczne mogłyby najlepiej wesprzeć całościowy proces klientki.

Wszechświat jako Twoje ciało

W którymś momencie tego ćwiczenia mogłeś odczuć, że to, co robiłeś, dotyczyło nie tylko klientki, ale także Ciebie. Nielokalność sprawia, że nie wiesz, czy pracujesz nad sobą, czy nad kimś. Praca dotyczy obojga z Was i żadnego z Was! Zamieszanie wynika z tego, że marginalizujesz naturę nielokalności i równoległych światów. Nielokalność prowadzi do niepewności w określeniu, kto jest kim w krainie snów. Określony czas i przestrzeń odnosi się tylko do lekarza i pacjenta w obszarze UR. W krainie snów role są po prostu wspólne.

Kreatywnym i ważnym aspektem nielokalności jest nakładanie się osobistych granic w krainie snów. Szamański rodzaj nielokalnego doświadczenia bazuje na sile ciszy, która mieści w sobie wszystkie zmultiplikowane wymiary, światy i role w relacjach. Poprzez wyczuwanie problemów „w powietrzu" i próbę rozwiązania ich w tym wymiarze skupiasz się na hiperprzestrzeniach symptomu. Problem ciała klienta nie jest w nim zlokalizowany, ale znajduje się *wszędzie*[5]. Na swój sposób nie ma nikogo z problemem, istnieje tylko ciągła praca nad świadomością, wszędzie, zawsze, przez cały czas. Symptomy nie należą do nikogo (poza UR)!

Większość z nas, a zwłaszcza osoba pomagająca o naukowej orientacji medycznej, potrzebuje czasem zachęty do tego, żeby się otworzyć na ukryte uczucia i na to, żeby rozumieć je jako źródła doniosłej informacji. Każda interakcja dotycząca cierpienia tworzy oraz odkrywa świat paralelnych ról. Jeśli ich się nie potraktuje

[5] Na przykład w książce „Psychologia i szamanizm" opowiadam, w jaki sposób kenijskie małżeństwo szamanów wyjaśniało metody pracy. Para była odwiedzana przez „klientów", po czym odsyłała ich do domu. Następnie szamani wchodzili w trans i rozwiązywali problemy klientów. Tradycja oraz wierzenia szamańskie wskazują, że ta metoda działa znacznie częściej, niż skłonni byliby w to uwierzyć obserwatorzy ze współczesnej uzgodnionej rzeczywistości.

poważnie, to mogą stać się obsesjami zaciemniającymi relację UR pomiędzy lekarzem a pacjentem[6].

We wszechświecie nielokalnym nikt nie jest klientem czy lekarzem. Nikt też nie posiada specyficznie własnych uczuć; przejrzysta świadomość pozwala zauważyć, że dzielimy uczucia. Ponadto, jeśli ktoś w Twoim otoczeniu „utknął", Ty również „utknąłeś" w którymś z równoległych światów. Żeby zatem pomóc komuś, sam potrzebujesz tego samego „lekarstwa". Każdy klient prezentuje Twoje własne konflikty. Ich „tęczowe lekarstwa" są tym, czego potrzebujesz (podobnie jak Twój „lek" może być im pomocny).

W rozszerzonym i wielowymiarowym poglądzie na rzeczywistość wszystko, co dostrzegasz, jest częścią Twego ciała.W tym poglądzie jesteśmy nasionami lub – jeszcze lepiej to ujmując – inklinacjami oraz intencjami, które rozwijają się w opowieści z krainy snów oraz jednostki takie, jak Ty i ja w codziennej rzeczywistości. Zazwyczaj relacje są rozumiane jako pewnego rodzaju przyjaźń w kategoriach UR. Jednak, z punktu widzenia innych wymiarów, nasze związki w UR opierają się na uzgodnieniu, że Ty grasz jedną rolę, a ja drugą, przy jednoczesnej marginalizacji faktu, że w krainie snu dzielimy tę samą historię wraz z wszystkimi jej rolami.

Cytowany na początku tego rozdziału Lama Anagarika Govinda ujął ten pogląd następująco: „Dla człowieka oświeconego... którego świadomość obejmuje cały wszechświat, wszechświat staje się »ciałem«, a fizyczne ciało staje się manifestacją Uniwersalnego Umysłu".

Rozwiązanie konfliktów, które w tej chwili wydają się należeć do Ciebie lub do kogoś innego, oddziałuje nielokalnie na ciało każdego człowieka.

---

[6] Zasady dotyczące wielokrotnych ról są ważne z uwagi na fakt, że chronią relację osoby pomagającej i klienta. Konieczność ich stosowania wynika przede wszystkim z braku świadomości dotyczącej korzystania z siły związanej z rolami.

ROZDZIAŁ 21.

Nietoksyczne style życia

Tao, które można wyrazić słowami, nie jest (prawdziwym) niezmiennym tao.

Lao Tsy „Tao Te Ching"

...istnieje uniwersalny przepływ, którego nie można zdefiniować explicite. Można go poznać wyłącznie implicite w postaci zewnętrznie definiowalnych form i kształtów (...). W tym przepływie umysł oraz materia nie są oddzielnymi substancjami. Są raczej różnymi aspektami jednej całości i niepodzielonego ruchu.

David Bohm
„Causality and Chance in Modern Physics"

Twoje ciało jest polem bitwy przeciwstawnych, hiperprzestrzennych sił poszukujących rozwiązania. Zatroszcz się o swoje ciało w UR. Połknij potrzebne lekarstwo, znajdź lekarza, który może Ci pomóc.

Jeśli lek nie pomaga, bitwa toczy się dalej – tak na zewnętrznym, jak i subatomowym poziomie. Potrzebna jest wówczas świadomość doświadczeń nielokalnych. Możesz zrozumieć symptom jako nieodpakowany prezent, w którym znajduje się tęcza wielorakich doświadczeń, wymiarów, snów i tajemnic.

Symptom jako wróg i sprzymierzeniec

Niniejsza książka sugeruje, że nie sposób uniknąć spotkania z „wrogiem" zawartym w tych doświadczeniach, z mocą, której dotychczas unikałeś. Badaj ulotne fantazje i uczucia, zauważaj subtelne wrażenia, bóle i naciski.

Na początku pracuj tak, jakby symptom był lokalny. Skorzystaj ze świadomości opartej na zmysłach i badaj lokalizację w ciele. Głęboko wniknij w naturę symptomu, znajdź jego twórcę. Niczym szaman zamień to, co wydawało się demonem, w sprzymierzeńca. Jeśli się nie uda, odnajdź jego esencję; znajdź sekret demona, siłę ciszy, dzięki której powstał ów demon.

W przyszłości możesz praktykować medycynę prewencyjną dzięki zapamiętaniu szybko przemijających wrażeń dyskomfortu, które sygnalizują zaistnienie źródła ewentualnych symptomów cielesnych. Siła ciszy oraz percepcja kwantowego umysłu pojawia się początkowo w formie ulotnych wrażeń, a następnie jako postacie ze snów oraz tęcza równoległych światów.

Z punktu widzenia uzgodnionej rzeczywistości symptomy należą do Ciebie, znajdują się w „Twoim" ciele. Ale z innej perspektywy nie mają określonego źródła pochodzenia. Tak jak cząsteczki mogą pojawiać się w pozornie pustej przestrzeni, symptomy mogą pochodzić z nieskończoności, z tego, co nazywam „siłą ciszy". Kiedy zbliżasz się do zera i Twój umysł jest spokojny, możesz odczuć tendencje, które poruszają Tobą po określonej ścieżce – można je nazwać nieświadomością zbiorową, tao, którego nie można wyrazić, Bogiem lub niewidzialną falą pilotującą obecną od początku wszechświata. Jeśli postanowisz zignorować tę ścieżkę, to ujawni się ona w dramatycznych formach, jak problemy ciała czy trudności w relacjach.

Wewnątrz Ciebie rozgrywa się bitwa, która następnie zaburza relacje. Tę bitwę można dostrzec w rodzinnych interakcjach. Twoja społeczność to pole bitwy. Cały świat jest Twoim ciałem, Twoją historią.

Praca tylko na jednym z poziomów sprawia, że walka jest trudna i podkreśla jednostkowe znaczenie. Jej polem jest każdy z poziomów rzeczywistości. W ostateczności ta bitwa nie dotyczy tylko Ciebie. W nielokalnym świecie Twoje symptomy są moimi, a „lekarstwo", którego potrzebuję, może być przydatne również Tobie.

Dlaczego ja, dlaczego teraz?

O ile w jednym świecie możemy rozumieć, że „nasze" doświadczenia są nielokalne, o tyle część związana z UR będzie nadal się dziwić: „Dlaczego *ja*? Dlaczego *teraz*? Co takiego zrobiłem, że mnie to spotkało?". Medycyna tęczowa ma na to odpowiedź. Symptomy to zakodowane informacje z niezmierzonego krajobrazu uniwersalnych powiązań, których doświadczasz jak problemów ciała.

Wspólnym mianownikiem symptomów jest świadomość. Ona jest gruntem zarówno dla subtelnych, jak i bolesnych symptomów. Symptomy ciała to nie tylko patologia. Są mistrzami zen otwierającymi Twoją świadomość na subtelne doświadczenia o mikronowej wielkości.

Nietoksyczne style życia

Marginalizowanie aspektów życia jest toksyczne. Korzystanie ze świadomości na każdym poziomie kreuje nietoksyczny styl życia. Posiadasz wówczas więcej dostępnej energii i poznajesz równoległe światy. Nietoksyczny styl jest bardzo radosny. Wszędzie czujesz się jak u siebie, wszystko jest wypełnione niewiadomą: Twój umysł, ciało, relacje, rodzina, społeczność i Twój świat. Nietoksyczne style życia składają się z pracy nad świadomością, która w każdej chwili dostrzega kreatywność, przez dwadzieścia cztery godziny na dobę siedem dni w tygodniu.

WPNJ: Wróg Publiczny Numer Jeden

Symptomy zdają się wygrywać bitwę, kiedy wierzysz, że istnieją one tylko w Twoim ciele. Dzieje się tak wówczas, gdy ból zamienia się w agonię, a medytacja i procedury medyczne nie skutkują. Symptomy grożą Ci „zabójstwem" w jak najgorszym sensie, z chwilą gdy staniesz po stronie WPNJ, co jest skrótem określenia „Wróg Publiczny Numer Jeden". WPNJ powiada, że istnieje tylko uzgodniona rzeczywistość, mówi: „Zapomnij o innych światach! Nie możesz ich zmierzyć. Nie możesz udowodnić ich istnienia. Zapomnij o krainie snów, zapomnij o swoich najgłębszych tendencjach, nie istnieje świat kwantowy, to tylko matematyka! Nie ma pustki, nie ma siły ciszy. Istnieje tylko to, co można zmierzyć, uleczyć, prześwietlić, odczuć jako guza, zmierzyć instrumentem i stwierdzić, że to wirus!".

WPNJ powiada: „MASZ MNIE SŁUCHAĆ. Jedyne, czego możemy być pewni, to centymetry przestrzeni, sekundy czasu i gramy wagi". WPNJ mówi, że symptomy to kwestia wyników badań krwi, diagnozy, promieni Roentgena i genów. WPNJ przekreśla wszystko, co nie może zostać sformułowane.

Nie możesz wygrać z WPNJ, ale możesz skorzystać z jego energii. Odnajdź esencję WPNJ, niech Twoja świadomość będzie precyzyjna. Wykorzystaj swoją drobiazgowo dokładną, osadzoną w zmysłach świadomość i skup się na uzgodnionej rzeczywistości danej sytuacji. Ze skupioną uwagą nie poprzestawaj na „marzeniu", będąc nieświadomym. Precyzyjnie zauważaj, co się dzieje. Następnie skorzystaj z przejrzystej świadomości. Bądź Maxwellowskim demonem, niech Twoja przejrzysta świadomość irracjonalnych doświadczeń i niewerbalnych uczuć rozewrze zamknięty system WPNJ w obszarze UR, po czym odwróć sytuację. Zauważ, co zwraca Twoją uwagę. Zadziałaj, zanim WPNJ nazwie to symptomem.

Tak i *Nie*

Otworzy się przed Tobą wiele równoległych światów, co może pozbawić Cię pewności dotyczącej UR. Chcesz wiedzieć, czy powinieneś walczyć, czy poddać się, powiedzieć *tak* czy *nie*, zrobić tak lub inaczej, żyć czy umrzeć. WPNJ powie, że musisz dokonać wyboru. Ale z punktu widzenia siły ciszy oraz krainy snów ważne są zarówno *tak* i *nie*, zarówno to, co właściwe, jak i to, co niewłaściwe!

Nietoksyczne style życia nie marginalizują, ale akceptują fakt, że jesteś wszystkimi światami. Jesteś zarazem żywy i martwy. „Dobry" i „zły" jest równie prawidłowe. Nie popadaj w toksyczny styl życia WPNJ, który zmusza Cię do identyfikowania się ze swoją tożsamością UR i sprzeciwia pozostałym aspektom Ciebie!

Możesz się zgodzić bądź nie z moimi wnioskami. W świecie paralelnych rzeczywistości wszystkie Twoje argumenty są prawidłowe w jednym ze światów – podobnie jak moje w innym.

Twoje życie nie należy do Ciebie

Z punktu widzenia esencji Twoje życie nie należy do Ciebie. Twoja tożsamość UR będzie musiała w końcu poddać się, dostrzegając na końcu istnienia, że życie zależy od pola intencjonalnego i siły ciszy.

A zatem nie przejmuj się i niech *ono* działa. W ten sposób więcej osiągniesz. Nawet drobiazgi nie są zależne od Ciebie. Począwszy od tego, w co się ubierasz, a skończywszy na przekonaniach, wszystko zależy od magnetycznego tła, które aranżuje flirty. Podążaj za swoim najgłębszym *ja*. To może wytworzyć działanie wsteczne, które potrafi nawet wpłynąć na Twój genotyp, sprawiając, że stajesz się bardziej koherentny ze swoją zmieniającą się naturą.

Nietoksyczny styl życia jest zasadniczo nieprzewidywalny, zawsze kreatywny. Żadne dziecko, które nie skończyło czwartego roku życia, nigdy nie powiedziało: „Nie mam teraz czasu na to, żeby podążać za swoimi impulsami – poczekam do jutra". Dzieci podążają za swoimi flirtami natychmiast, tu i teraz. WPNJ nie rządzi ich życiem – jeszcze. Posiadając umysł, Ty również potrafisz żyć w czasie i przestrzeni, która mogłaby być wypełniona realnymi stołami i krzesłami, z których po części korzystają smoki i duchy!

Ktoś kiedyś zapytał mnie, czy to oznacza, że nie powinniśmy w ogóle robić planów. Nietoksyczne style życia niosą z sobą wiele planów – na wiele sposobów są wprowadzane w życie, gdy tylko się pojawiają. Kiedy myślisz o dniu jutrzejszym, nie oszukuj się. Tak zwane jutro dzieje się właśnie teraz, dokładnie w tej chwili!

WPNJ jest przekonany, że czas i życie to jego dziedzina; WPNJ sprzeciwia się stylowi życia, w którym pozwala się dziać rzeczom, stylowi, gdzie przeszłość i przyszłość to równoległe światy teraźniejszości. Zawsze gdy WPNJ powiada, że „nie ma teraz czasu", wiesz, że ma on rację, lecz Ty też masz rację. Czas nie istnieje.

Tęczowa medycyna w organizacjach

Z powodu nielokalności życie i praca nad sobą oraz praca z najbliższymi nie wystarcza. Nie ma takiego miejsca, w którym mógłbyś się schronić. Możesz nie odpisywać na listy, e-maile lub nie odbierać telefonów. Ale nie możesz nic zrobić, żeby nie odbierać mikroflirtów, które docierają do Ciebie z nieskończoności. Odpowiadasz na nie, jeszcze zanim się o nich dowiesz.

Medycyna tęczowa dla organizacji jest prosta. Zajmij jedną ze stron, następnie drugą, a potem wszystkie. Znajdź esencję tego, co najgorsze. W tej „najgorszej" roli lub osobie, głęboko na poziomie esencji znajduje się rzecz, która utrzymuje grupę w całości – nie jest to osoba z UR, ale jej *esencja*, której wszyscy potrzebują; jest to podstawowy poziom wizji społeczności.

Zrób to samo z członkami rodziny. Obejmij wszystkie konflikty i znajdź esencję najbardziej skomplikowanej postaci. W ten sposób zadbasz o siebie i innych. Zaproś polaryzacje. Weź jedną ze stron. Weź wszystkie strony i porzuć je dla esencji.

Kiedy świat i Twoja społeczność sprawiają Ci kłopoty, przypomnij sobie o medycynie nielokalnej i o tym, że społeczność to mapa Twojego ciała.

Ziarna możliwości

Przypominam sobie opowieść o umierającym mistrzu zen, którego otaczali płaczący, oddani uczniowie lamentujący na widok zbliżającej się śmierci. Nagle mistrz zdzielił ich kijem po głowie mówiąc: „Myślicie, że dokąd się wybieram po śmierci?".

Dziś moja odpowiedź na to pytanie jest taka, że mistrz nigdzie się nie udaje i będzie tym, czym zawsze był. Tak jak Ty i ja, z ciałem UR lub bez niego, jest siłą ciszy manifestującą się jako esencja opowieści. Jesteśmy ziarnami możliwości, intencją społeczności.

Życie i śmierć, tak jak czas i przestrzeń nie wystarczają, żeby opisać pełnię naszej natury. W krainie snów oraz urojonych przestrzeniach kwantowej fizyki i biologii jesteśmy zarazem żywi i martwi. Oznacza to, że jesteśmy martwi za życia, a także żywi po śmierci. Oto konkluzja, do której musiałem dojść po przeprowadzonych badaniach nad psychologią, biofizyką i matematyką symptomów.

Kwantowe źródło uzdrawiania

Nasze ciała, w każdej chwili życia, podlegają w ogromnej mierze tym samym, paradoksalnym regułom, które królują w świecie kwantów. Być może najwspanialszą z tych paradoksalnych reguł jest fakt, że w symptomach kryją się odpowiedzi na kłopoty ze zdrowiem. Wyostrzona, przejrzysta świadomość pozwala odkryć nawet w najtrudniejszych ze schorzeń transformującą moc kwantowych źródeł zdrowia.

Istnieje wiele analogii oraz zbiegów okoliczności wskazujących na to, w jaki sposób nasze ciała oraz umysły wiążą się z fizyką kwantową. Przypomnij sobie falę pilotującą Bohma oraz odkrycie kierunku, jakie odczuwałeś podczas dogłębnej pracy nad symptomami. Światy równoległe odzwierciedlają twoje, różnorodne stany umysłu. Dodatki na końcu książki zawierają więcej informacji na temat tych analogii i związków. Związek psychologii i fizyki otwiera nowe pole badań będące prawdziwym skarbcem i całym wszechświatem odkryć. Wydaje się nieuniknione, że powstaną nowe obszary biomedycyny czy medycyny tęczowej, które zintegrują doświadczenia subiektywne tworząc nową formułę tego, co zwiemy rzeczywistością.

Dotychczas, większość z nas leczyła się lub też rzutowała uzdrowienie z danej choroby na zabiegi współczesnej medycyny allopatycznej czy alternatywnej. Ale uzdrowienie w najszerszym sensie wymaga synchronizacji z najgłębszymi poziomami naszego istnienia. Ów proces synchronizacji zależy częściowo od pracy nad świadomością. Jak wykazałem w poprzednich rozdziałach, synchronizacja z pełnią twojego istnienia informuje oraz przekształca biochemię ciała, związki oraz twoje życie społeczne. Wykorzystanie świadomości w pracy z symptomami może poszerzyć sens oraz znaczenie życia o niewyobrażalne i najfantastyczniejsze z wymiarów. Esencja symptomów daje ci wolność od czasu i przestrzeni przy jednoczesnym mocnym ugruntowaniu. Dzięki temu możesz odkryć, że symptomy są potencjalnym błogosławieństwem.

Dodatki

WPROWADZENIE

W poprzednich rozdziałach chciałem zainspirować czytelników do wypróbowania nowych, praktycznych sposobów pracy z symptomami. Dodatki zostały napisane z myślą o tych, którzy są zainteresowani podstawowymi ideami w nauce, psychologii, medycynie konwencjonalnej i alternatywnej. Celem jest pogłębienie kontaktu z kwantowym umysłem oraz unifikacja różnych gałęzi wiedzy.

Dodatki zostały podzielone na trzy działy:

Dodatek **A** – *Fale* – koncentruje się na badaniu i teorii fal. Tutaj spotkacie się z psychologią i matematyką fal oraz niektórymi z zastosowań we współczesnej fizyce. Pod koniec tego działu prezentuję początki teorii crossoveru stanu kwantowego pomiędzy psychiką a materią.

Dodatek **B** – *Światy* – omawia teorię wielu światów Hugha Everetta oraz jego koncepcję, która stwierdza, że akt obserwacji dzieli rzeczywistość na równoległe obszary.

Dodatek **C** – *Umysły* – podsumowuje niektóre z moich idei opisujące umysł kwantowy.

DODATEK A

Fale: crossover stanu kwantowego

Wszelka materia jest zaangażowana w kosmiczny taniec... Cząsteczki „wyśpiewują swe pieśni" wytwarzając rytmiczne wzorce energii.

Fritjof Capra[1]

Uwielbiam fale. Gdy tylko mogę, jadę nad brzeg oceanu i patrzę, jak woda podnosi się i opada. Patrząc na poruszające się bez końca fale, jestem w stanie wyczuć grawitacyjne przyciąganie pomiędzy Ziemią a Księżycem. (Księżyc, okrążając Ziemię, „szarpie" ją, wytwarzając w ten sposób fale). Fale, fale, fale – wszystko porusza się w górę i dół przez noc i dzień. Bardzo mnie pociąga założenie, że istnieje związek pomiędzy falami, odmiennymi stanami świadomości i stanami kwantowymi.

[1] Fritjof Capra, „Tao fizyki".

Fale pomogą nam połączyć to, co w uzgodnionej rzeczywistości nazywamy *ciałem* i *umysłem*. Crossover stanu kwantowego (patrz rozdział 9) opisuje potencjalny związek pomiędzy psyche a materią, czyli to, co zwykliśmy nazywać związkami psychofizycznymi lub psychosomatycznymi.

Pneuma, struny i fale

Zanim pójdziemy dalej, zróbmy krok w tył, zadając sobie podstawowe pytanie: „Co sprawia, że masz poczucie lub że myślisz, iż żyjesz? Skąd wiesz, że żyjesz?". Zastanów się nad tym przez chwilę. Wiele osób odpowiada, że wiedzą o tym dlatego, ponieważ czasem zdarza się im spontanicznie myśleć i odczuwać lub, że ich ciała wykonują różne spontaniczne czynności. Większość ludzi doświadcza życia poprzez oddychanie.

Załóżmy, że oddychanie jest podstawą Twojego poczucia życia. U wielu osób brak oddechu wystarcza, by sprawić, iż boją się, że umierają. Wiele sposobów medytacji powoduje, że skupiasz się na oddychaniu oraz na świecie tendencji i źródeł świadomości oraz życia.

Okresowa, rytmiczna natura oddychania jest zazwyczaj dalej od Twej świadomości niż linearne aspekty życia, takie jak przemijanie czasu czy starzenie się. Prawdopodobnie utożsamiasz się bardziej z linearnym przepływem czasu niż z oscylacyjnymi i okresowymi zmianami pór roku, cyklem dnia i nocy lub rytmem oddychania[2].

A jednak oddech jest dla nas równoznaczny z życiem. Na przykład *pneuma*, czasami tłumaczona jako „duch" lub „życie", była

[2] Chociaż obserwujemy, że nasze zegarki poruszają się do przodu, to dla obserwatorów czasu, którzy znajdują się w stosunku do siebie w ruchu, doświadczenie czasu może się zwężać bądź rozszerzać. Zakrzywienie czasoprzestrzenne Einsteina wykazuje, że nie powinniśmy oczekiwać od czasu, żeby był linearny.

uważana przez Europejczyków (zwłaszcza o tradycjach gnostyckich) za substancję, esencję życia. Zbyt wiele lub za mało *pneumy* mogło być przyczyną chorób[3].

Jedną z najistotniejszych cech witalnej substancji życia i oddychania jest jej falowa natura. Dlatego nie jest zaskakujące, że nasze podstawowe teorie opisujące materię i życie oraz wszechświat są związane z falami. Jak wiadomo z rozdziału 19, pierwsza substancja wszechświata została nazwana *tao* i utożsamiano ją z podstawową oscylacją pomiędzy sprzecznymi tendencjami. Australijscy aborygeni postrzegali czas jako periodyczne zmiany Księżyca i przemiany pomiędzy rzeczywistością a Epoką Snu. W zeszłym stuleciu fizycy ponownie zaczęli postrzegać materię na poziomie kwantowym jako fale materii lub kwantowe. Ostatnio falowa natura materii powróciła w ramach teorii strun.

Teoria strun

W fizyce mamy do czynienia z różnymi teoriami dotyczącymi materii. Mechanika kwantowa powiada, że przestrzeń można podzielić na kwanty i cząsteczki. Teoria względności zakłada, że przestrzeń jest ciągła. Aby połączyć te dwie teorie razem, fizycy poszukują rozwiązań w hiperprzestrzeniach – wyższych wymiarach – co zaowocowało stworzeniem teorii strun (oraz jej odmian, teorii M czy *p-brane*). Fizycy mają nadzieję, że myślenie hiperprzestrzenne może zmieścić zasady mechaniki kwantowej oraz teorię względności w ramach teorii strun[4].

[3] Zob.: *Encyclopedia Brytannica* „Dualism" oraz temat „Życie i śmierć".

[4] Czytelnik znajdzie nieskomplikowany przegląd zagadnień związanych z teorią strun na stronie internetowej dr Patricii Schwarz „Official Superstring": www.superstringtheory.com/basics/index.html.

Teoria strun zakłada istnienie wielu wymiarów. W rzeczywistości jest to 10, a nawet 36 wymiarów. W obliczeniach matematycznych dotyczących teorii strun występują pewne problemy i nikt nie wie, z czego są te wymiary stworzone. Podstawowa idea zakłada, że minimalne wibracje nazywane strunami przenikają wszechświat. Te przedmaterialne struny wibracji są zasadniczo podstawowym budulcem wszechświata i z nich powstaje świat rzeczywistości uzgodnionej.

Kiedy myślimy o strunach w kategorii teorii fizycznej, pomocne może być przypomnienie sobie struny gitarowej. Kiedy tę naciągniemy pomiędzy dwoma punktami, a potem szarpniemy, wytworzy ona tony, dźwięki i fale. Struny wszechświata nie są nigdzie przytrzymywane, ale zakłada się, że są napięte i posiadają energię. Potrafią skupiać się w fale wirtualne opisywane w mechanice kwantowej. Kiedy stają się nieruchomą falą, nasze instrumenty, dokonując pomiaru, stwierdzają, że są cząsteczkami. Są to *pętle*, z których część pozostaje otwarta.

Teoria strun mówi, że częstotliwość drgań lub wibracji pozwala otwierać bądź zamykać pętle, tworząc podstawowe cząsteczki. Określony wzorzec częstotliwości reprezentuje określoną cząsteczkę podstawową. W zależności od częstotliwości wzorca wibracji struna może wyglądać jak kwark, lepton lub elektron.

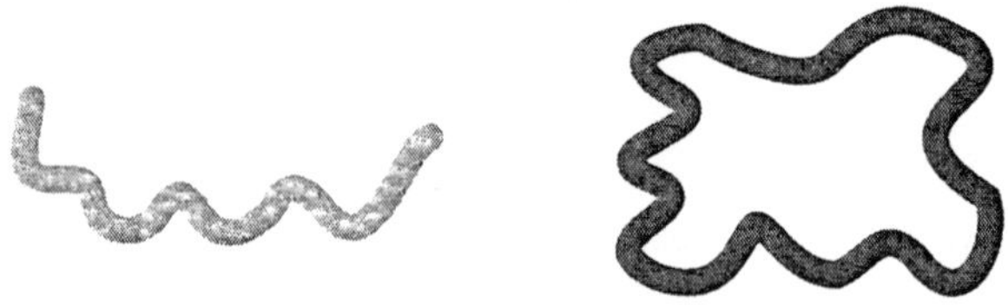

Rys. A-1. Teoria strun: otwarte struny i zamknięte pętle

Struny są elementem jeszcze bardziej podstawowym niż cząsteczki. W teorii strun fale są bardziej podstawowe niż dane nam było cokolwiek sądzić o materii. Co uważaliśmy wcześniej za cząsteczki, to obecnie struny lub fale. Nie istnieją już cząsteczki zbliżone kształtem do punktu. Współcześnie fizycy powiadają: „Nie przejmujmy się ideą twierdzącą, że cząsteczki są punktami; potrafimy je zmierzyć bez tej idei”.[5]

Psychologia strun i fal

Pomyślmy jeszcze trochę o falach. Spójrzmy na poniższe dwie formy, czyli na punkt oraz na falujący zawijas. Jaka różnica zachodzi pomiędzy nimi?

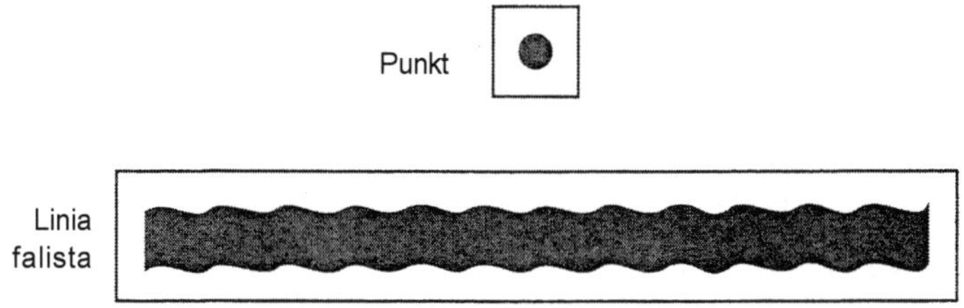

Rys. A-2. Różnica pomiędzy punktem a zawijasem

[5] W swojej książce „Universe in a Nutshell” Steven Hawking omawia najnowsze teorie integrujące mechanikę kwantową z teorią względności. Przystępnym językiem opisuje teorię strun, teorię „p-brane” oraz teorię „M”. Jako „pozytywista” zakłada, że korzystanie z matematyki jest przydatne oraz że powinniśmy ją stosować, nie zastanawiając się nad dylematem, czy obliczenia są rzeczywiste, czy nie. Takie pragmatyczne podejście pozwoliło mu wprowadzić koncepcje czasu urojonego.

Jeżeli o mnie chodzi, to uważam, że wszystkie teorie są psychologiczne; pochodzą z esencji i rozwijają się, przekształcają się w sny, matematykę, a także nasze nadzieje, wizje oraz wszystko, z czym na co dzień mamy do czynienia. Zatem hipotetyczna, wibracyjna natura mechaniki kwantowej oraz jej nowsza wersja – teoria superstrun – wywodzi się z podobnych do fal cech doświadczanych w psychice – które nazywamy i odczuwamy jako kundalini oraz tendencje lub mikroruchy.

Wiele osób powiedziałoby, że punkt jest ostry i być może bardziej statyczny. W porównaniu do punktu zawijas jest bardziej ruchomy (oczywiście punkty mogą się poruszać, a fale stojące są statyczne). Postawiłbym tezę, że różnica pomiędzy punktami a falami odzwierciedla różnicę pomiędzy *stanami* a *procesami*. Większość naszej codziennej aktywności wiąże się z punktami. Punkty determinują czas i przestrzeń. Mówi się: „Bądź tam *punkt*ualnie o piątej" (lub „punkt piąta") albo: „Kapsztad znajduje się w punkcie skrzyżowania pewnej długości geograficznej z odpowiednią szerokością". Oczywiście wiadomo, że nikt nie żyje w jednym punkcie, ale i tak uzgodniliśmy pomiędzy sobą istnienie punktów. Powiedzmy, że masz 170 cm wzrostu. Jeśli jednak prowadzisz siedzący tryb życia, to przestrzeń między kręgami ulegnie kompresji i będziesz o jakiś centymetr lub dwa niższy. Jeśli jednak zawiśniesz na linie, to będziesz wyższy. Ile masz zatem wzrostu?

Jesteś procesem, a nie stanem. Czas, położenie i wysokość nie są niczym innym niż wyobrażony punkt na zegarze lub miarce. Tylko czy one faktycznie istnieją? Oczywiście tak – jako idee w uzgodnionej rzeczywistości. Jednak w realiach fizyki kwantowej punkt, podobnie jak cząsteczka jest w większym stopniu wizją niż faktem.

Większość zwyczajnej komunikacji z poziomu UR jest ukierunkowana punktowo. Odnosząc się do fali, robimy to raczej nieformalnie, stwierdzając, że ktoś „nadaje na tej samej fali".

Fascynujące fale

Nawet najprostsza fala jest okresowa. Pomyśl o tym, co się dzieje, kiedy szarpiesz strunę gitary. Jej ton zależy od frekwencji, czyli od liczby wibracji struny w ciągu jednej minuty. Fale wody, światła i dźwięku są przykładami fal okresowych.

Na luźnej strunie możesz wywołać ruch falowy „falując" nią lub poprzez pulsowanie czy serię szarpnięć. Puls lub impuls może być spory albo niewielki, może być maleńkim drgnieniem. Twoje ciało jest pełne pulsowania. Kiedy uwrażliwiasz się na swe ciało, możesz poczuć puls lub rytm serca.

Co jest źródłem pulsu lub siły życia? W rozdziale 7 założyłem, że fale kwantowe (i struny) *po prostu są* we wszechświecie; są esencją, siłą ciszy większej Istoty, której jesteśmy częścią. Jako jednostki możemy tworzyć pulsy i nowe fale, tak jak ma to miejsce z muzyką; być może cały wszechświat wykonuje maleńkie drgania czy fluktuacje w polu energii punktu „zero"[6], nadając przez to wszystkiemu impuls do życia.

Pozostańmy na razie przy pulsowaniu, z którym mamy do czynienia w matematyce i fizyce. Spójrzcie na poniższy rysunek. Puls lub drganie jest ogólnym terminem opisującym ruch wpływający na powstanie fali (zarówno rzeczywistej, jak i wyobrażonej).

Rys. A-3. Zwykła fala okresowa

Na kolejnym rysunku możemy zaobserwować, w jaki sposób puls lub drganie jest przekazywane wzdłuż przyczepionej do ściany, naciągniętej, elastycznej struny. To prosty przykład ruchu falowego postrzegany w jednostkach czasu t1, t2 itd.

[6] Punkt zero to energia (w danej substancji) w temperaturze zera absolutnego (–273°C), kiedy materia przestaje wibrować. Omawiana energia nie znika, ponieważ, zgodnie z teorią kwantową, cząsteczka oscylująca w prostym, harmonicznym ruchu nie posiada stacjonarnego, zerowego stanu energii kinetycznej. Zasada nieoznaczoności nie zezwala takiej cząsteczce na pozostawanie w bezruchu w środkowym punkcie oscylacji. Zatem zawsze pozostaje jakaś energia (w punkcie zero) nawet gdy mamy do czynienia z pustką.

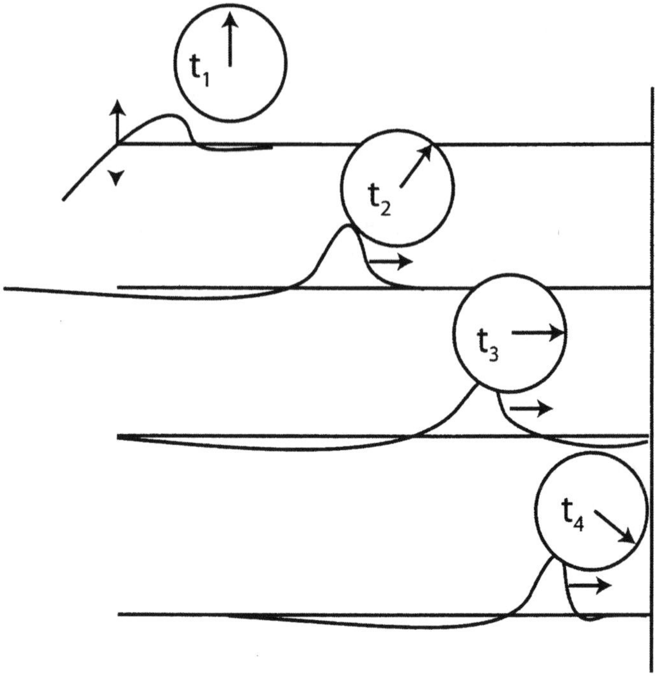

Rys. A-4. Drgania tworzące ruch falowy

Jeśli zdarzy się tak, że drgania nadchodzą z obu końców struny (na przykład dlatego, że zostają odbite lub odzwierciedlone przez ścianę), to mamy do czynienia ze zjawiskiem typowym dla wszystkich fal. Dwie fale nadchodzące z przeciwnych kierunków odejmują lub sumują się ze sobą. Albo tworzą większą falę, albo wzajemnie się zmniejszają, nawet do zera. Naukowcy nazywają to zjawisko nakładaniem się lub superpozycją fal.

Superpozycja

Superpozycja, sposób w jaki fale nakładają się na siebie, jest szczególną właściwością fal, która zachodzi w sytuacji, gdy fale stykają się ze sobą. To, jak fale sumują się i odejmują nie przydarza się cząsteczkom i jest właściwe wyłącznie dla fal. W rzeczywistości uzgodnionej cząsteczki przy każdym spotkaniu uderzają i odbijają się od siebie. Jednak fale są inne. Sumują się (lub odejmują), a następnie idą dalej swoją drogą, zapominając o czołowym spotkaniu z inną falą. Na kolejnej ilustracji (rys. A-5) można zobaczyć, jaka zachodzi interakcja pomiędzy dwiema falami, z których jedna porusza się od lewej strony w prawą, a druga odwrotnie.

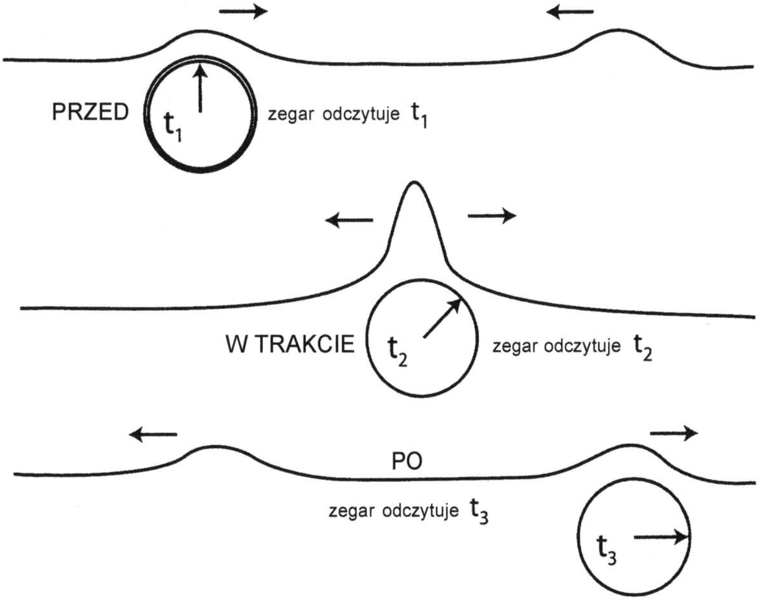

Rys. A-5. Jak zachodzi superpozycja

Superpozycja zachodzi wówczas, gdy fale spotykają się lub zachodzą na siebie. Zauważcie, że po spotkaniu fal w t_2 drgania w czasie t_3 pozostały zasadniczo niezmienione i kontynuowały ruch w swoim kierunku. Fale posiadają niezależną lub samodzielną naturę. Oddziałują ze sobą, sumują się, odejmują, ale nie tracą swojej istoty[7].

Co by się stało, gdyby fale miały odwrotną biegunowość? Spójrzcie na kolejną ilustrację, gdzie pokazane jest, jak fale wzajemnie się redukują w chwili przejścia przez punkt t_2. Co dzieje się z ich energią? Energia przechodzi do wibracji struny.

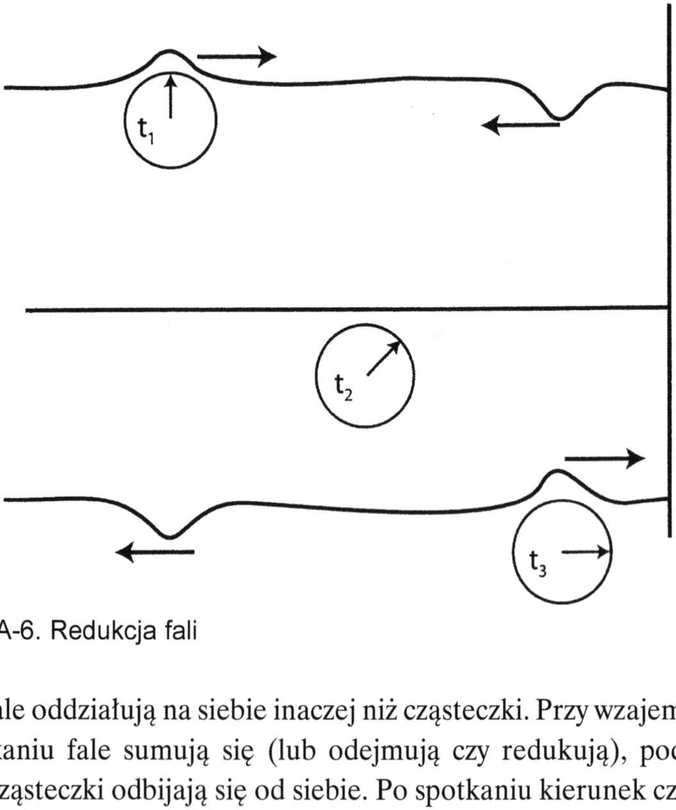

Rys. A-6. Redukcja fali

Fale oddziałują na siebie inaczej niż cząsteczki. Przy wzajemnym spotkaniu fale sumują się (lub odejmują czy redukują), podczas gdy cząsteczki odbijają się od siebie. Po spotkaniu kierunek cząsteczek zmienia się. Fale pozostają we wcześniejszym ruchu, tak jakby były oddzielne.

[7] Przynajmniej nie w tak prostych sytuacjach, jak przedstawiona na ilustracji.

Cząsteczki podczas zderzenia nie „odpuszczają" sobie; są trochę podobne do sztywnych ludzi, którzy wpadają na siebie. Z kolei fale przypominają ludzi zrelaksowanych, którzy mogą coś od siebie dać lub brać, ale którzy po spotkaniu zmierzają dalej w swoim kierunku zasadniczo niezmienieni.

Jako ludzie zachowujemy się zarówno na podobieństwo cząsteczek, jak i fal. Jeśli mnie skrytykujesz, to najczęściej zachowam się jak cząsteczka i odpłacę Ci tym samym. Jeśli natomiast moja świadomość skupia się na rzeczywistości nieuzgodnionej, to zaakceptuję tę sytuację – zgodzę się z krytyką lub uwzględnię zmiany – i ruszę dalej.

Ta sama superpozycja zachodzi zarówno w naszym wnętrzu, jak i na zewnątrz nas w rzeczywistości nieuzgodnionej. Jeśli na przykład jedna część mnie mówi „tak", a druga „nie", to istnieje możliwość, że poczuję się pusty. (Gdybym jednak skorzystał ze świadomości, znajdując się w punkcie t_2, to zauważyłbym dynamiczne wewnętrzne zrównoważenie zachodzące w tym punkcie).

Uważam, że doświadczenia wewnętrzne są procesami podobnymi do fal; nakładają się na siebie. Na osi czasu każda z fal lub każdy ze światów pozostaje jednak oddzielny i niezmienny.

Zasada superpozycji

Zasada superpozycji jest regułą ogólną. Zastosowana do zjawiska fali w przypadku fali wody lub fali kwantowej powiada, że łączny wynik dowolnej liczby fal w danym punkcie jest sumą sił (lub amplitud) wszystkich fal obecnych w danym punkcie. Zobacz przykład kwadratowej fali na ilustracji A-7.

Zasada superpozycji twierdzi, że jeśli przez ten sam obszar przestrzeni przemieszczają się dwie fale lub więcej, będą się one nakładać, co da rezultat składający się z sumy obu fal. Po nałożeniu się fale zachowują swoje cechy (to znaczy, że nie ulegają trwałej zmianie).

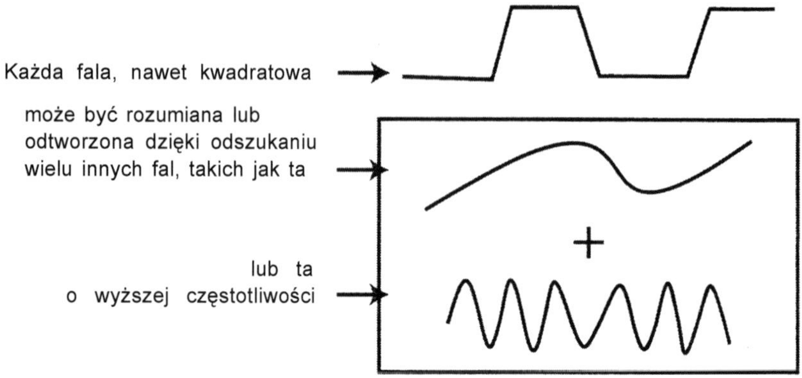

kiedy dodamy je wszystkie razem (wraz z wieloma innymi), otrzymamy falę kwadratową narysowaną u góry.

Rys. A-7. Przykład superpozycji

Zgadzam się z Richardem Feynmanem, że zasada superpozycji (każda z fal może być uważana za sumę innych fal) jest najbardziej zdumiewającym z praw w fizyce i matematyce. Ponieważ dowolna fala (tak jak fala kwadratowa na ilustracji) może być postrzegana jako grupa innych fal, również dowolna cząsteczka opisana jako fala może składać się z grupy fal.

W latach dwudziestych XX w. tacy fizycy, jak Erwin Schroedinger, który pierwszy odkrył fale kwantowe (nazywając je falami materii), skorzystali z tej zasady, mówiąc: „Skoro dowolna fala jest sumą wielu innych fal, to każda pojedyncza fala – jak na przykład fala kwantowa cząsteczki – musi mieć bardzo dużo »podfal«", z których każda reprezentuje osobny stan kwantowy tej fali/cząsteczki.

I mieli rację! Główna fala obiektu dzieli się na podfale, które reprezentują subatomowe stany tego obiektu. Całościowa funkcja falowa dla danego obiektu jest sumą jej wszystkich stanów subkwantowych. Mówiąc w skrócie: na subatomowe stany atomu składają się liczne odmiany jego wibracji! Mówiąc zwykłym językiem, możemy stwierdzić, że podstawowy wzór matematyczny dla danego atomu – lub dla dowolnego obiektu tej materii – jest sumą wszystkich możliwych kwantów lub wzorców zbliżonych do śnienia.

Fragmenty snu są subfalami

W pewnym sensie Schroedinger był terapeutą. Terapeuci tacy jak ja uważają, że dana osoba tylko tak wygląda w uzgodnionej rzeczywistości, ale w gruncie rzeczy jest to grupa podosobowości w obszarze rzeczywistości nieuzgodnionej. To dlatego terapeuci zawsze twierdzą, że wiedza o sobie oznacza wiedzę o różnych osobistych częściach i procesach. Pomyśl o snach. Nawet jeśli miałeś sen, w którym występowało pięć różnych elementów – powiedzmy, że śniły Ci się drzewa, psy, ojciec, siostra i nauczyciel – to każda z tych postaci lub podosobowości jest potrzebna, żeby określić istotę Ciebie samego. Tych składników ze snu nie dostrzegasz w codziennej rzeczywistości; one nakładają się na siebie, tworząc to, co można by nazwać Twoją całością, aurą, siłą ciszy, kierującym Tobą subtelnym wzorcem.

W krainie snów posiadasz liczne podosobowości, tak jak atom ma liczne stany kwantowe. Każdy stan, każda osobowość reprezentuje tendencję lub sposób, w jaki możesz się zachowywać w określonych okolicznościach.

Oddzielne światy

Każda z fal to oddzielny albo równoległy świat, szlak, którym możesz podążać, który zasadniczo pozostaje niezależny od innych ścieżek Twojego życia. Prawdopodobnie w ciągu życia doświadczyłeś niezliczonej ilości różnych części. Mogłeś się czymś zajmować i ledwo zdawać sobie sprawę z tego, że w tym samym czasie marzysz lub fantazjujesz o czymś innym, albo że mruczysz pod nosem piosenkę niezwiązaną z Twoim zajęciem. Wykonywanie jakiejś czynności i jednoczesne nucenie piosenki o czymś innym jest powszechnym przykładem istnienia światów równoległych. Całość Ciebie jest superpozycją obu światów.

Fale i cząsteczki

Zestawmy razem różne poglądy dotyczące materii. Jak pamiętasz, w fizyce klasycznej, a także we współczesnej medycynie cząsteczkę wciąż uważa się za cząsteczkę, substancję chemiczną za substancję, a Twoje ciało za ciało. Fizyka kwantowa oraz teoria strun dodały do tego ideę mówiącą, że ciała są *chmurami prawdopodobieństwa* lub po prostu falami.[8]

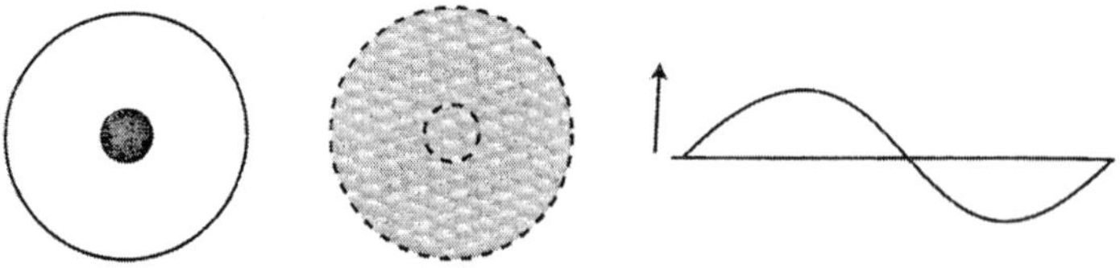

Chemiczny rzeczywistość uzgodniona | **Chmura chemiczna** Kraina snów | **Amplituda fali** (strzałka) punkt widzenia esencji

Rys. A-8. Ewolucyjne obrazy materii

[8] W fizyce związek pomiędzy falami i cząsteczkami ustala się, obliczając prawdopodobieństwo odnalezienia cząsteczki w danym miejscu i czasie. Do wyniku dochodzi się, podnosząc do kwadratu amplitudę funkcji falowej danego stanu. Aby to wykonać, wysokość (amplitudę) fali mnoży się przez nią samą, dzięki czemu otrzymuje się wynik będący prawdopodobieństwem zaistnienia „cząsteczki" w uzgodnionej rzeczywistości.

Właśnie dowiedzieliśmy się, że każda fala jest sumą innych fal. W pierwszym rozdziale tej książki opisywałem, jak David Bohm i jego poprzednik DeBroglie postrzegali cząsteczkę uzgodnionej rzeczywistości, taką jak elektron, za swego rodzaju wyobrażoną cząsteczkę, która podąża za swoją falą przez czas i przestrzeń. Bohm wyobrażał sobie, że fala kwantowa jest falą pilotującą.

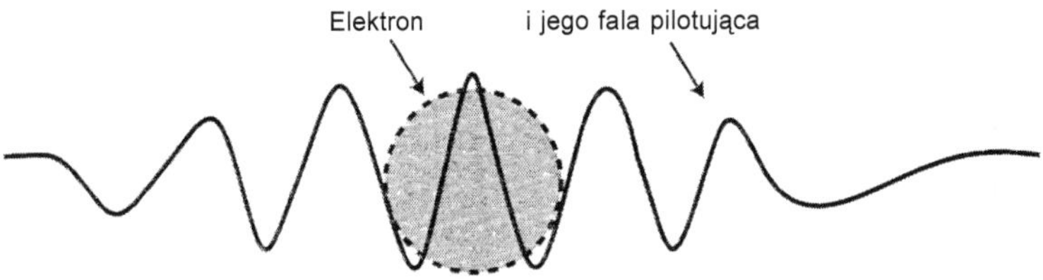

Rys. A-9. Schemat poglądu Bohma na materię

W poglądzie Bohma na materię mieści się wirtualna natura materii, której doświadczamy w naszych ciałach (informacyjna natura pola intencjonalnego) oraz obraz tego, jak zgodziliśmy się wyobrażać sobie materię i nas samych w rzeczywistości uzgodnionej (czyli jako cząsteczki, obiekty oraz ludzi w określonym czasie i przestrzeni).[9]

[9] David Peat w znakomitej książce pt „Einstein's Moon" (s. 148 i następne) omawia poglądy Bohma, korzystając z przystępnego, niematematycznego sposobu myślenia. Chociaż obliczenia Bohma są spójne z podstawowymi interpretacjami w fizyce, Peat podkreśla, że niektórzy fizycy, nie rozumiejąc w pełni idei Bohma, nie zaakceptowali jego interpretacji mechaniki kwantowej, ponieważ w ujęciu Bohma cząsteczka pozostaje w pewnym stopniu „cząsteczką". Jej funkcja falowa, którą Bohm nazwał kwantowym potencjałem, staje się nowym rodzajem „in-forma-cji" lub nielokalnej siły kierującej. Chociaż potencjał kwantowy jest opisywany przyczynowym i dokładnym równaniem, to droga cząsteczki jest niezdeterminowana z uwagi na niewielkie zmiany w wartościach otoczenia kreujących zmiany w potencjale kwantowym. Bohm rozszerzył swoją przyczynową interpretację.

Argumenty dotyczące filozoficznych implikacji fizyki oraz interpretacji funkcji falowych nie są dla mnie tak istotne, jak ich związki z psychologią świadomości oraz

Schroedinger założył, że amplituda (lub wysokość) fali kwantowej zawiera znaczenie danego stanu kwantowego dla całego systemu. Ta amplituda po przemnożeniu przez siebie staje się prawdopodobieństwem w codziennej rzeczywistości. Długość fali reprezentuje indywidualną częstotliwość lub ton wirtualnych, niemierzalnych stanów.

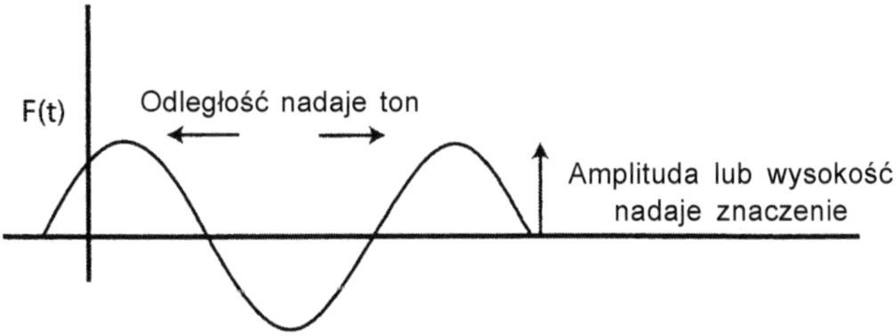

Rys. A-10. Znaczenie fal kwantowych

Równanie falowe Schroedingera jest jednym z potężnych osiągnięć dwudziestego wieku i wpływa na wiele działów fizyki oraz, w sferze teoretycznej, na chemię. Jest to narzędzie matematyczne o wielkiej mocy pozwalające zrozumieć atomową strukturę materii.

Schroedinger nazwał fale kwantowe falami materii, gdyż wyobrażał sobie, że są czymś materialnym, co będzie można zmierzyć. Okazało się, że w kategoriach uzgodnionej rzeczywistości jest to

doświadczeniem. Nielokalne, niemierzalne pola mogą być „odczuwane" jako bliskie, choć w rzeczywistości uzgodnionej mogą łączyć bardzo odległe obiekty. W przeciwieństwie do pól fizycznych, takich jak pole magnetyczne otaczające magnes, poczucie esencji albo informacyjnej jakości potencjału kwantowego nie zmniejsza się wraz ze wzrostem odległości. Pole magnetyczne traci swą moc z chwilą oddalania kawałka żelaza od magnesu. Potencjał kwantowy albo fala kierująca wywiera subtelną, informacyjną siłę, która może znajdować się „w tle" innych, faktycznych, mierzalnych pól, takich jak magnetyzm czy grawitacja. To dlatego nazwałem potencjał kwantowy oraz jego funkcję falową siłą ciszy. Jest to niemierzalny, subtelny nacisk lub inteligencja, które w subiektywnym odczuciu poruszają nami.

niemożliwe do zmierzenia, co nie przeszkadza obserwować fale w materialnych odczuciach, w doświadczeniach ciała. Intuicje Schroedingera na temat obszarów subatomowych są moim zdaniem intuicjami dotyczącymi inteligencji śniącego ciała. Niektórzy nazywają to Wielkim Duchem; inni uznają za umysł kwantowy. Dla Schroedingera były to fale materii.

Crossover stanu kwantowego

W tym dodatku proponuję założyć, że niemierzalne stany kwantowe materii są analogiczne, a może nawet takie same jak substany wymieniane w naszej tak zwanej psychologii. W dowolnej chwili pole kwantowe lub pole fali pilotującej, które dla celów doświadczalnych określam także mianem pola fali intencjonalnej, porusza nami, informując w sposób podobny do tego, w jaki sposób Bohm wyobrażał sobie ruch cząsteczki informowanej i transportowanej przez jej falę pilotującą. Owa intencja jest esencją, siłą ciszy objawiającą się w postaci tendencji do ruchu, które odczuwasz w zwykłym życiu, jeśli rozwinąłeś świadomość, lub podczas jasnego, świadomego, spokojnego snu.

Kiedy siła ciszy wyłania się ze świata esencji, wkraczając do krainy snów, rozpada się na elementy snu. Tak jak w przypadku stanów kwantowych (czyli indywidualnych wzorców wibrowania atomów), wszystkie części są istotnymi składnikami całości. W codziennej rzeczywistości odzwierciedlanie doświadczeń podobnych do snu przybliża nas do zrozumienia własnego zachowania, tak jak stany kwantowe odzwierciedlają i samowzmacniają się, tworząc prawdopodobieństwa tego, co się wydarzy.

Podobieństwa pomiędzy ideami, wzorami i strukturami psychologii oraz fizyki cząstek subatomowych tworzą punkt łączący, w którym nachodzą na siebie psychologia, sztuka i nauka. Ten obszar wzajemnego nachodzenia na siebie, gdzie mieszają się materia i psyche, nazywam crossoverem stanu kwantowego.

Stosowanie starych terminów, takich jak materia i psyche, traci znaczenie, podobnie jak tracą na znaczeniu uzgodnione terminy – czas i przestrzeń; stają się one zbyt mało konkretne, żeby dokładnie spełnić potrzeby badań naukowych. Wraz z kulturowymi zmianami starsze określenia odejdą do lamusa; są one w końcu jedynie formami, które wyłoniły się z siły ciszy. Jeśli skupisz się na obrazach, to dotrzesz do psychologii; jeśli skorzystasz z propriocepcji i miary, otrzymasz fizykę.

Jedynie w obszarze uzgodnionej rzeczywistości możemy mówić, że proprioceptywne odczucia wchodzą w interakcję z ciałem fizycznym. Interakcja to termin uzgodnionej rzeczywistości, która postrzega obiekty w kategoriach oddzielnych punktów i powiązań. Na najgłębszym poziomie Twoje odczucia *są* Twoim ciałem. Krzyżują się oddzielne światy. Stany kwantowe oraz odmienne, podobne do snów stany świadomości są dwiema nazwami tej samej podstawowej rzeczywistości. Kiedy ta rzeczywistość – nazwijmy ją siłą ciszy natury, strunami albo funkcjami falowymi informującymi materię – zmienia się, transformuje także całość wzorców z obszaru snów, które nami kierują. Ich wpływ na określone symptomy cielesne dokonuje się poprzez zasadę nieoznaczoności.

W każdym razie, w nauce zorientowanej na proces właściwe jest to, co ma sens w rzeczywistości uzgodnionej oraz w krainie snów i odnosi się do znanych faktów, jak również do powszechnych, ludzkich (niemożliwych do zmierzenia) doświadczeń. W ramach tęczowej medycyny powinniśmy sprawdzać *i odczuwać* nowe idee oraz teorie. W nowym paradygmacie naukowym dana idea jest prawdziwa, jeśli można ją sprawdzić w UR oraz doświadczyć w uzgodnionej rzeczywistości, krainie snu oraz w świecie tendencji.

Oznacza to, że trafność takich koncepcji, jak siła ciszy, poprawność superpozycji licznych substanów oraz idea kwantowego crossoveru może i powinna być przedmiotem weryfikacji w UR.

DODATEK B

Światy: teoria wielu światów Everetta

Fizycy stworzyli wiele koncepcji, żeby zrozumieć tajemnicę równania funkcji falowej – dlaczego dla stworzenia prawdopodobieństw musi ona ulec wzmocnieniu i co dzieje się z równoległymi światami tych prawdopodobieństw, kiedy już realnie zaistnieją w zwyczajnym świecie.

Prawdopodobnie najlepszą konstrukcją jest interpretacja kopenhaska. Zakłada ona, że zjawiska ze sfery nieuzgodnionej, w rodzaju światów równoległych, są matematycznymi osobliwościami i można ich nie brać pod uwagę ze względu na iluzoryczność.

Jednak z punktu widzenia psychologii niektóre doświadczenia są dla nas istotniejsze i uznajemy je za rzeczywiste, nawet jeśli zapominamy o innych. Z reguły podkreślamy wygląd przyjaciela, ignorując niewielkie zmiany w jego wizerunku, które nie są dla nas od razu zrozumiałe. Jako obserwatorzy wykazujemy sporą siłę w tworzeniu i trzymaniu się takiego rodzaju rzeczywistości (np. zwykłego wyglądu przyjaciela), która trafia do naszej świadomości.

Hugh Everet, robiąc doktorat pod kierownictwem Johna Wheelera w 1957 roku, wyjaśnił koncepcję alternatywną do kopenhaskiej. Inaczej wyjaśnił sposób konstytuowania się rzeczywistości dzięki sile obserwatora[10]. Plotka głosi, że Everett miał naturę marzyciela. Michael Price pisze, że „Everett wypowiadał się bardzo precyzyjnie i już po kilku słowach potrafił przewidzieć zadawane pytanie. No i jeździł cadillakiem z przyczepionymi rogami".[11]

Everett miał o wiele bardziej demokratyczne podejście do obserwatora niż większość fizyków. Jego zdaniem stany kwantowe są światami równoległymi; te wszystkie światy istnieją w jednym czasie. Ten, w którym się znajdujemy, jest najbardziej prawdopodobny i będziemy go postrzegać oraz doświadczać w uzgodnionej rzeczywistości. Innymi słowy, światy równoległe są dla Everetta stanami realnymi. Zatem w każdej chwili w jednym ze światów żyjemy, a w innym jesteśmy martwi.

Koncepcja Everetta doprowadziła mnie do idei marginalizacji. Jeśli uważamy, że wszystkie światy są rzeczywiste, to ten, w którym istniejemy, jest najbardziej prawdopodobnym ze światów i najpewniej będziemy go obserwować. A co dzieje się z pozostałymi światami? Dlaczego ich nie widzimy? Moim zdaniem marginalizujemy resztę światów, mówiąc sobie, że nie istnieją, pomimo tego, że są tuż przed nami, poza naszym polem widzenia.

Everett podkreślał, że kiedy dwa systemy są bliskie interakcji, to na pewien czas wchodzą na tę samą długość fali. Obserwator już po chwili może przejść na inną długość fali lub do innego świata. Dzięki temu nie zachodzi redukcja funkcji falowej (jak to ma miejsce w interpretacji kopenhaskiej); istnieje za to tyle światów, ile jest stanów kwantowych dla danego systemu.

[10] Zob.: www.hedweb.com/everett/everett.htm gdzie Michael Price wspaniale wyjaśnia koncepcję Everetta w: „The Everett FAQ".

[11] Ibidem.

Ta koncepcja jest dobrze znana w psychologii. Pewnego dnia spotykamy przyjaciela i wchodzimy razem do jednego świata. Innego dnia jesteśmy w innym świecie i mamy zupełnie inne wibracje niż nasz przyjaciel. Dzięki temu dobrze wiemy, na czym polegają światy równoległe (podobnie jak podwójne role i wielorakie światy w relacjach). Tak jak słuchanie muzyki wymaga usłyszenia różnych instrumentów i dźwięków symfonii, różnych tonów i alikwotów śpiewu, tak psychologiczne i fizyczne docenienie wielu światów powinno pozwalać nam na dostrojenie się do różnych światów oraz ich urojonych przestrzeni i czasów.

Razem z każdym spostrzeżeniem w uzgodnionej rzeczywistości albo tuż obok tych spostrzeżeń współistnicją liczne wszechświaty. Otacza nas wielość doświadczeń i wszechświatów. Ćwicz ich dostrzeganie.

DODATEK C

Umysł kwantowy

O technicznych aspektach dotyczących umysłu kwantowego można przeczytać w książkach: „Elemental Mind" Nicka Herberta, „Taking the Quantum Leap" Freda Alana Wolfa i „Self-Aware Universe" Amida Goswamiego. O psychologicznych aspektach fizyki pisałem w książce „Quantum Mind" , z kolei Stuart Hammerhof opisuje badania nad umysłem kwantowym w naukach medycznych.[12]

Poniżej podsumowuję liczne znaczenia, jakie przypisuję terminowi „kwantowy umysł".

Tendencje w obszarze kwantów, zgodnie z opisem Wernera Heisenberga, mieszczą się „w dziwnym obszarze rzeczywistości pomiędzy możliwością a realizacją" – są to uczucia, których doświadczamy i które nie do końca są realne, lecz pomimo tego wypełniają codzienną rzeczywistość. Heisenberg stwierdził, że „atomy oraz cząsteczki elementarne nie są realne; one raczej formułują świat potencjalności lub możliwości niż świat rzeczy czy faktów...

[12] Jego strona internetowa – listserv.arizona.edu/archives/quantum-mind – jest często uzupełniana o nowe zastosowania teorii umysłu kwantowego w obszarze biokomputerów i medycyny.

Fala prawdopodobieństwa oznacza tendencję do czegoś. Jest to ilościowa wersja starej koncepcji *potentia* znanej z filozofii Arystotelesa. Jest to coś pomiędzy ideą określonego zdarzenia a samym zdarzeniem, szczególny rodzaj fizycznej rzeczywistości znajdujący się pomiędzy możliwością a rzeczywistością".[13]

Umysłu kwantowego nie można ustalić i przedstawić konkretnym obrazem. Wiemy, jak wyglądają ludzie, kamienie i drzewa. Ale umysł kwantowy nie jest tak łatwy do wyobrażenia, ponieważ – podobnie jak matematyka opisująca mechanikę kwantową – nie jest rzeczą posiadającą konkretny obraz, taki jak krzesło. Zgodnie z sugestią Nielsa Bohra można zmierzyć jedynie rzeczywistość. Takie stwierdzenie nazywam założeniem uzgodnionej rzeczywistości. Realność umysłu kwantowego jest doświadczeniem z obszaru rzeczywistości nieuzgodnionej, rodzajem pola informującego lub inteligencją kierującą nami w sposób nie zawsze wytłumaczalny.

Jeśli coś wewnątrz nas postanawia zaobserwować umysł kwantowy, to przybiera on cechy rzeczy pochodzących z rzeczywistości uzgodnionej. Jeśli jesteśmy uważni, to zauważamy, że zanim „my" zaobserwujemy jakiś obiekt, on migocze w naszej świadomości i nie możemy być pewni, czy impuls do dokonania obserwacji pochodził od tego obiektu, czy od nas. Innymi słowy, umysł kwantowy mieści się pomiędzy i poza ideami oraz obiektami, które pojawiają się w uzgodnionej rzeczywistości.

Umysł kwantowy odzwierciedla i budzi sam siebie. Wygląda na to, że natura jest zaciekawiona sobą. Umysł kwantowy jest samoodzwierciedlający, dokonuje powtórzeń i przez to tworzy poczucie trwałości, rzeczywistości, zrozumienia i czujności. W szóstym rozdziale książki „The Mathematical Foundation of Quantum Mecha-

[13] Zob.: przegląd dokonań Heisenberga w znakomitej pozycji Nicka Herberta pt. „Elemental Mind", s. 146–178.

nics" John von Neumann wykazał, że świadomość jest koniecznym warunkiem mechaniki kwantowej i ukrywa się w postaci obserwatora. W tym sposobie myślenia podstawowym podłożem rzeczywistości jest matematyka, a nie obiekty opisywane przez nią w UR. Innymi słowy to, co powszechnie uznajemy za świat rzeczywisty, nie jest rzeczywiste. Dlatego nazywam ten obszar uzgodnioną rzeczywistością.

Obiekty, które miały ze sobą kontakt, pozostają ze sobą w związku. Schroedinger powiedział, że jeśli jakieś dwa atomy oddziaływały na siebie, to możliwości oraz tendencje jednego z nich zostaną zmieszane czy też splątane z drugim na zawsze. Ta natychmiastowa, nielokalna interakcja bardzo wyraźnie różni się od codziennej próby naszego wzajemnego oddzielania się od siebie i naszych uczuć. Subtelne zdarzenia z obszaru nieuzgodnionej rzeczywistości pozostają we wzajemnym związku.

Przestrzeń, lokalizacja, cząsteczka i ciało to jedynie reprezentacje umysłu kwantowego znajdującego się wszędzie. Nielokalny związek wiąże na zawsze jak but, który ocierał się o chodnik jakiegoś miasta, z tym chodnikiem. Tę niepodzielną, łączącą esencję świata kwantowego Bohm nazwał niepodzieloną całością – cechą, która ujawniła się wyraźnie w eksperymencie Alaina Aspecta udowadniającym zasadność nierówności Bella.

Światy równoległe są obecne w tym samym czasie. Umysł kwantowy może być odczuwany jako siła ciszy przejawiając się w różnych, oddzielnych światach, kóre cechują się *koegzystencją.* Zatem światy równoległe są *oddzielnymi rzeczywistościami.* Każdy ze światów pozostaje oddzielony. Czasem mogą na siebie nachodzić, ale zazwyczaje znacząco nie oddziałują na siebie.

Umysł kwantowy posiada wiele tak duchowych jak i naukowych imion. Naukowcy w większości są przeciwni takim nazwom jak Wielki Duch, Nagual don Juana, Bóg czy Tao; jednak idee wywo-

Fizyka kwantowa **Punkt zerowy energii**	Medycyna Tęczowa zorientowana na proces **Esencja**	Psychologia głębi (analityczna) **Nieświadomość**
Początek wszechświata Pole fali kwantowej Fale odzwierciedlające siebie Nanozjawiska	Siła ciszy Pola intencjonalne Flirty refleksyjne Flirty, przedsygnały	Unus Mundus Nieświadomość zbiorowa
Matematyka Stany subatomowe Superpozycje Prawdopodobieństwa	**Kraina snów** Światy równoległe Procesy Odczucia płynące z ciała, fantazje	**Sny** Elementy snów Znaczenie Obrazy archetypowe
Rzeczywistość, czas, przestrzeń Obserwacje Mierzenie Cząsteczki, obiekty	**Rzeczywistość uzgodniona** Sygnały, podwójne sygnały Świadomość Ciało, umysł, osoba Proces	**Życie codzienne** Świadomość Ego, persona Indywiduacja

dzące się z tradycji duchowych formułują podstawy nauki na poziomie nieuzgodnionej rzeczywistości, choć systemy edukacyjne usiłują się temu sprzeciwić. Mam tutaj na myśli słynny cytat Einsteina: „Chcę poznać myśli Boga .... reszta to drobiazg".

Twórca psychologii analitycznej, Jung, prawdopodobnie utożsamiłby umysł kwantowy z tym, co alchemicy nazywali *Unus Mundus* (jednym światem). Podobnie jak Wolfgang Pauli, Jung podejrzewał, że unifikacja psychologii i fizyki byłaby możliwa dzięki „*tertium comparitionis"* – trzecim medium. Sądzę, że termin Tęczowa Medycyna, może być częściowym opisem tego, trzeciego medium. Lista przedstawiona w tabeli nie jest pełna. Stanowi raczej propozycję, która może posłużyć za bodzieć do dalszych inspiracji dla fizyków oraz terapeutów nurtu transpersonalnego.

Gdzie i jak pojawił się umysł kwantowy? Nie wiem. „Jak" i „gdzie" są pojęciami UR przez o nie mają dużego zastosowania w wyobrażeniowych obszarach krainy snów. Biorąc pod uwagę efekty świadomości w obszarze rzeczywistości nieuzgodnionej, skierowanej na ciało, musimy się liczyć ze zjawiskiem nielokalności. Zmiana świadomości w jednym z miejsc wywołuje zmianę w skali wszechświata zarówno w przyszłości jak i w przeszłości. Zatem ludzie i to co ich otacza współuczestniczą w tworzeniu kwantowego umysłu.

Wydaje mi się, że w tych okolicznościach, świadomosc doświadczeń, a także piękno matematyki oraz pomiary w dokonywane czasie i przestrzeni staną się głównym paradygmatem opisującym krainę snów oraz matematczne przestrzenie fizyki. Pomiary dokonane w obszarze UR oraz matematyczne reguły i dowody były jak dodtąd przydatnymi paradygmatami. Niemniej jednak nadszedł czas na zaktualizowaną u pełniejszą rzeczywistosc uzgodnioną, która zawiera w sobie wielowymiarową świadomość. Przewiduję, że skupienie się na subiektywnym doświadczeniu płynącym z ciała i docenienie tego obszaru jako podstawowej rzeczywistości będzie mieć znaczący i pozytywny efekt na problemy zdrowotne.

BIBLIOGRAFIA

Abbott, E. 1952. *Flatland*. New York: Dover. (The original publication was in 1884 [Seeling and Co.], and the most recent Dover Thrift Edition appeared in 1992.)

Abdu'l-Baha. 1908. *Some Answered Questions*. (Republished by Kegan Paul, Trench, Trubner & Co. Ltd. London. The first U.S. edition was published in 1918.)

Arkani-Hamed, Nima, Savas Dimopoulos, and Gerogi Dvali. August 2000. „The Universe's Unseen Dimensions." *Scientific American*. Vol. 282, Issue 8, p. 62.

Arye, Lane. 2002. *Unintentional Music: Releasing Your Deepest Creativity*. Charlottesville, Va.: Hampton Roads, www.hrpub.com.

Batchelor, Martine, and Stephen Batchelor. 1995. *Thorson's Principles of Zen: The Only Practical Introduction You'll Ever Need.* Audio cassette, #0-7225-9926-9, Thorsons Audio/National Book Network, www.nbnbooks.com

——. 1996. *Walking on Lotus Flowers: Buddhist Women Living, Loving, and Meditating*. London and San Francisco: Thorsons, Harper Collins.

Beller, Mara. 1998. „The Sokal Hoax: At Whom Are We Laughing?" *Physics Today.* January 1997, p. 61, and March 1997, page 73.

Bohm, David. 1984. *Causality and Chance in Modern Physics.* London: Routledge and Kegan Paul. (First published in 1957.)

Bohm, David, and Basil Hiley. 1993. *The Undivided Universe: An Ontological Interpretation of Quantum Theory.* London and New York: Routledge.

Bohr, Niels. 1958. *Atomic Physics and Human Knowledge.* New York: John Wiley.

Caporale, Lynn. 2002. *Darwin in the Genome: Molecular Strategies in Biological Evolution.* New York: McGraw-Hill/Contemporary Books.

Capra, Fritjof. 1999. *The Tao of Physics: An Exploration of the Parallels Between Modern Physics and Eastern Mysticism.* 4th Ed., updated. Boston: Shambhala.

Castaneda, Carlos. 1972. *Journey to Ixtlan.* New York: Simon and Schuster.

Chatwin, Bruce. 1988. *The Songlines.* New York, Harmondsworth, England: Penguin Books.

Chen, Ellen. 1989. *The Tao Te Ching: A New Translation and Commentary.* New York: Paragon House.

Chopra, Deepak. 1998. *Ageless Body, Timeless Mind.* New York: Random House.

Cramer, John. 1997. „Quantum Nonlocality and the Possibility of Supraliminal Effects." Proceedings of the NASA Breakthrough Propulsion Physics Workshop, Cleveland. Cleveland, Ohio, August 12–14, 1997.

Dalai Lama. 1990. *Freedom in Exile.* New York: Harper Collins.

Damasio, Antonio R. 1999. *The Feeling of What Happens: Body and Emotion in the Making of Consciousness.* New York: Harcourt Brace.

——. 1999. „How the Brain Creates the Mind." *Scientific American,* 281, 6 (1999): 112–117.

Davies, Paul. 1999. *The Fifth Miracle.* New York: Simon and Schuster.

Dossey, Larry. 1993. *Healing Words.* New York: Harper Collins.

Encyclopedia Britannica 2001. (See especially its CD ROM version, available from www.britannica.com.)

Feynman, Richard P. 1966. „Notes on the Beginning of Nanoscience." Caltech's Engineering and Science website, www.zyvex.com/ nanotech/feynman.html.

——. 1967. *The Character of Physical Law.* Cambridge, Mass.: MIT Press.

Freitas, Robert A. 1999. *Nanomedicine. Vol. I: Basic Capabilities.* Austin, Texas: Landes.

Godwin, Joscelyn. 1979. *Athanasius Kircher: A Renaissance Man and the Quest for Lost Knowledge.* London: Thames & Hudson.

Goswami, Amit, with R. E. Reed and M. Goswami. 1993. *The Self-Aware Universe: How Consciousness Creates the Material World.* New York: Tarcher/Putnam.

Gould, James L., and Carol Grant Gould. 1988. *Life at the Edge.* New York: Freeman and Co.

Govinda, Lama Anagarika. 1973. *The Foundations of Tibetan Mysticism.* New York: Samuel Weiser.

Grimm's Fairy Tales. London: Routledge and Kegan Paul, 1980.

Hammeroff, S. R. 1994. „Quantum Coherence in Microtubules, a Neural Basis for Emergent Consciousness?" *Journal of Consciousness Studies,* 1: 91.

——, and Roger Penrose. 1996. „Orchestrated Reduction of Quantum Coherence in Brain Microtubules: A Model for Consciousness." In S. Hameroff, A. Kaszniak, and A. Scott (eds.), *Toward a Science of Consciousness: The First Tucson Discussions and Debates* (p. 115). Cambridge, Mass.: MIT Press.

Hanh, Thich Nhat, 1998. *The Heart of the Buddha's Teaching: Transforming Suffering into Peace, Joy, and Liberation; the Four Noble Truths; the Noble Eight Fold Path, and other Basic Buddhist Teachings.* Berkeley, Calif.: Parallax Press.

Hawking, Stephen. 1993. *Black Holes and Baby Universes, and Other Essays.* New York: Bantam Books.

——. 1999. Public lectures at www.hawMng.org.uk/text/public/public.html.

——. 2001. *The Universe in a Nutshell.* New York: Bantam Books.

Heisenberg, Werner. 1958. *The Physicist's Conception of Nature.* New York: Hutchinson.

——. 1959. *Physics and Philosophy.* George Allen and Unwin Edition.

Helminski, Camille, and Kabir Edmund Helminski. 1990. *Rumi: Daylight: A Daybook of Spiritual Guidance.* Putney, Vt.: Threshold Books.

Herbert, Nick. 1993. *Elemental Mind: Human Consciousness and the New Physics.* New York: Dutton.

Ho, Mae-Wan. 1998. *Genetic Engineering: Dream or Nightmare?* New York: Continuum Publishing.

Inkamana, Lorna. 2002. „Snake Dreaming," painting #LI1. www.nanou.com.au/songlines.

IONS Noetic Sciences Review, Sausalito, Calif. (Generally helpful magazine.)

Johnson, John L., „Environmental Justice for All: Principles and Practices for Conflict Resolvers," *AcreSolution,* Summer 2002: 24ff.

Journal for Frontier Sciences at Temple University in Philadelphia. (Generally helpful magazine for understanding biophysics and medicine.)

Jung, Carl Gustav. 1924. „Kindertraume" [Childhood Dreams]. 288 Unpublished manuscript of lectures given at the E.T.H. (Eidgenoische Technische Hochschule) in Zurich, Switzerland.

——. 1958. *Psychology and Religion: West and East, Vol. 11.*

——. 1960. „Synchronicity: An Acausal Connecting Principle." *The Structure and Dynamics of the Psyche: The Collected Works ofC. G. Jung, Vol. 8.* Translated by R. F. C. Hull. Bollingen Series XX. London: Routledge.

——. 1968. *Psychology and Alchemy, Vol. 12.*

Kahn, Hazrat Inayat. 2001. *Sufi Message of Hazrat Inayat Khan.* (Sufi Message Series) New York: Hunter House.

Kaku, Michio. 1994. *Hyperspace: A Scientific Odyssey through Parallel Universes, Time Warps, and the Tenth Dimension.* New York: Anchor Books Doubleday.

Kircher, Athanasius. 1986. *Oedipus Aegyptiacus.* 1652/1986. Source: Thomas A.P. van Leeuwen, *The Skyward Trend of Thought.* Cambridge, Mass.: MIT Press.

Krishna, Gopi. 1971. *The Biological Basis of Religion and Genius,* with an introduction by Carl von Weizsacker, New York and London: Harper and Row.

Landau, L. D., and E. M. Lifshitz. 1999. *Statistical Physics,* 3rd ed. *Course of Theoretical Physics, Vol. 5.* Translated by J. B. Sykes and M. J. Kearsley. Oxford, UK: Butterworth-Heinemann.

Laszlo, Ervin. 1993. *The Creative Cosmos: A Unified Science of Matter, Life, and Mind.* Edinburgh: Floris Books.

Levin, Theodore, and Michael Edgerton. 1999, September. „The Throat Singers of Tuva." *Scientific American,* www.sciam.com/ 1999/0999issue/0999levin.html.

Leviton, Richard. 1992. „Landscape Mysteries and Healing Gaia: A Precis of Spiritual Geomancy." *West Coast Astrologer-Geomancer,* March, p. 15.

——. 2000. *Physician: Medicine and the Unsuspected Battle for Human Freedom.* Charlottesville, Va.: Hampton Roads.

——. 2002. *The Galaxy on Earth: A Traveler's Guide to the Planet's Visionary Geography.* Charlottesville, Va.: Hampton Roads.

Long, Derek A. 2001. *The Raman Effect: A Unified Treatment of the Theory of Raman Scattering by Molecules.* New York: John Wiley & Sons.

Lusseyran, Jacques. 1998. *And There Was Light: Autobiography of Jacques Lusseyran, Blind Hero of the French Resistance.* New-York: Parabola Books..

McEvoy, J. P., and Oscar Zarate. 1999. *Quantum Theory for Beginners.* Cambridge, UK: Icon Books.

Menken, Dawn. 2002. *Speak Out! Talking About Love, Sex, and Eternity.* Tempe, Ariz.: New Falcon.

Mindell, Amy. 1994/2001. *Metaskills: the Spiritual Art of Therapy.* Tempe, Ariz.: New Falcon; Portland, Ore.: Lao Tse Press. laotse@e-z.net.

——. 1999. *Coma, A Healing Journey: A Guide for Family, Friends, and Helpers.* Portland, Ore.: Lao Tse Press, laotse@e-z.net.

——. 2002. *An Alternative to Therapy. A Few Basic Process Work Principles.* Zero Publications. (Available through Lao Tse Press, laotse@e-z.net.)

Mindell, Arnold. 1982. *Dreambody: The Body's Role in Revealing the Self.* Boston: Sigo Press.

——. 1984. *Working with the Dreaming Body.* London, England: Penguin-Arkana.

——. 1987. *Dreambody in Relationships.* New York and London: Penguin.

——. 1994. *Coma, Key to Awakening: Working with the Dreambody Near Death.* New York and London: Penguin-Arkana.

——. 1996. *The Shaman's Body: A New Shamanism for Transforming Health, Relationships, and Community.* San Francisco: HarperCollins.

——. 1997. *Sitting in the Fire: Large Group Transformation Through Diversity and Conflict.* Portland, Ore: Lao Tse Press. laotse@e-z.net.

——. 2000. *The Quantum Mind: The Edge between Physics and Psychology.* Portland Ore.: Lao Tse Press, laotse@e-z.net.

——. 2001. *Dreaming While Awake: Techniques for 24-Hour Lucid Dreaming.* Charlottesville, Va.: Hampton Roads.

——. 2002. *The Dreammaker's Apprentice: Using Heightened States of Consciousness to Interpret Dreams.* Charlottesville, Va.: Hampton Roads.

——. 2002. *The Deep Democracy of Open Forums: Practical Steps to Conflict Prevention and Resolution for the Family, Workplace, and World.* Charlottesville, Va.: Hampton Roads.

Morin, Pierre. 2002. *Rank and Salutogenesis: A Quantitative and Empirical Study of Self-Rated Health and Perceived Social Status.* Dissertation. Cincinnati: Union Institute.

Muktananda, Swami. 1994. *Kundalini: The Secret of Life.* South Fallsberg, N.Y.: Syda Foundation.

Nadeau, Robert, and Menas Kafatos. 1999. *The Non-Local Universe: The New Physics and Matters of the Mind.* New York: Oxford University Press.

New, Eldon. www.geocities.com/Athens/Acropolis/2606/superpos.htm.

North, Carolyn. 1997. *Death: The Experience of a Lifetime.* Berkeley, Calif.: Regent Press.

Pais, Abraham. 2000. *The Genius of Science.* London: Oxford University Press.

Peat, David F. 1990. *Einstein's Moon: Bell's Theorem and the Curious Quest for Quantum Reality.* Chicago: Contemporary Books.

Penrose, Roger. 1989. *The Emperor's New Mind.* London: Oxford University Press.

——. 1994. *Shadows of the Mind.* London: Oxford University Press.

Pert, Candice. 1999. *Molecules of Emotion.* New York: Simon and Schuster.

Pickover, Clifford A. 1999. *Surfing through Hyperspace: Understanding Higher Universes in Six Easy Lessons.* New York: Oxford University Press.

Price, Michael Clive. 2002. „The Everett FAQ." www.hedweb.com/ everett/everett.htm. ..

Rawson, Philip, and Laszlo Legeza. 1973. *Tao: Eastern Philosophy of Time and Change.* New York: Avon Books.

Ray, Reginald. 2000. *Indestructible Truth: The Living Spirituality of Tibetan Buddhism.* London: Shambhala.

Reiss, Gary. 2001. *Changing Ourselves, Changing Our World.* Tempe, Ariz.: New Falcon.

Regis, Ed. 1995. *Nano: The Emerging Science of Nanotechnology.* New York: Little Brown.

Rinpoche, Sogyal. 1997. *The Tibetan Book of Living and Dying.* San Francisco: HarperCollins.

Rossi, Ernst. 2002. *The Psychobiology of Gene Expression: Neuroscience and Neurogenesis in Hypnosis and the Healing Arts.* New York: W. W. Norton.

Roth, Harold D. 1999. *Original Tao.* New York: Columbia University Press.

Rucker, Rudy. 1984. *The Fourth Dimension.* Boston: Houghton-Mifflin.

Sarfatti, Jack. 2001. „Post Quantum Physics." www.qedcorp.com/pcr/pcr.

Schrödinger, Erwin. 1944. *What Is Life? With Mind and Matter and Autobiographical Sketches.* Cambridge, UK: Cambridge University Press.

Schupbach, Max. 2002. „Process Work." In S. Shannon, ed., *Handbook of Complimentary and Alternative Therapies in Mental Health.* New York: Academic Press.

Schwarz, Patricia. 2002. „Official Super String Website." www.super stringtheory.com/basics/index.html.

Sheldrake, Rupert. 1981. *A New Science of Life: The Hypothesis of Formative Causation.* Los Angeles: J. P. Tarcher.

——. 1988. *The Presence of the Past: Morphic Resonance and the Habits of Nature.* New York: Times Books.

——. 1990. *The Rebirth of Nature: The Greening of Science and God.* London and Sydney: Century.

——. 1997. „Part 1: Mind, Memory, and Archetype: Morphic Resonance and the Collective Unconscious" in *Psychological Perspectives,* vol. 18, no. 1, pp. 9-25, Fall 1997. Los Angeles: C. G. Jung Institute of Los Angeles.

——. 2002. „Sheldrake Online." www.sheldrake.org.

Sheldrake, Rupert, Ralph Abraham, and Terence McKenna. 1992. *Trialogues at the Edge of the West: Chaos, Creativity, and the Resacralization of the World.* Santa Fe, N.M.: Bear & Company Publishing.

Stargrove, Mitch. 2003. „Vital Systems: Integrative Medicine, Wellness, and the Healing Process." www.VitalSystems.org.

Strachan, Alan. 1993. „The Wisdom of the Dreaming Body: A Case Study of a Physical Symptom." *Journal of Process Oriented Psychology,* 5(2). Portland, Ore.: Lao Tse Press.

Sutton, Peter, et al., eds. 1989. *Dreamings: The Art of Aboriginal Australia.* New York: George Braziller.

Taber's Cyclopedic Medical Dictionary. 2001 Donald Venes, Clayton L. Thomas (eds). Clarence Wilbur Taber. Philadelphia: FA. David Co.

Tompkins, Peter, and Christopher Bird. 1989. *The Secret Life of Plants.* New York: HarperCollins.

Von Franz, Marie Louise. 1978. *Time: Rhythm and Repose.* London: Thames and Hudson.

Von Neumann, John. 1932. *The Mathematical Foundations of Quantum Mechanics.* Princeton: Princeton University Press.

Wheeler, John Archibald, and Max Tegmark. 2001. „100 Years of Quantum Mysteries." *Scientific American,* vol. 284, no.1. pp. 68–75.

Wilhelm, Richard, trans. 1981. */ Ching,* or *Book of Changes.* Bollingen Series. Princeton, N.J.: Princeton University Press.

Wolf, Fred Alan. 1981. *Taking the Quantum Leap: The New Physics for Non-Scientists.* San Francisco: Harper & Row.

——. 1984. *Starwave: Mind, Consciousness, and Quantum Physics.* New York: Collier Books.

——. 1988. *Parallel Universe.* New York: Simon and Schuster.

Yi-Fu Tuan. 1993. *Passing Strange and Wonderful: Aesthetics, Nature, and Culture.* Washington, D.C.: Island Press.

Zohar, Danah. 1990. *The Quantum Self.* New York: William Morrow.

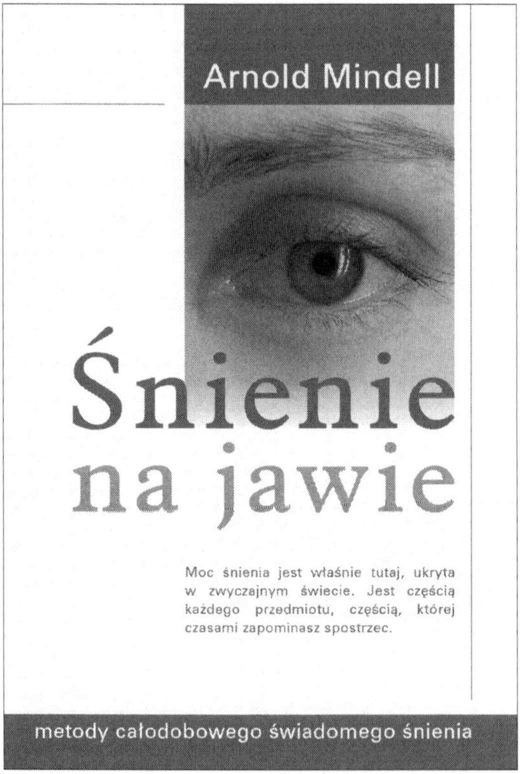

Arnold Mindell
Śnienie na jawie

Drogi Czytelniku i Czytelniczko, proszę zauważyć, że korzystam z pojęcia „Śnienia”, opierając się na moich doświadczeniach terapeutycznych i nie jest moim zamiarem objaśniać lub udawać, że rozumiem, na czym polega głębia i tajemniczość „Śnienia” w takim znaczeniu, jak jest to pojmowane w licznych przekazach australijskich aborygenów. Nawiązuję do „Śnienia” i odnoszę się do tradycji aborygeńskich, chcąc wyrazić szacunek i wskazać na doniosłość istnienia osób, które uznają i uznawały w przeszłości Śnienie za podstawę życia.